金融学学习手册

（精编第4版）

李健　主审　吴国祥　黄庆安　主编

中国金融出版社

责任编辑：刘　钊
责任校对：李俊英
责任印制：陈晓川

图书在版编目（CIP）数据

金融学学习手册：精编第 4 版／吴国祥，黄庆安主编 . —北京：中国金融出版社，2020.8
ISBN 978 - 7 - 5220 - 0665 - 9

Ⅰ.①金… Ⅱ.①吴… ②黄… Ⅲ.①金融学—高等学校—教学参考资料 Ⅳ.①F830

中国版本图书馆 CIP 数据核字（2020）第 109418 号

金融学学习手册（精编第 4 版）
JINRONGXUE XUEXI SHOUCE（JINGBIAN DI-4 BAN）

出版
发行　中国金融出版社
社址　北京市丰台区益泽路 2 号
市场开发部　（010）66024766，63805472，63439533（传真）
网上书店　www.cfph.cn
　　　　　（010）66024766，63372837（传真）
读者服务部　（010）66070833，62568380
邮编　100071
经销　新华书店
印刷　保利达印务有限公司
尺寸　185 毫米 ×260 毫米
印张　15
字数　280 千
版次　2020 年 8 月第 1 版
印次　2020 年 8 月第 1 次印刷
定价　38.00 元
ISBN 978 - 7 - 5220 - 0665 - 9
如出现印装错误本社负责调换　联系电话(010)63263947

前 言

学习手册是理解、掌握教材内容不可或缺的学习材料,尤其在教与学准分离状态和远程学习条件下,负有引导学习者反思消化教材内容、思考和理解课程重点难点问题并提供学习路径、结合学科发展与课程实践学习分析问题和解决问题的方式方法、进行专业训练、拓展学习思路、掌握职业技能等诸多学习任务。我们认为,通过小批量、多版次的方式不断修订完善,是打造精品教学辅助教材的必由之路。

李健教授主编的《金融学精编(第4版)》已经修订完成并即将出版发行,虽然教材体系框架没有大的改动,但内容和资料都体现了学科前沿发展。作为《金融学精编(第4版)》的配套辅助教材,《金融学学习手册(精编第4版)》在其第三版(中国计划出版社出版)的基础上,结合教材对内容做了相应修订。

修订工作仍然由中央财经大学李健教授担任顾问和主审;国家开放大学吴国祥教授担任执行主编并具体组织修订工作;其他参编者与第三版相比没有变化,均为国家开放大学各分部富有多年教学经验的教师。负责各章编写、修订任务的有:国家开放大学天津分部杨冬梅教授(第1章、第2章)、国家开放大学北京分部李哲教授(第3章、第4章)、国家开放大学上海分部祝小兵教授(第5章、第6章)、国家开放大学广东分部阮银兰教授(第7章、第8章)、国家开放大学深圳分部笪薇副教授(第9章、第10章)、国家开放大学浙江分部毛愫璜教授(第11章、第12章)、国家开放大学山西分部王国伟副教授(第13章、第14章)、国家开放大学吴国祥(第15章)。杨冬梅教授协助主编做了大量相关工作。

本书编写修订过程中,中国金融出版社刘钊主任提出了许多宝贵意见,付出了大量劳动,在此一并致谢!

希望继续得到广大读者的批评指正,以便在修订中进一步完善。

吴国祥

2020年4月

目　录

第一章　经济主体的财务活动与金融 …… 1
　　一、学习目标 …… 1
　　二、知识结构 …… 1
　　三、重点名词 …… 2
　　四、重点难点释疑 …… 2
　　五、练习题 …… 4
　　　参考答案 …… 10

第二章　货币与货币制度 …… 13
　　一、学习目标 …… 13
　　二、知识结构 …… 13
　　三、重点名词 …… 13
　　四、重点难点释疑 …… 15
　　五、练习题 …… 19
　　　参考答案 …… 25

第三章　汇率与汇率制度 …… 29
　　一、学习目标 …… 29
　　二、知识结构 …… 29
　　三、重点名词 …… 29
　　四、重点难点释疑 …… 31
　　五、练习题 …… 33
　　　参考答案 …… 40

第四章　信用与信用体系 …… 44
　　一、学习目标 …… 44
　　二、知识结构 …… 44
　　三、重点名词 …… 45

四、重点难点释疑 ··· 45
　　五、练习题 ··· 47
　　参考答案 ··· 56

第五章　利息与利率 ··· 60
　　一、学习目标 ·· 60
　　二、知识结构 ·· 60
　　三、重点名词 ·· 61
　　四、重点难点释疑 ··· 61
　　五、练习题 ··· 64
　　参考答案 ··· 71

第六章　金融市场 ··· 74
　　一、学习目标 ·· 74
　　二、知识结构 ·· 74
　　三、重点名词 ·· 74
　　四、重点难点释疑 ··· 75
　　五、练习题 ··· 78
　　参考答案 ··· 85

第七章　货币市场 ··· 89
　　一、学习目标 ·· 89
　　二、知识结构 ·· 89
　　三、重点名词 ·· 90
　　四、重点难点释疑 ··· 91
　　五、练习题 ··· 94
　　参考答案 ··· 99

第八章　资本市场 ··· 102
　　一、学习目标 ·· 102
　　二、知识结构 ·· 102
　　三、重点名词 ·· 103
　　四、重点难点释疑 ··· 103
　　五、练习题 ··· 106
　　参考答案 ··· 112

第九章 金融机构体系 …… 116
一、学习目标 …… 116
二、知识结构 …… 116
三、重点名词 …… 117
四、重点难点释疑 …… 118
五、练习题 …… 120
参考答案 …… 127

第十章 商业银行 …… 131
一、学习目标 …… 131
二、知识结构 …… 131
三、重点名词 …… 132
四、重点难点释疑 …… 132
五、练习题 …… 135
参考答案 …… 142

第十一章 中央银行 …… 146
一、学习目标 …… 146
二、知识结构 …… 146
三、重点名词 …… 147
四、重点难点释疑 …… 147
五、练习题 …… 152
参考答案 …… 159

第十二章 货币供求与均衡 …… 163
一、学习目标 …… 163
二、知识结构 …… 163
三、重点名词 …… 164
四、重点难点释疑 …… 165
五、练习题 …… 173
参考答案 …… 182

第十三章 货币政策 …… 185
一、学习目标 …… 185
二、知识结构 …… 185

三、重点名词 ··· 186
　　四、重点难点释疑 ·· 187
　　五、练习题 ··· 194
　　参考答案 ·· 200

第十四章　金融监管 ·· 205
　　一、学习目标 ··· 205
　　二、知识结构 ··· 205
　　三、重点名词 ··· 206
　　四、重点难点释疑 ·· 206
　　五、练习题 ··· 209
　　参考答案 ·· 215

第十五章　金融发展 ·· 218
　　一、学习目标 ··· 218
　　二、知识结构 ··· 218
　　三、重点名词 ··· 219
　　四、重点难点释疑 ·· 219
　　五、练习题 ··· 222
　　参考答案 ·· 228

第一章　经济主体的财务活动与金融

一、学习目标

1. 了解开放条件下居民、企业、金融机构和政府的经济活动与金融体系有何关系，进而认识金融的本源及其在社会经济发展中的作用；

2. 理解金融源于生活，服务于社会，根植于实体经济；

3. 从总体上掌握现代金融体系的基本要素及其构成、各部分的功能及彼此间的关系，为全面理解金融问题奠定基础。

二、知识结构

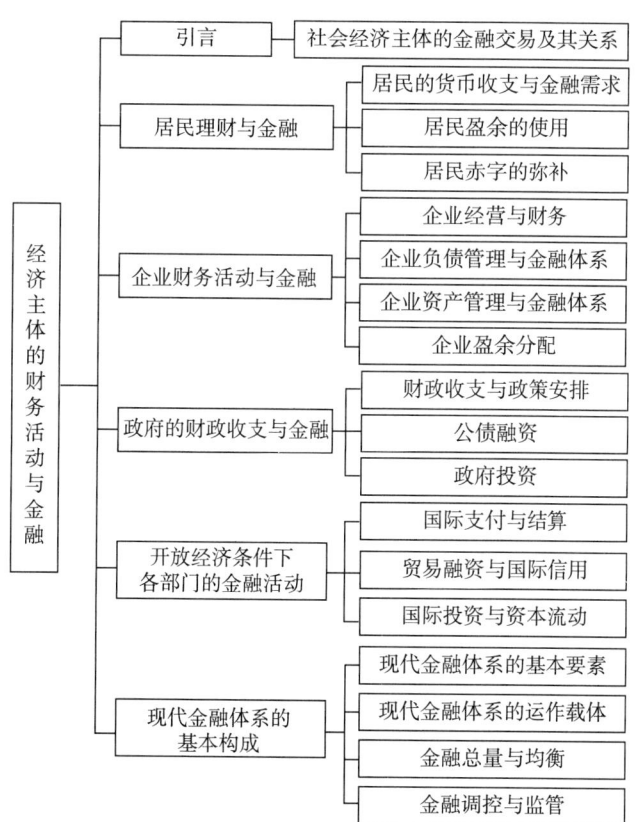

三、重点名词

1. **金融投资**，是指居民将货币盈余投资于股票、债券、基金、外汇等金融产品上，以期在风险承受范围内获益。

2. **内源融资**，是指从企业内部筹措资金，主要来源于留存收益和折旧。

3. **外源融资**，是指企业从外部融通资金，通过贷款、发行票据和债券等融资称为债务融资，发行股票融资则称为股权融资。

4. **主权财富基金**，是指一国政府利用外汇储备资产创立的，在全球范围内进行投资以提升本国经济和居民福利的机构投资者。

5. **贸易融资**，是指金融机构对进口商或出口商提供的与进出口贸易结算相关的短期融资或信用便利。

6. **国际直接投资**，是指投资者以控制企业部分产权、直接参与经营管理为特征，以获取利润为主要目的的资本对外输出。

7. **国际间接投资**，又称国际金融投资，是指购买国外的证券，如股票、政府债券或企业债券，以实现资本增值、取得利息或股息的一种投资活动。

8. **金融总量**，是指整个金融体系活动的总规模。从理论上讲，一国（地区）各经济主体对内、对外的金融活动总和即其金融总量。

四、重点难点释疑

（一）如何理解金融源于社会经济生活

金融源于社会经济生活，各经济主体的生产经营、生活消费、日常支付等活动都需要通过金融来实现；社会各经济主体出现的资金余缺，都要通过金融实现调剂；各经济主体的投资需求也要通过金融来满足。

（二）如何理解各经济主体的金融活动以及开放经济下国内外各部门的经济金融活动

在不同的经济主体之间，有的总体盈余，有的总体赤字，相互之间需要通过金融活动实现财务平衡。第一，各经济主体都在进行多样化的金融交易活动。复杂的金融活动形成了多元化的金融供给与需求。第二，不同经济主体之间存在资金余缺。每个经济主体的资金运用与资金来源相抵后形成净金融投资，它表示该经济主体的资金余缺程度。净金融投资项目数值为正表示资金盈余；为负表示资金短缺。可见，资金余缺的调剂以及由此产生的信用关系是最基本的金融内涵。第三，开放经济下产生的跨国经济与金融活动，形成对外资金流出流入及其差额，进而影响国际收支和国内经济金融活动。第四，通过金融活动，国内各经济主体的资金余缺实现平衡。将国内四部门及国外部门的净金融投资项目进行加总，其代数和为零。

（三）企业的生产经营与其财务活动有何关系

企业是实行自主经营、独立核算、依法设立、具有经济法人资格的营利性经济组织，通过从事生产或服务等经济活动以满足社会需要并从中获利。企业运作从实物形态看，企业在经营过程中通过采购、生产加工、销售等环节，完成了从投入到产出的再生产过程；从资金形态看，则通过资产、负债、所有者权益、成本、利润和现金流等指标的变化，实现资金筹集、资金运用、资金回收的三阶段循环周转。

（四）财政收支活动通过哪些渠道与金融相关

首先，财政收支以货币形式体现。现代社会庞大而复杂的财政收入与支出不可能通过实物来实现，都必须借助货币形式。财政收支的总量与结构对货币供求及其均衡影响重大。其次，财政收支需要通过金融体系来实现，金融系统是财政收入、支出顺利实现的渠道，因此财政收支产生了对金融支付的多种需求。再次，财政收支对中央银行影响极大，中央银行作为政府的银行经理国库业务，财政收入形成的存款是中央银行重要的负债来源，财政支出直接减少中央银行的负债；财政透支或借款成为中央银行的资产。最后，财政收支影响各部门的金融活动，财政收入使资金从社会各部门流向政府，财政支出使资金从政府流向各部门；当政府提高税率或扩大征税范围时，非政府部门的可支配收入减少；当政府增加支出时，流入非政府部门的可支配资金增加；财政支出的结构还可改变社会各部门的资源配置结构。

（五）现代金融体系由哪些因素构成

现代经济是货币信用经济，现代金融体系建立在现代货币制度和现代信用制度基础上。各部门的经济活动都要借助货币来计价交易，各经济主体都要通过信用活动来实现投融资，缤纷复杂的金融活动都要通过多样化的金融工具来实现交易，各种货币借贷和金融工具的交易都以利率为参照来进行定价，不同主权货币之间的兑换价格体现为汇率。因此，货币、信用、金融工具、利率、汇率等是现代金融运作的基本范畴，也是现代金融体系必不可少的基本要素。

（六）为什么要对金融体系进行调控与监管

在纯粹自由的市场上，金融体系及其运作主要通过价格机制和风险收益相互匹配实现自我调节。但由于市场本身的不完善、参与者的自利性和狭隘性，往往会出现信息不对称的道德风险和逆向选择、不规范竞争、损害公众利益、总量与结构的失衡等问题，需要通过政府干预来解决市场失灵问题。特别是由于金融的特殊重要性，当代各国政府无一不采用各种政策和制度，通过特设的管理机构，对金融体系及其运作进行调节、控制、监督、管理。

同时，金融是社会信用的产物，金融活动具有极高的风险性。金融一旦出现风险，将对社会各经济主体的活动产生严重的不利影响。为了减少金融风险，维持金融秩序，保护公众利益，需要政府实施金融监管。

五、练习题

(一) 单项选择题

1. 居民是最古老、最基本的经济主体，他们进行储蓄与投资的前提是（　　）。

   A. 货币收入　　　　　　　　　B. 货币支出

   C. 货币盈余　　　　　　　　　D. 货币赤字

   知识点提示：居民的货币收支与金融需求。参见教材本章第一节。

2. 现代社会中，不同的经济部门之间有的总体盈余，有的总体赤字，相互之间主要通过（　　）活动来实现平衡。

   A. 金融　　　　　　　　　　　B. 财政

   C. 救济　　　　　　　　　　　D. 调控消费

   知识点提示：社会经济主体的金融交易及其关系。参见教材本章引言。

3. 各经济部门的金融活动及其彼此间的平衡关系主要通过（　　）来反映。

   A. 资产负债表　　　　　　　　B. 金融机构信贷结构表

   C. 资金流量表　　　　　　　　D. 现金流量表

   知识点提示：资金流量表的功能。参见教材本章引言。

4. 居民部门的赤字可以通过（　　）方式弥补。

   A. 购买债券　　　　　　　　　B. 消费信用

   C. 发行股票　　　　　　　　　D. 购买保险

   知识点提示：居民赤字的弥补方式。参见教材本章第一节。

5. 现代金融体系建立的基础是（　　）。

   A. 现代货币制度　　　　　　　B. 现代信用制度

   C. 现代企业管理制度　　　　　D. A 和 B

   知识点提示：现代金融体系的基本要素。参见教材本章第五节。

第一章 经济主体的财务活动与金融

表1是2009年中国资金流量简表（金融交易），请根据表中的内容回答第6题至第10题。

表1 中国资金流量简表（金融交易，2009年） 单位：亿元

项目	非金融企业		金融机构		政府		住户		国外部门	
	运用	来源	运用	来源	运用	来源	运用	来源	运用	来源
净金融投资	-25326		2066		8264		35907		-20911	
通货	364			4046	81		3358		243	
存款	65916		3713	132764	19591		43160		383	
贷款		78990	107619	441		107		24889		
证券	-184	16810	25301	4786	-40	8182	4507		193	
证券投资基金份额	-5		-166	-1206	-1		-1035			
其他（净）	-717			-788	20		146	54		
直接投资	2999	5341							5341	2999
其他对外债权债务	3717	2190	-5640	25		26			2241	-1922
国际储备资产			27216							27216
国际收支净误差与遗漏		-2975							-2975	

6. 在下列五个部门中，（　　）是资金盈余部门。
   A. 非金融企业和政府　　　　　B. 金融机构和非金融企业
   C. 政府和住户　　　　　　　　D. 住户和国外部门
   知识点提示：社会经济主体的金融交易及其关系。参见教材本章引言。

7. 住户部门结余资金的主要存在方式是（　　）。
   A. 通货　　　B. 存款　　　C. 贷款　　　D. 证券
   知识点提示：社会经济主体的金融交易及其关系。参见教材本章引言。

8. 非金融企业负债的主要形式是（　　）。
   A. 通货　　　B. 存款　　　C. 贷款　　　D. 证券
   知识点提示：社会经济主体的金融交易及其关系。参见教材本章引言。

9. 住户部门主要通过（　　）渠道满足融资需求。
   A. 银行贷款　　　　　　　　　B. 证券市场融资
   C. 政府救济　　　　　　　　　D. 国外援助
   知识点提示：社会经济主体的金融交易及其关系。参见教材本章引言。

10. 在开放经济条件下，中国国内经济部门对国外部门的资金变化是（　　），其中变动最大的项目是（　　）。

A. 净流入、国际储备资产　　　　B. 净流入、国外直接投资

C. 净流出、国外直接投资　　　　D. 净流出、国际储备资产

知识点提示：社会经济主体的金融交易及其关系。参见教材本章引言。

11. 发行股票属于（　　）。

A. 外源融资　　　　　　　　　　B. 内源融资

C. 债务融资　　　　　　　　　　D. 债权融资

知识点提示：资金筹集方式。参见教材本章第二节。

12. 在市场经济条件下，发行（　　）是财政最常用、最普遍的筹措资金方式。

A. 政府债券　　　　　　　　　　B. 公司债券

C. 商业票据　　　　　　　　　　D. 股票

知识点提示：公债融资。参见教材本章第三节。

13. 下列各项中，（　　）属于贸易融资的行为。

A. 信用证　　　　　　　　　　　B. 公司债券

C. 购买外国企业债券　　　　　　D. 股票

知识点提示：贸易融资的形式。参见教材本章第四节。

14. 采取独资、合资或合作等方式在国外建立新企业的"绿地投资"属于（　　）。

A. 国际间接投资　　　　　　　　B. 国际直接投资

C. 国际金融投资　　　　　　　　D. 国际结算

知识点提示：国际投资的形式。参见教材本章第四节。

15. 从整体上看，（　　）是最大的金融盈余部门。

A. 企业　　　　　　　　　　　　B. 金融机构

C. 政府　　　　　　　　　　　　D. 居民

知识点提示：社会经济主体的金融交易及其关系。参见教材本章引言。

(二) 多项选择题

1. 银行为企业提供的金融服务主要是（　　）。

A. 存款业务　　　　　　　　　　B. 贷款业务

C. 年金管理　　　　　　　　　　D. 债券发行

E. 资金清算

知识点提示：企业财务活动与金融体系。参见教材本章第二节。

2. 下列各项中属于金融体系基本要素的是（　　）。

A. 货币　　　　　　　　　　　　B. 汇率

C. 信用　　　　　　　　　　D. 利率

E. 金融工具

知识点提示：现代金融体系的基本要素。参见教材本章第五节。

3. 居民盈余最主要的使用方式是（　　）。

A. 向企业贷款　　　　　　　B. 货币储蓄

C. 投资　　　　　　　　　　D. 民间借贷

E. 购买奢侈品

知识点提示：居民的货币收支与金融需求。参见教材本章第一节。

4. 政府弥补赤字的主要方式是（　　）。

A. 增加税收　　　　　　　　B. 向中央银行透支

C. 向商业银行透支　　　　　D. 发行债券

E. 发行股票

知识点提示：财政盈余与赤字。参见教材本章第三节。

5. 下列各项中属于金融总量统计指标的是（　　）。

A. 财政赤字总量　　　　　　B. 信贷总量

C. 保险总量　　　　　　　　D. 国民生产总值

E. 货币总量

知识点提示：金融总量与均衡。参见教材本章第五节。

6. 广义金融市场包括（　　）。

A. 外汇市场　　　　　　　　B. 资本市场

C. 货币市场　　　　　　　　D. 黄金市场

E. 金融衍生工具市场

知识点提示：金融市场的构成。参见教材本章第五节。

7. 政府投资对金融活动的影响体现在（　　）。

A. 政府投资伴随的大量货币收支，对货币需求与流通产生了重要影响

B. 政府投资股票市场，增加了金融市场流量

C. 政府投资需要银行提供贷款，从而增加银行的贷款规模

D. 政府投资带动民间投资，引起金融资源的流向与流量发生变化

E. 政府通过设立主权财富基金，利用外汇储备对国际金融市场产生影响

知识点提示：政府投资的影响。参见教材本章第三节。

8. 国际直接投资的形式是（　　）。

A. 对国外企业进行技术支持

B. 购买国外证券

C. 在国外建立新企业即"绿地投资"

D. 收购国外企业股权并取得控制权

E. 利润再投资

知识点提示：国际投资的种类。参见教材本章第四节。

9. 企业财务活动与金融体系的关系体现在（　　）。

A. 企业是金融机构的服务对象

B. 企业是金融市场最主要的参与者

C. 企业财务活动对宏观金融总量与结构具有决定性影响

D. 企业是金融市场最主要的资金提供者

E. 企业是金融市场监管体系重要的组成部分

知识点提示：企业财务活动与金融体系。参见教材本章第二节。

10. 以下对于利率描述正确的是（　　）。

A. 利率是利息额与本金之比

B. 利率是衡量收益与风险的尺度

C. 利率是现代金融体系的基本要素

D. 利率高低对借贷双方的决策产生直接影响

E. 利率是中央银行货币政策操作的主要工具

知识点提示：利率的含义及作用。参见教材本章第五节。

（三）判断改错题

1. 现代金融体系是一个高风险的组织体系，需要政府的适度调控与合理监管。（　　）

知识点提示：金融调控与监管。参见教材本章第五节。

2. 只有在经济部门发生资金余缺的情况下，才会产生对金融的需求。（　　）

知识点提示：社会经济主体的金融交易及其关系。参见教材本章引言。

3. 金融供求及其交易源于社会各部门的经济活动。（　　）

知识点提示：社会经济主体的金融交易及其关系。参见教材本章引言。

4. 国际投资所引起的资本流动需要依附于真实的商品或劳务交易。（　　）

知识点提示：国际投资的种类。参见教材本章第四节。

5. 调整利率水平会影响整个社会的投融资决策和经济金融活动。（　　）

知识点提示：利率的作用。参见教材本章第五节。

6. 货币与信用是现代金融运作的基本范畴和现代金融体系必不可少的基本要素。（ ）

知识点提示：现代金融体系的基本要素。参见教材本章第五节。

7. 金融总量是一国各经济主体对内金融活动的总和。（ ）

知识点提示：金融总量的含义。参见教材本章第五节。

8. 金融源自社会经济活动并服务于社会经济活动。（ ）

知识点提示：金融调控与监管。参见教材本章第五节。

9. 居民会基于流动性、收益性和安全性管理赤字。（ ）

知识点提示：居民盈余的使用和赤字的弥补。参见教材本章第一节。

10. 从一个国家（地区）来看，所有经济部门之间的金融活动构成了整个金融体系。（ ）

知识点提示：现代金融体系的基本要素。参见教材本章第五节。

11. 改革开放后，我国居民收入水平快速提升，但居民收入的货币化程度并未相应提高。（ ）

知识点提示：居民的货币收支与金融需求。参见教材本章第一节。

12. 一般来说，金融资产安全性与收益性负相关，安全性高，则收益性一般较低；收益性高，则安全性较低。（ ）

知识点提示：居民盈余的使用。参见教材本章第一节。

13. 金融机构是现代经济活动中最基本、最活跃的经济主体。（ ）

知识点提示：企业财务活动与金融。参见教材本章第二节。

14. 留存收益和折旧属于企业外源融资。（ ）

知识点提示：企业资金筹集方式。参见教材本章第二节。

15. 公债可作为商业银行的二级储备。（ ）

知识点提示：公债融资的作用。参见教材本章第三节。

(四) 问答题

1. 如何理解企业财务活动与金融体系的关系？

知识点提示：企业经营与财务。参见教材本章第二节。

2. 公债融资的作用有哪些？

知识点提示：公债融资的含义及作用。参见教材本章第三节。

3. 政府投资对金融活动产生的重要影响有哪些？

知识点提示：政府投资的作用。参见教材本章第三节。

（五）案例分析题

如何理解居民理财与金融的关系

居民是社会最古老、最基本的经济主体。在从自给自足经济向市场经济的逐步发展中，居民的经济活动与金融的联结越来越紧密。现代居民经济生活中的日常收支活动和储蓄投资、借贷等理财活动构成了现代金融供求的重要组成部分。

我国城乡居民收入、支出与储蓄存款 单位：亿元

年 份	1980	1990	2000	2013
城镇居民人均可支配收入	439	1516	6295	26955
农村居民人均纯收入	468	1413	6147	8896
城镇居民人均消费性支出	41	923	11338	18022
农村居民人均生活消费支出	191	990	3146	6626
人均储蓄存款余额	173	521	4656	33056

资料来源：《中国统计年鉴》。

分析与思考：1. 居民的收支如何引起金融活动？

2. 居民的盈余或短缺如何通过金融来调节？

知识点提示：居民理财与金融。参见教材本章第一节。

参考答案

（一）单项选择题

1. C　　2. A　　3. C　　4. B　　5. D
6. C　　7. B　　8. C　　9. A　　10. D
11. A　　12. A　　13. A　　14. B　　15. D

（二）多项选择题

1. ABE　　2. ABCDE　　3. BC　　4. ABD　　5. BCE
6. ABCDE　　7. ADE　　8. CDE　　9. ABC　　10. ABCDE

（三）判断改错题

1. √

2. ×　经济部门对金融的需求是多样化的，不仅表现在出现资金余缺的情况下，各

第一章　经济主体的财务活动与金融

经济主体的生产经营、生活消费、日常支付等活动都需要通过金融来实现。

3. √

4. ×　不同于国际支付结算、国际贸易融资，国际投资所引起的资本流动不需要依附于真实的商品或劳务交易。

5. √

6. ×　基本范畴和基本要素还包括利率、汇率、金融工具等。

7. ×　金融总量还包括一国对外的金融活动。

8. √

9. ×　居民会基于流动性、收益性和安全性来选择盈余使用方式。

10. ×　所有经济部门内部及部门之间的金融活动共同构成了整个金融体系。

11. ×　改革开放后，我国居民收入水平快速提升，同时居民收入的货币化程度也不断提高，使得居民的货币性收入日益增加，导致各种货币需求和金融需求随之增长。

12. √

13. ×　企业是现代经济活动中最基本、最活跃的经济主体。

14. ×　留存收益和折旧属于企业内源融资。

15. √

(四) 问答题

1. 如何理解企业财务活动与金融体系的关系？

（1）企业是金融机构服务的重要对象。企业财务活动中的多种需求，需要多种金融服务与产品来满足。一方面，企业庞大的财务活动是金融机构业务的基础，企业也由此成为金融机构最重要的客户群；另一方面，企业的财务运作离不开金融机构，企业资金的供求和支付、理财等都需要金融机构为之提供低成本的便利与服务。

（2）企业是金融市场最主要的参与者。企业发行的票据、股票和债券等是金融市场最主要的交易工具，企业之间的债务买卖、票据交易、股权交易等，使企业成为货币市场和资本市场上最活跃的参与者。

（3）企业的财务活动对宏观金融总量和结构有决定性影响。

2. 公债融资的作用有哪些？

（1）公债在债券市场上发挥基准性作用。公债利率通常作为无风险的基准利率，公债收益率则是分析利率期限结构的基本标的，公债的价格波动在市场上具有主导性影响。

（2）公债是金融机构调节资金流动性最主要的工具，可作为商业银行的二级储备。

（3）公债是中央银行公开市场业务的主要操作工具，中央银行通过买卖公债吞吐基础货币，实施货币政策的操作。

3. 政府投资对金融活动产生的重要影响有哪些？

(1) 政府投资伴随着大量的货币收支，其投资活动需要通过银行资金转账和支付结算实现，对货币需求和货币流通具有重要影响。

(2) 政府投资是政府支出的项目之一，政府要扩大投资，在收入不变的情况下，可能面临更严重的财政赤字，政府债券的发行额度将增加，公债利率也会变化，进而影响整个金融市场及其运行。

(3) 政府投资将影响整个社会的金融活动，政府投资的导向和基础改善性作用，将拉动更多的民间资本进行投资，引起整个社会金融资源的流向和流量发生变化。

(4) 政府的对外投资对国际金融具有重要影响。在开放经济中，政府可以通过设立主权财富基金进行国际投资。

(五) 案例分析题

评析要求：

(1) 要结合课本所学；

(2) 尝试用自己的语言来深入分析。

第二章　货币与货币制度

一、学习目标

1. 了解货币是怎样产生的，从货币形式的发展演变进而认识货币的基本功能；
2. 理解货币层次及其划分的经济意义；
3. 掌握各种货币制度的内容，为全面理解金融问题奠定基础。

二、知识结构

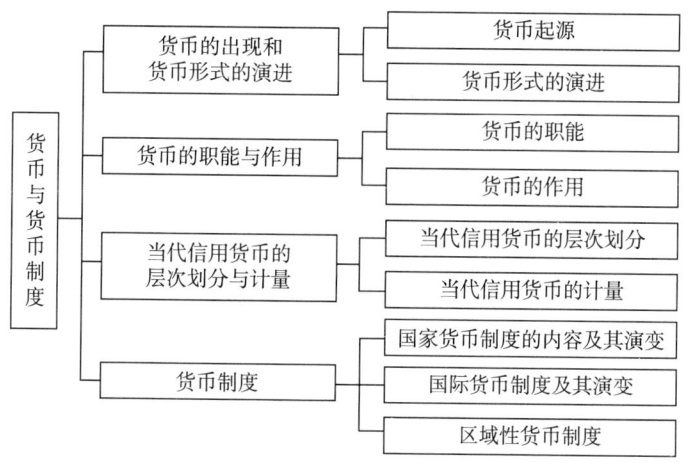

三、重点名词

1. **币材**，即充当货币的材料或物品。
2. **实物货币**，是指以自然界存在的或人们生产的某种物品来充当货币。
3. **金属货币**，是指以金属如铜、银、金等作为材料的货币。
4. **称量货币**，是指以金属条块的形式按重量流通的金属货币。
5. **铸币**，是指铸成一定形状并由国家印记证明其重量和成色的金属货币。

6. **存款货币**,是指能够发挥货币交易媒介和资产职能的银行存款,包括可以直接进行转账支付的活期存款以及定期存款、储蓄存款等形式的各类存款。

7. **电子货币**,是指以金融电子化网络为基础,通过计算机网络系统,以传输电子信息的方式实现支付功能的电子数据。

8. **流动性**,是指资产变成现实购买力而不受损失的能力。

9. **货币层次**,是指对流通中的各种货币形式按不同的统计口径划分为不同的层次。流动性是世界各国划分货币层次的通用标准。

10. **货币存量**,是指在某一时点上各经济主体所持有的货币余额,可根据货币层次分为狭义货币存量和广义货币存量。

11. **货币增量**,是指不同时点上货币存量的差额,主要反映货币量的增减变化,是分析货币流通状况的重要指标。

12. **货币制度**,是针对货币的有关要素、货币流通的组织与管理等内容以国家法律形式或国际协议形式加以规定所形成的制度。货币制度可分为三类:国家货币制度、国际货币制度、区域性货币制度。

13. **国家货币制度**,是指一国政府以法令形式对本国货币的有关要素、货币流通的组织与调节等加以规定所形成的体系。

14. **无限法偿**,是指法律赋予货币的无限支付能力,即不论支付数额和性质(买东西、还账、缴税等),对方都不能拒绝接受。

15. **有限法偿**,是指法律赋予货币的有限支付能力,即在一次支付中若超过规定的数额,收款人有权拒收,但在法定限额内不能拒收。

16. **格雷欣法则**,即两种实际价值不同而法定价格相同的货币同时流通时,市场价格偏高的货币(良币)就会退出流通进入贮藏,而市场价格偏低的劣币却充斥市场,出现劣币驱逐良币的规律。

17. **金块本位制**,是指不铸造、不流通金币,银行券只能在达到一定数量后才能兑换金块的货币制度。

18. **金汇兑本位制**,是指本国货币虽然仍有含金量,但国内不铸造也不使用金币,而是流通银行券,但它们不能在国内兑换黄金,只能兑换本国在该国存有黄金并与其货币保持固定比价国家的外汇,然后用外汇到该国才能兑换黄金。

19. **国际货币体系**,即国际货币制度,是支配各国货币关系的规则以及国际间进行各种交易支付所依据的一套安排和惯例。

四、重点难点释疑

（一）怎样把握货币起源的各种学说

1. 古今中外有各种关于货币起源的学说。如中国古代有先王制币说和交换发展说；西方有创造发明说、便于交换说、保存财富说等。这些学说由于停留在对现象的解释上而具有一定的局限性。

2. 马克思运用历史唯物主义和辩证唯物主义的观点，采用历史和逻辑相统一的方法，创立了科学的货币起源说，从货币的起源和逻辑的线索科学地阐明了货币产生的客观必然性，从而揭示了货币的本质。

（二）货币的演变规律

几千年来，货币的形式随着商品交换和商品经济的发展不断发展变化。迄今为止，货币形式经历了实物货币、金属货币、纸币和信用货币几个发展阶段，从总体趋势来看，货币形式随着商品生产和流通的发展，以及经济发展程度的提高，不断从低级向高级发展演变，这个过程大致可以分为三个阶段。

1. 一般价值形态转化为货币形式后，有一个漫长的实物货币占主导地位的时期。然而以实物形式作为货币，并不能很好地满足交换对币材的要求，许多实物货币形体不一，不易分割、保存，不便携带，而且价值不稳定，因此，随着经济的发展与交易的扩大，实物货币逐渐被金属货币替代。

2. 从实物货币向金属货币的转化。与实物货币相比，金属货币具有价值稳定、易于分割、易于贮藏等优势，更适宜于充当货币。以贵金属作为币材是货币发展史上的重要演进。金属作为货币材料，特别是当流通中的货币是足值的金属铸币时，货币的价值比较稳定，能够为交换和生产提供一个稳定的货币环境。但是金属货币也有难以克服的弊端，面对日益增长的待交换商品量和保存财富的需求，受金属的贮藏、开采和稀缺性的限制，货币的数量很难保持同步的增长，因此在经济快速发展时期，大量商品往往由于货币的短缺而难以销售或价格下跌，引发萧条。同时，金属货币在进行大额远地交易时不便携带，影响了金属货币的广泛使用。

3. 从金属货币向信用货币的转化。信用货币产生于金属货币流通时期。信用货币主要有两种形式：纸币和存款货币。近几十年来，信用货币的形式发生了很大变化，从现钞、支票等形式向无形的电子货币形式发展，电子货币作为现代经济高速发展和金融技术创新的成果，比传统信用货币更方便、准确、安全和节约，是货币作为交易媒介不断进化的表现，代表信用货币形式的发展趋势。

(三) 如何理解货币的职能

货币在我们的生活中主要发挥两大职能：交换媒介职能和资产职能。货币发挥交换媒介职能主要通过三种方式进行。一是作为各种商品交易时的交换手段；二是作为计价标准去计算并衡量商品和劳务的价值；三是货币发挥支付手段职能作为延期支付的手段结清债权债务关系。理解货币的职能时需要注意：

首先，货币的职能是货币本身所具有的，是货币本质的具体体现，货币的职能是由货币的本质决定的。

其次，对货币的职能有多种概括，如西方学者概括为交换媒介、核算单位、支付工具、贮藏手段；马克思将金属货币的功能概括为5个：价值尺度、流通手段、贮藏手段、支付手段和世界货币。

最后，掌握货币职能的特点与作用，如交换手段的特点是必须使用现实的货币，一手交钱，一手交货，作用主要是便利商品交换，但也可能导致买卖脱节；支付手段的特点是没有商品或劳务与之做相向运动，用于偿还债务或单方面支付；等等。正因为货币具有重要的职能，所以货币在经济社会活动中具有重大的作用。

(四) 为什么要划分货币供给层次

当代各国流通的都是由现金和存款货币构成的信用货币。不同的存款作为购买力的方便程度是有区别的，现金和活期存款是可以直接用于交易支付的现实购买力，而其他存款要成为现实购买力还必须经过提现或转换存款种类的程序，并且中央银行对现金、活期存款和其他存款的控制和影响能力也不同。因此，在进行货币量统计时，既要考虑货币量统计的全面性和准确性，又要兼顾中央银行调控货币量的需要，必须对货币量划分层次进行统计分析。

1. 现实经济中存在着形形色色的货币，需要将它们划分为不同的层次，使货币供给的计量有科学的口径。

2. 处于不同层次的货币，货币性不同。

3. 由于不同层次的货币供给形成机制不同，特性不同，调控方式也不同，因此划分货币供给层次有利于有效地管理和调控货币供应量。

4. 各国划分货币层次的共同依据是金融资产的流动性。但是，具体货币层次的划分均根据本国的具体情况进行。

我国货币层次3个口径的划分如下：

◎ M_0 = 流通中现金

◎ M_1（货币）= M_0 + 活期存款

◎ $M_2 = M_1 + QM$（企业单位定期存款+城乡居民储蓄存款+证券公司的客户保证金存款+住房公积金中心存款和非存款类金融机构在存款类金融机构的存款+其他存款）

（五）为什么各国都要制定货币制度

只要有商品生产和商品交换，就需要有货币作为交换手段、计价单位和支付手段，货币在发挥这些功能的时候需要遵循一些基本原则，比如货币作为计价单位为商品标价时，货币本身首先要有一个大家公认的计价标准，货币采用什么样的形式也要被人们普遍认同，如果每个人都有一套自己的标准，货币也就不可能正常地发挥各项功能。货币制度是针对货币的有关要素、货币流通的组织与管理等内容以国家法律形式或国际协议形式加以规定所形成的制度。货币制度一旦确定，具有相对的稳定性和强制力，能够为货币正常发挥各项功能创造良好的环境。较为完善的货币制度是随着资本主义制度的建立逐步确立的，并随着货币信用经济的发展日臻完善，成为各国最基本的经济制度之一。

（六）如何把握国家货币制度的内容

国家货币制度是指一国政府以法令形式对本国货币的有关要素、货币流通的组织与调节等加以规定所形成的体系。国家货币制度从其存在的具体形式看，大致可分为金属货币制度和信用货币制度两大类。对国家货币制度的内容可以从以下两个方面把握：

第一个方面，这两种类型货币制度的基本框架是相同的，大体包括以下基本内容：

1. 规定货币材料。确定不同的货币材料就构成了不同的货币本位，确定用黄金充当币材就构成金本位，用白银充当币材就构成银本位。

2. 规定货币单位。货币单位是指货币计量单位。货币单位的规定主要有两个方面：一是规定货币单位的名称；二是规定货币单位的值。

3. 规定流通中的货币种类。主要是指规定主币和辅币。

4. 规定货币的法定支付能力。货币的支付偿还能力有两种：无限法偿和有限法偿。

5. 规定货币铸造发行的流通程序。即规定货币是自由铸造与限制铸造；是分散发行与垄断发行。

6. 货币发行准备制度的规定。这是指发行者必须以某种金属或某几种形式的资产作为其发行货币的准备，从而使货币的发行与某种金属或某些资产建立起联系和制约关系。

第二个方面，两种货币制度的具体内容是不同的。比如金属货币制度规定了具体的货币材料性质，信用货币则没有这方面的具体规定。对货币单位的值的规定也有区别，金属货币制度通过直接规定货币单位的金属含量来确定货币单位的值，信用货币条件下货币单位的值只能通过货币购买力汇率来决定。在货币法定支付偿还能力、货币铸造发行的流通程序以及货币发行准备制度等方面，金属货币制度和信用货币制度的具体内容也有差别。

（七）如何把握国家货币制度、国际货币制度和区域性货币制度的关系

国家货币制度、国际货币制度和区域性货币制度之间既有联系也有区别。

1. 适用范围不同。国家货币制度是指一国政府以法令形式对本国货币的有关要素、货币流通的组织与调节等加以规定所形成的体系。国家货币制度是一国货币主权的体现，由本国政府或司法机构独立制定实施，其有效范围一般仅限于国内。国际货币制度也称国际货币体系，是支配各国货币关系的规则以及国际间进行各种交易支付所依据的一套安排和惯例。国际货币制度通常是由参与的各国政府磋商而定，由参与国自觉遵守。区域性货币制度是指由某个区域内的有关国家（地区）通过协调形成一个货币区，由联合组建的一家中央银行负责发行与管理区域内的统一货币的制度。它的适用范围限于一定的区域内。

2. 内容不同。国家货币制度的主要内容包括规定货币材料、规定货币单位、规定流通中的货币种类、规定货币的法定支付能力、规定货币铸造发行的流通程序、货币发行准备制度的规定。国际货币制度主要包括三个方面的内容：一是确定国际储备资产，即使用何种货币作为国际间的支付货币；哪些资产可用作国际储备资产；二是安排汇率制度，即采用何种汇率制度，是固定汇率制还是浮动汇率制；三是选择国际收支的调节方式，即出现国际收支不平衡时，各国政府应采取什么方法进行弥补，各国之间的政策措施如何协调等。区域性货币制度分为两种情况：一种是在成员国仍保持独立的本国货币制度的条件下规定成员国之间的货币兑换关系；另一种是在实行统一货币的条件下，对统一货币的货币单位、流通中的货币种类、货币法定支付偿还能力等进行规定。

3. 作用不同。国家货币制度主要是为了保证一国货币和货币流通的稳定，国际货币制度通过建立稳定的国际货币秩序、提供充足的国际清偿能力并保持储备资产的信心、保证国际收支的失衡得到有效而稳定的调节来促进国际贸易和国际经济活动的发展。区域性货币制度通过货币区域内协调的货币、财政和汇率政策使货币区域内的各个国家实现充分就业、稳定物价和国际收支平衡。

（八）如何看待国际货币制度的演变

1. 布雷顿森林体系的建立与崩溃有其历史必然性

布雷顿森林体系的主要内容有："双挂钩"的安排；实行固定汇率制；IMF 为会员国解决国际收支困难事先作出安排。会员国不得限制经常性项目的支付，不得采取歧视性货币措施。布雷顿森林体系曾发挥过积极的作用。该体系的安排中隐含着诸多缺陷，导致其最终走向崩溃。

2. 现行的牙买加体系的内容及其利弊

（1）牙买加体系的主要内容：国际储备多元化；汇率安排多样化；多渠道调节国际收支。（2）牙买加体系的积极作用：为国际经济活动提供了多种清偿货币；为各国的经济发展提供了灵活性和自主性；为各国调节国际收支提供了灵活性。（3）牙买加体系的缺陷：国际上缺乏统一而稳定的货币标准；加大了汇率风险；国际收支调节机制存在局限性。

五、练习题

（一）单项选择题

1. 明代丘濬说："日中为市，使民交易以通有无。以物易物，物不皆有，故有钱币之造焉。"这句话反映了（　　）的货币起源思想。

　　A. 先王制币说　　　　　　　B. 交换需要说
　　C. 创造发明说　　　　　　　D. 保存财富说

知识点提示：货币的起源学说。参见教材本章第一节。

2. 马克思的货币起源理论表明（　　）。

　　A. 货币是国家创造的产物
　　B. 货币是先哲为解决交换困难而创造的
　　C. 货币是为了保存财富而创造的
　　D. 货币是固定充当一般等价物的商品

知识点提示：马克思的货币起源理论。参见教材本章第一节。

3. 贝币和谷帛属于我国货币历史上的（　　）。

　　A. 信用货币　　　　　　　　B. 纸币
　　C. 实物货币　　　　　　　　D. 金属货币

知识点提示：实物货币的含义。参见教材本章第一节。

4. 在以下金融资产中，流动性最强的是（　　）。

　　A. 银行活期存款　　　　　　B. 居民储蓄存款
　　C. 银行定期存款　　　　　　D. 现金

知识点提示：流动性的含义。参见教材本章第二节。

5. 各国货币量层次划分的主要依据是（　　）。

　　A. 金融资产的流动性　　　　B. 金融资产的重要性
　　C. 金融资产的价值大小　　　D. 金融资产的种类

知识点提示：金融资产流动性的含义。参见教材本章第三节。

6. 中国人民银行公布的货币量指标中的货币增长率指标反映了（   ）的变化状况。

    A. 货币存量   B. 货币流量
    C. 货币增量   D. 货币总量

    知识点提示：货币增量的含义。参见教材本章第三节。

7. 货币在（   ）时执行交换手段的职能。

    A. 商品买卖   B. 缴纳税款
    C. 支付工资   D. 表现商品价值

    知识点提示：货币交换媒介的职能。参见教材本章第二节。

8. 典型的金本位制是（   ）。

    A. 金块本位制   B. 金汇兑本位制
    C. 虚金本位制   D. 金币本位制

    知识点提示：金本位制的种类。参见教材本章第四节。

9. 美元与黄金挂钩，其他国家货币与美元挂钩是（   ）的特点。

    A. 国际金本位制   B. 牙买加体系
    C. 布雷顿森林体系   D. 国际金块本位制

    知识点提示：布雷顿森林体系的内容。参见教材本章第四节。

10. 牙买加体系不具备的特点是（   ）。

    A. 保持固定汇率   B. 国际收支可自动调节
    C. 国际储备货币多元化   D. 实行浮动汇率

    知识点提示：牙买加体系的内容。参见教材本章第四节。

11. 借贷、财政收支、工资发放或劳务收支、捐赠或赔款等活动中，货币发挥着（   ）职能。

    A. 计价标准   B. 交换手段
    C. 资产   D. 支付手段

    知识点提示：货币支付手段的职能。参见教材本章第二节。

12. （   ）是指在某一时点上各经济主体所持有的货币余额。

    A. 货币存量   B. 货币流量
    C. 货币增量   D. 货币总量

    知识点提示：货币存量的含义。参见教材本章第三节。

13. 货币流通具有自动调节机制的货币制度是（　　）。

A. 金块本位制　　　　　　　B. 金汇兑本位制

C. 虚金本位制　　　　　　　D. 金币本位制

知识点提示：金币本位制的特点。参见教材本章第四节。

14. 现实经济中的信用货币投入流通是通过（　　）。

A. 金融活动　　　　　　　　B. 商业活动

C. 生产活动　　　　　　　　D. 投资活动

知识点提示：不兑现信用货币制度的特点。参见教材本章第四节。

15. 储备货币多元化、汇率安排多样化、多渠道调节国际收支是（　　）的特点。

A. 布雷顿森林体系　　　　　B. 牙买加体系

C. 区域性货币制度　　　　　D. 不兑现的信用货币制度

知识点提示：金块本位制的含义。参见教材本章第四节。

16. 劣币驱逐良币规律是发生在（　　）货币制度的现象。

A. 金本位　　　　　　　　　B. 银本位

C. 金银复本位　　　　　　　D. 金币本位

知识点提示：金银复本位制的特点。参见教材本章第四节。

（二）多项选择题

1. 金属货币与纸币和存款货币的不同之处是（　　）。

A. 金属货币具有内在价值，纸币和存款货币本身没有内在价值

B. 金属货币可以在世界范围内流通，纸币和存款货币只能在本国流通

C. 金属货币的币值相对稳定，纸币和存款货币受物价影响较大

D. 金属货币增长受储量和开采量的限制，纸币和存款货币的规模中央银行可以灵活掌握

E. 金属货币可以作为资产保值增值的一种手段，纸币和存款货币不可以

知识点提示：货币形式的演进。参见教材本章第一节。

2. 信用货币包括（　　）。

A. 实物货币　　　　　　　　B. 金属货币

C. 纸币　　　　　　　　　　D. 银行券

E. 存款货币

知识点提示：信用货币的含义。参见教材本章第一节。

3. 币材一般应具备（　　）的性质。

A. 价值较高   B. 易于分割

C. 易于保存   D. 便于携带

E. 成本较低

知识点提示：实物货币的特点。参见教材本章第一节。

4. 货币发挥交易媒介职能的方式包括（　　）。

A. 计价标准   B. 资产职能

C. 交换手段   D. 支付手段

E. 积累手段

知识点提示：货币的职能。参见教材本章第二节。

5. 货币发挥支付手段的职能表现在（　　）。

A. 税款缴纳   B. 贷款发放

C. 货款支付   D. 劳务收支

E. 工资发放

知识点提示：货币交换媒介的职能。参见教材本章第二节。

6. 在我国的货币层次划分中，狭义货币包括（　　）。

A. 银行活期存款   B. 企业单位定期存款

C. 居民储蓄存款   D. 证券公司客户保证金存款

E. 现金

知识点提示：狭义货币的含义。参见教材本章第三节。

7. 一般而言，货币层次变化划分的特点是（　　）。

A. 流动性减弱，货币统计口径与包括的范围就会扩大

B. 流动性减弱，货币统计口径与包括的范围就会缩小

C. 金融创新加速，货币层次划分就会越容易

D. 金融创新加速，货币层次划分就会越困难

E. 金融产品越丰富，货币层次也就越多

知识点提示：货币层次划分的特点。参见教材本章第三节。

8. 国际货币制度的构成要素包括（　　）。

A. 规定货币材料

B. 安排汇率制度

C. 规定本国货币的法定支付能力

D. 选择国际收支的调节方式

E. 确定国际储备资产

知识点提示：国际货币制度的内容。参见教材本章第四节。

9. 金本位制包括（　　）。

A. 金银复本位制　　　　　　　B. 金块本位制

C. 金汇兑本位制　　　　　　　D. 金元本位制

E. 金币本位制

知识点提示：金本位制的类型。参见教材本章第四节。

10. 人民币货币制度的特点是（　　）。

A. 人民币是我国法定计价、结算的货币单位

B. 元、角、分都是我国经济生活中法定计价、结算的货币单位

C. 人民币以现金和存款货币两种形式存在

D. 人民币不规定含金量，是不兑现的信用货币

E. 人民币由中国人民银行统一发行

知识点提示：人民币货币制度的内涵。参见教材本章第四节。

（三）判断改错题

1. 货币作为交换媒介不一定是现实货币。（　　）

知识点提示：货币的作用。参见教材本章第二节。

2. 按国际货币基金组织的口径，M_0 即现钞是指商业银行的库存现金、居民手中的现钞和企业或单位持有的现钞。（　　）

知识点提示：货币层次的划分。参见教材本章第三节。

3. 交换媒介职能和资产职能都是货币最基本的职能。（　　）

知识点提示：货币的职能。参见教材本章第二节。

4. 货币的资产职能是指货币作为资产的一种形式，成为实现资产保值增值的手段。（　　）

知识点提示：货币的资产职能。参见教材本章第二节。

5. 准货币的流动性小于狭义货币，反映整个社会潜在的购买能力。（　　）

知识点提示：狭义货币量与广义货币量。参见教材本章第三节。

6. 垄断发行是指允许私人部门按照规定的条件发行信用货币的方式。（　　）

知识点提示：分散发行与垄断发行。参见教材本章第四节。

7. 狭义货币量不仅反映社会的直接购买力，也反映社会的潜在购买力。（　　）

知识点提示：广义货币量与狭义货币量。参见教材本章第三节。

8. 国家货币制度由一国政府或司法机构独立制定实施，其有效范围一般仅限于国内，是该国货币主权的体现。（　　）

　　知识点提示：国家货币制度的含义。参见教材本章第四节。

9. 金币本位制、金汇兑本位制和金块本位制下主币可以自由铸造，辅币限制铸造。（　　）

　　知识点提示：金本位制度的特点。参见教材本章第四节。

10. 在货币层次划分中，流动性越强，包括的货币范围越大。（　　）

　　知识点提示：信用货币层次划分的依据。参见教材本章第三节。

11. 称量货币在使用时需要验成色称重量。（　　）

　　知识点提示：称量货币的特点。参见教材本章第一节。

12. 从货币的发展历史看，最早的货币形式是铸币。（　　）

　　知识点提示：货币形式的演进。参见教材本章第一节。

13. 电子货币是指以金融电子化网络为基础，通过计算机网络系统，以传输电子信息的方式实现支付功能的电子数据。（　　）

　　知识点提示：电子货币的概念。参见教材本章第一节。

14. 格雷欣法则是金银复本位制中不稳定的平行本位货币制度条件下出现的现象。（　　）

　　知识点提示：金银复本位制的特点。参见教材本章第四节。

15. 在不兑现信用货币制度条件下，信用货币具有无限法偿的能力。（　　）

　　知识点提示：规定货币的法定支付能力。参见教材本章第四节。

16. 银行券只在不兑现的信用货币制度下流通，在金属货币制度下不存在。（　　）

　　知识点提示：金本位制。参见教材本章第四节。

17. 一般情况下，本位币具有无限法偿的能力，辅币则为有限法偿。（　　）

　　知识点提示：货币制度的内容。参见教材本章第四节。

18. 我国中央银行公布的年度货币供应量是货币增量。（　　）

　　知识点提示：当代信用货币的计量。参见教材本章第三节。

19. 准货币是活期存款、定期存款、储蓄存款和外汇存款之和。（　　）

　　知识点提示：国际货币基金组织货币层次的划分。参见教材本章第三节。

20. 国家货币制度的主要形式有银本位制、金银复本位制、金本位制和不兑现的信用货币制度。（　　）

　　知识点提示：国家货币制度及其演变。参见教材本章第四节。

（四）问答题

1. 如何理解货币的作用？

知识点提示：货币的作用。参见教材本章第二节。

2. 各国货币层次划分有哪些特点？

知识点提示：货币层次的划分。参见教材本章第三节。

3. 不兑现的信用货币制度有什么特点？

知识点提示：不兑现的信用货币制度。参见教材本章第四节。

4. 金银复本位制下为什么会出现劣币驱逐良币规律？

知识点提示：金银复本位制的特点。参见教材本章第四节。

（五）案例分析题

何为劣币驱逐良币

我国现行的货币制度较为特殊。由于我国目前实行"一国两制"的方针，1997年、1999年香港和澳门回归祖国以后，继续维持原有的货币金融体制，从而形成了"一国多币"的特殊货币制度。目前不同地区各有自己的通用货币：人民币是我国内地的通用货币；港元是香港地区的通用货币；澳门元是澳门地区的通用货币；新台币是台湾地区的通用货币。各种货币各限于本地区流通，人民币与港元、澳门元之间按以市场供求为基础决定的汇价进行兑换，澳门元与港元直接挂钩，新台币主要与美元挂钩。

分析与思考：1. 什么是劣币驱逐良币？

2. 你认为我国货币制度会不会出现劣币驱逐良币？为什么？

知识点提示：金银复本位制的特点。参见教材本章第四节。

参考答案

（一）单项选择题

1. B	2. D	3. C	4. D	5. A
6. C	7. A	8. D	9. C	10. A
11. D	12. A	13. D	14. A	15. B
16. C				

（二）多项选择题

1. ACD	2. CDE	3. ABCD	4. ACD	5. ABDE

6. AE　　　7. ADE　　　8. BDE　　　9. BCE　　　10. ACD

(三) 判断改错题

1. ×　货币作为交换媒介必须是现实货币，观念上的货币是不能行使交换媒介职能的。

2. ×　不包括商业银行的库存现金。

3. ×　交换媒介职能是货币最基本的职能。

4. √

5. √

6. ×　垄断发行是指信用货币只能由中央银行或指定机构发行；允许私人部门发行属于分散发行方式。

7. ×　狭义货币量只反映社会的直接购买力。

8. √

9. ×　金币本位制可以自由铸造，在金汇兑本位制和金块本位制下金币不再参与流通，不能自由铸造。

10. ×　流动性越强，货币范围越小。

11. √

12. ×　从货币的发展历史看，最早的货币形式是实物货币。

13. √

14. √

15. ×　在不兑现的信用货币制度下，本位币具有无限法偿能力，不足值的辅币则不具有无限法偿能力。

16. ×　银行券产生于金本位制，兑现是其典型特征。在不兑现的信用货币制度下则转化为纸币。

17. √

18. ×　我国中央银行公布的年度货币供应量是货币存量。

19. ×　不包括活期存款。

20. √

(四) 问答题

1. 如何理解货币的作用？

货币与人类社会的发展息息相关，在各个方面都发挥了重要作用。

第一，从货币职能的角度看，货币的积极作用表现在：一是克服了物物交换的困难，降低了商品交换的信息搜寻成本，提高了交换效率，促进了商品流通与市场的扩大。二是解决了价值衡量的难题，为顺利实现商品交换提供了便利。三是可以通过支付冲抵部分交易金额，进而节约流通费用，还可以通过非现金结算加速资金周转。四是提供了最具流动性的价值贮藏和资产保存形式，丰富了人们的贮藏手段和投资形式。五是通过在发挥支付手段时形成的活期存款和发挥资产职能所形成的定期存款等，可以促进社会资金集中到金融机构，使得金融体系能够有效利用社会资金，这是现代社会化大生产顺利进行最重要的前提条件。

第二，货币成为推动经济发展和社会进步的特殊力量，它的存在使人们的生产活动和生活突破了狭小的天地的限制，激发了人们的想象力和创造力，对商品生产的扩大、社会的发展和思想文化的进步产生了积极的作用。更重要的是，人们可以利用货币去进行财富的积累和承袭，这就激发了人们创造财富的欲望，为资本积累和利用社会资本扩大再生产创造了条件。

同样需要重视的是，货币在发挥各种积极作用的同时，也对社会经济发展和人们的意识形态产生了负面影响。一是货币将交换过程分为买、卖两个环节，有买卖脱节和供求失衡的可能。二是货币发挥支付手段职能时形成了复杂的债务链条，有产生债务危机的可能性。三是货币的跨时支付使财政超分配和信用膨胀成为可能。四是人们将货币神化产生货币拜物教，扭曲人类的思想和行为。

2. 各国货币层次划分有哪些特点？

（1）货币的统计口径与流动性强弱的选择相关。

（2）金融制度越发达，金融产品越丰富，货币层次也就越多。

（3）不同国家各个货币层次所包含的内容不同。

（4）货币层次的划分不是固定不变的，随着金融产品的创新及经济环境的改变，原有的货币层次可能无法准确地反映货币的构成状况，需要对货币层次重新划分或调整。

（5）货币层次的划分及计量只能在一定程度上反映货币流通状况。

3. 不兑现的信用货币制度有什么特点？

（1）现实经济中的货币都是信用货币，主要由现金和银行存款构成。

（2）现实中的货币都是通过金融机构的业务投入到流通中去。

（3）国家对信用货币的管理调控成为经济正常发展的必要条件。

大多数国家都由中央银行管理信用货币的发行与流通，运用货币政策来调控信用货币的供求总量与均衡。

4. 金银复本位制下为什么会出现劣币驱逐良币规律？

金银复本位制是一种不稳定的"平行本位"货币制度,当金银铸币各按其自身所包含的价值并行流通时,市场上的商品就出现了金价和银价两种价格,容易引起价格混乱,给商品流通带来许多困难。同时,用法律规定金和银的比价,又会出现"劣币驱逐良币"的现象,即两种实际价值不同而法定价格相同的货币同时流通时,市场价格偏高的货币(良币)就会流通进入贮藏,而市场价格偏低的劣币却充斥市场。这种劣币驱逐良币的规律又称为"格雷欣法则"。

(五) 案例分析题

评析要求:

(1) 要结合课本所学;

(2) 尝试用自己的语言来深入分析。

第三章 汇率与汇率制度

一、学习目标

1. 了解外汇的含义,掌握汇率的概念及汇率的种类;
2. 熟悉不同货币制度下汇率的决定因素,掌握各种汇率理论的主要内容;
3. 熟悉汇率在经济中的主要影响及汇率发挥作用的条件,了解汇率风险及其表现;
4. 掌握不同汇率制度的内容与特征,了解汇率制度的演进历程,重点掌握人民币汇率的制度安排及其变迁。

二、知识结构

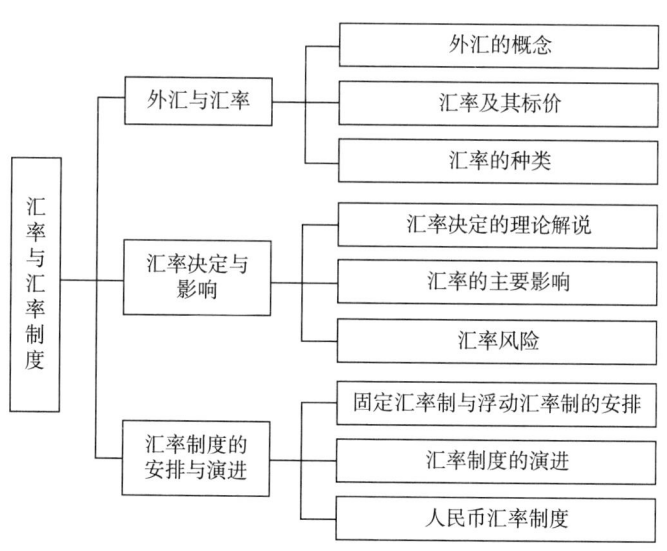

三、重点名词

1. **外汇**,是指以外币表示的可用于清算国际收支差额的资产。外汇有三个特点:是国际上普遍接受的资产;可以与其他外币自由兑换;其债权可以得到偿付。外汇有广义与狭义之分，广义外汇是指一切用外国货币表示的资产，狭义外汇专指以外币表示的国际支付手段。我国《外汇管理条例》规定，外汇的构成包括：（1）外币现钞，包括纸币、铸币；（2）外币支付凭证或者支付工具，包括票据、银行存款凭证、银行卡等；（3）外币有价证券，包括债券、股票等；（4）特别提款权；（5）其他外汇资产。

2. **汇率**，是指两国货币之间的相对比价，是一国货币以另一国货币表示的价格，也是货币对外价值的表现形式。汇率有两种标价方法，即直接标价法和间接标价法。

3. **直接标价法**，是指以一定单位的外国货币为基准来计算应付多少单位的本国货币，也称应付标价法。世界上大多数国家采用直接标价法，我国目前也采用直接标价法。在直接标价法下，汇率越高，单位外币所能兑换的本国货币越多，表示外币升值而本币贬值；反之则相反。

4. **间接标价法**，是指以一定单位的本币为基准来计算应收多少外币，也称应收标价法。在间接标价法下，汇率越高，表示单位本币所能兑换的外国货币越多，本币升值而外币贬值；反之则相反。

5. **基准汇率**，即本币与对外经济交往中最常用的主要外币之间的汇率。目前各经济体一般都以美元与本币之间的汇率为基准汇率。

6. **套算汇率**，是根据本国基准汇率套算出的本币与国际金融市场上其他非主要货币的汇率或套算出的其他外币之间的汇率。

7. **名义汇率**，是指在市场上观察到的挂牌交易使用的汇率。

8. **实际汇率**，是指在名义汇率基础上考虑到一种货币所在经济体与其他经济体之间物价差异因素的汇率。实际汇率难以直接观察得到，需要测算。

9. **固定汇率**，是指一国货币的汇率基本固定，汇率的波动幅度被限制在较小的范围内，中央银行有义务维持本币币值的基本稳定。

10. **浮动汇率**，是指一国货币管理当局不规定汇率波动的上下限，汇率随外汇市场的供求关系自由波动。如果本币钉住基本外币，汇率随其浮动，则被称为联系汇率或钉住汇率制度。

11. **官方汇率**，是一国外汇管理当局制定并公布实行的汇率。

12. **市场汇率**，是由外汇市场供求关系决定的汇率。

13. **购买力平价**，决定两国货币汇率的是两种货币的购买力之比。瑞典经济学家卡塞尔最早提出两国货币的兑换比率由两国货币各自具有的购买力之比决定。购买力平价又分为绝对购买力平价和相对购买力平价两种形式。

14. **绝对购买力平价**，是指某一时点两国的一般物价水平决定了两国货币的汇率水平。

15. 相对购买力平价，是指在一定时期内汇率的变化决定于两国物价水平的相对变动率。

四、重点难点释疑

（一）汇率的决定理论有哪些

汇率决定理论主要有国际借贷说、购买力平价说、汇兑心理说、货币分析说和金融资产说，它们分别从不同的角度对汇率的决定因素进行了分析。

国际借贷说是美国经济学家葛逊在1861年提出的，他以金本位制为背景，较为完善地阐述了汇率与国际收支的关系。他认为，汇率的变化是由外汇的供给与需求引起的，而外汇的供求主要源于国际借贷。国际借贷可分为流动借贷和固定借贷。流动借贷是指已经进入实际支付阶段的借贷；固定借贷是指尚未进入实际支付阶段的借贷。只有流动借贷才会影响外汇的供求。

购买力平价说是20世纪20年代初瑞典经济学家卡塞尔率先提出的。其基本思想是：人们需要外币是因为外币在其发行国国内具有购买力，相应地，人们需要本币也是因为本币在本国国内具有购买力。因此，两国货币汇率的决定基础应是两国货币所代表的购买力之比。购买力平价理论是最有影响力的汇率理论，由于它是从货币基本功能的角度分析货币的交换比率，合乎逻辑，表达简洁，在计算均衡汇率和分析汇率水平时被广泛应用。我国的换汇成本说就是购买力平价说的实际应用。

汇兑心理说是1927年由法国巴黎大学教授艾伯特·阿夫塔里昂根据边际效用价值论的思想提出的。他认为，汇率取决于外汇的供给与需求，但个人之所以需要外汇不是因为外汇本身具有购买力，而是由于个人对国外商品和劳务的某种欲望。这种欲望是由个人的主观评价决定的，外汇就如同商品一样，对个人有不同的边际效用。因此，决定外汇供求进而决定汇率最重要的因素是人们对外汇的心理判断与预测。

货币分析说认为汇率变动是由货币市场失衡引发的，引发货币市场失衡的因素主要有国内外货币供给的变化、国内外利率水平的变化以及国内外实际国民收入水平的变化等，这些因素通过对各国物价水平的影响而最终决定汇率水平。货币分析说最突出的贡献是它对浮动汇率制下现实汇率的超调现象进行了全面的理论概括。

金融资产说阐述了金融资产的供求对汇率的决定性影响，认为一国居民可持有三种资产，即本国货币、本国债券和外国债券，其总额应等于本国所拥有的资产总量。当各种资产的供给量发生变动，或者居民对各种资产的需求量发生变动时，原有的资产组合平衡就被打破，这时居民就会对现有资产组合进行调整使其符合自己的意愿持有量，达到新的资产市场均衡。在对国内外资产持有量进行调整的过程中，本国资产与外国资产之间的替换就会引起外汇供求量的变化，从而带来外汇汇率的变化。

（二）汇率对经济的影响主要表现在哪些方面

汇率作为重要的金融价格，其变动会影响进出口、资本流动、物价和金融资产的选择。

一般地，本币贬值，意味着可以提高本国商品的国际竞争力，能起到促进出口、抑制进口的作用；若本币升值，则有利于进口，不利于出口。但汇率变化对进出口的影响有一个条件，即进出口需求有价格弹性——进出口商品价格的变动对进出口商品的需求会有所影响。

从进口商品和原材料来看，本币（名义）汇率贬值可能引起进口商品在国内的价格上涨。反之，本币（名义）汇率升值，其他条件不变，进口商品的价格有可能降低，从而可以起到抑制物价总水平的作用。

从出口商品看，汇率贬值有利于扩大出口，但在出口商品供给弹性小的情况下，出口扩大会引发国内市场对此类商品的抢购，从而抬高其国内价格，甚至有可能进一步波及国内的物价总水平。

由于长期资本的流动主要以利润和风险为转移，汇率的变动对长期资本流动的影响较小。短期资本流动则常常受到汇率的较大影响。

汇率变动对金融资产的选择有重要影响。本币汇率升值，将促使投资者更加倾向于持有本币资产；相反，外币汇率升值，则会导致投资者将本币资产转换成外币资产。

（三）固定汇率制度和浮动汇率制度的利弊分析

固定汇率制度和浮动汇率制度的利弊正好相反。

浮动汇率制度的优点表现为：（1）有助于发挥汇率对国际收支的自动调节作用。（2）减少国际游资的冲击，减少国际储备需求。（3）内外均衡易于协调。但这三点则是固定汇率制度的缺陷。

浮动汇率制度也存在弊端。（1）由于汇率风险较大，不利于国际贸易和投资的发展。（2）浮动汇率可能助长国际金融市场上的投机活动。（3）浮动汇率可能引发货币之间竞相贬值。（4）浮动汇率可能诱发通货膨胀。固定汇率制度则避免了上述弊端。

（四）牙买加体系下汇率制度的特征是什么

牙买加体系下汇率制度的特征表现为：第一，在多种汇率制度安排中，以浮动汇率制为主导，但绝不意味着固定汇率制已经消亡。第二，黄金与各国货币彻底脱钩，已不再是货币汇率的参考物,所以牙买加体系下的汇率制度是以信用货币为基础的。第三,国际货币基金组织(IMF)成员国均可自主决定其汇率制度的安排,只需事先得到 IMF 的同意即可。

(五) 当前的人民币汇率制度安排

2005 年 7 月,人民币汇率制度又进行了一次重要改革,回归有管理的浮动汇率制度。新的人民币汇率制度是以市场供求为基础、参考一篮子货币进行调节、有管理的浮动汇率制度;银行间外汇市场人民币对外汇的交易价格在一定幅度内浮动。

五、练习题

(一) 单项选择题

1. 下列外汇中不会被居民个人持有的外币资产是( )。
   A. 外币现钞　　　　　　　　B. 外币支付凭证
   C. 外币有价证券　　　　　　D. 特别提款权
   知识点提示:外汇的概念。参见教材本章第一节。

2. 对我国而言,下列各项中( )采用的是间接标价法。
   A. 1 元人民币 = 0.14064 美元　　B. 1 美元 = 6.82 元人民币
   C. 1 欧元 = 10.23 元人民币　　　D. 1 英镑 = 9.15 元人民币
   知识点提示:汇率及其标价。参见教材本章第一节。

3. 中间汇率是( )的算术平均数。
   A. 即期汇率和远期汇率　　　B. 官方汇率和市场汇率
   C. 买入汇率和卖出汇率　　　D. 开盘汇率和收盘汇率
   知识点提示:汇率的种类。参见教材本章第一节。

4. 当你用人民币兑换( )时需要运用套算汇率。
   A. 港元　　B. 日元　　C. 澳元　　D. 欧元
   知识点提示:汇率的种类。参见教材本章第一节。

5. 在现行结售汇制度下,我国外汇局每个交易日公布的汇率是( )。
   A. 买入汇率　　　　　　　　B. 套算汇率
   C. 卖出汇率　　　　　　　　D. 中间汇率
   知识点提示:汇率的种类。参见教材本章第一节。

6. 国际借贷说认为本币贬值的原因是( )。
   A. 固定债权大于固定债务　　B. 固定债务大于固定债权

C. 流动债权大于流动债务　　　　　D. 流动债务大于流动债权

知识点提示：早期汇率决定理论。参见教材本章第二节。

7. （　　）认为汇率在一定时期内的变化是由两个国家在这段时期内的通货膨胀率的差异决定的。

　　A. 相对购买力平价理论　　　　　B. 绝对购买力平价理论

　　C. 汇兑心理说　　　　　　　　　D. 利率平价理论

知识点提示：早期汇率决定理论。参见教材本章第二节。

8. 汇率变化常给交易人带来损失或盈利，下列各项中（　　）不属于汇率风险。

　　A. 进出口贸易中因汇率变动而引起损失

　　B. 一国持有的外汇资产长期、大幅度贬值

　　C. 对外举债由于汇率变动而引起损失

　　D. 黑客入侵外汇交易系统导致损失

知识点提示：汇率风险。参见教材本章第二节。

9. 汇率自动稳定机制存在于（　　）汇率制度。

　　A. 人民币　　　　　　　　　　　B. 国际金本位制下的

　　C. 布雷顿森林体系下的　　　　　D. 牙买加体系下的

知识点提示：汇率制度的演进。参见教材本章第三节。

10. 政府对宏观经济调控难度大所对应的汇率制度是（　　）。

　　A. 国际金本位制　　　　　　　　B. 牙买加体系

　　C. 布雷顿森林体系　　　　　　　D. 人民币汇率制度

知识点提示：汇率制度的演进。参见教材本章第三节。

11. 换汇成本说是中国学者结合国情在（　　）的基础上发展出的一种汇率决定理论。

　　A. 国际借贷理论　　　　　　　　B. 国际收支说

　　C. 购买力平价理论　　　　　　　D. 货币分析模型

知识点提示：现代汇率决定理论。参见教材本章第二节。

12. 美元与黄金挂钩，其他国家货币与美元挂钩是（　　）的特点。

　　A. 国际金本位制　　　　　　　　B. 布雷顿森林体系

　　C. 牙买加体系　　　　　　　　　D. 人民币汇率制度

知识点提示：汇率制度的演进。参见教材本章第三节。

13. 牙买加体系下的汇率制度具有多样性，可以归结为三类。下列各项中（　　）不

属于三类中的内容。

A. 可调整的钉住汇率制　　　　　　B. 有限浮动的中间汇率制

C. 更灵活的浮动汇率制　　　　　　D. 可调整的固定汇率制

知识点提示：汇率制度的演进。参见教材本章第三节。

14. 一些发展中经济体，由于经济实力的限制难以使本国货币保持稳定的汇率水平，或为了稳定与关系最密切的国家的经济往来，通常采用（　　）。

A. 固定汇率制　　　　　　　　　　B. 浮动汇率制

C. 管理浮动汇率制　　　　　　　　D. 钉住汇率制

知识点提示：固定汇率制度与浮动汇率制度的安排。参见教材本章第三节。

15. 目前人民币汇率实行的是（　　）。

A. 以市场供求为基础的、单一的、有管理的固定汇率制

B. 以市场供求为基础的、参考一篮子货币进行调节、有管理的浮动汇率制

C. 以市场供求为基础的、单一的钉住汇率制

D. 以市场供求为基础的、单一的弹性汇率制

知识点提示：人民币汇率制度。参见教材本章第三节。

（二）多项选择题

1. 下列说法正确的是（　　）。

A. 直接标价法下，外币的数额固定不变，本币的数额随币值变化

B. 直接标价法下，汇率越高，本币价值越低

C. 直接标价法下，汇率越高，本币价值越高

D. 间接标价法下，汇率越高，本币价值越低

E. 间接标价法下，汇率越高，本币价值越高

知识点提示：汇率的标价方法。参见教材本章第一节。

2. 银行以不同方式卖出外汇时，下列选项中正确的是（　　）。

A. 电汇汇率是外汇市场的基准汇率

B. 信汇汇率低于电汇汇率

C. 信汇汇率高于电汇汇率

D. 票汇汇率低于电汇汇率

E. 票汇汇率高于电汇汇率

知识点提示：汇率的种类。参见教材本章第一节。

3. 下列各项中属于早期汇率决定理论的是（　　）。

A. 国际借贷理论 B. 换汇成本说

C. 利率平价理论 D. 汇兑心理说

E. 购买力平价理论

知识点提示：早期汇率决定理论。参见教材本章第二节。

4. 关于购买力平价理论，以下说法正确的是（　　）。

A. 基本思想是汇率取决于两国货币购买力的相对关系

B. 绝对购买力平价认为两国货币之间的兑换比例取决于两国物价水平之比

C. 相对购买力平价认为两国货币之间的兑换比例取决于两国物价水平之比

D. 本国货币购买力相对于外国货币购买力下降时，本币趋于贬值

E. 本国货币购买力相对于外国货币购买力上升时，本币趋于升值

知识点提示：早期汇率决定理论。参见教材本章第二节。

5. 根据利率平价理论，下列说法正确的是（　　）。

A. 利率高的国家货币在远期外汇市场上升水

B. 利率高的国家货币在远期外汇市场上贴水

C. 利率低的国家货币在远期外汇市场上升水

D. 利率低的国家货币在远期外汇市场上贴水

E. 即期汇率与远期汇率相等时为平价

知识点提示：早期汇率决定理论。参见教材本章第二节。

6. 汇率作为联系经济体内部和外部的重要变量，具有货币层面和实体经济层面双重性质，下列各项中属于从货币层面考察的汇率决定理论有（　　）。

A. 国际借贷理论 B. 国际收支理论

C. 购买力平价理论 D. 利率平价理论

E. 汇兑心理说

知识点提示：早期汇率决定理论。参见教材本章第二节。

7. 汇率作为重要的金融价格，其变动会影响（　　）。

A. 进出口 B. 物价

C. 资本流动 D. 金融资产的选择

E. 汇率制度安排

知识点提示：汇率的主要影响。参见教材本章第二节。

8. 牙买加体系下汇率制度的特征表现为（　　）。

A. 以浮动汇率为主导

B. 黄金仍然是货币汇率的参考物

C. 以信用本位为基础

D. 可以实现国际收支的自动调节

E. 成员国一般可自主决定其汇率安排

知识点提示：汇率制度的演进。参见教材本章第三节。

9. 通过本币贬值改变国际收支情况需具备的条件有（　　）。

A. 进口商品为必需品　　　　　B. 进口商品为非必需品

C. 出口商品需求弹性高　　　　D. 国内总供给能力强

E. 国内具有闲置资源

知识点提示：汇率与进出口。参见教材本章第二节。

10. 若其他条件不变，一国货币贬值将引起该国（　　）。

A. 进口增加　　　　　　　　　B. 出口增加

C. 进口减少　　　　　　　　　D. 出口减少

E. 进出口不增不减

知识点提示：汇率与进出口。参见教材本章第二节。

（三）判断改错题

1. 外汇即外国货币。（　）

知识点提示：外汇的概念。参见教材本章第一节。

2. 换汇成本是购买力平价在中国的现实运用，所以二者是可以等价的。（　）

知识点提示：汇率的决定理论。参见教材本章第二节。

3. 根据汇率平价理论，若本国货币具有升值趋势或压力，则国内可以保持较低的汇率水平以应对之。（　）

知识点提示：汇率的决定理论。参见教材本章第二节。

4. 浮动汇率制允许汇率随外汇市场供求关系的变化而自由波动，各国货币当局无须干预外汇市场。（　）

知识点提示：汇率制度安排中浮动汇率制的安排。参见教材本章第三节。

5. 不管是直接标价法下还是间接标价法下，买入汇率总是低于卖出汇率。（　）

知识点提示：汇率的种类中不同标价方法下买入汇率与卖出汇率的区别。参见教材本章第一节。

6. 远期汇率高于即期汇率称为升水；远期汇率低于即期汇率称为贴水。（　）

知识点提示：汇率的种类。参见教材本章第一节。

7. 越南盾、缅甸元由于是非自由兑换货币，因而不是外汇。（　　）

知识点提示：汇率的种类。参见教材本章第一节。

8. 相对购买力平价是指在某一时点两国货币之间的兑换比例取决于两国物价总水平之比。（　　）

知识点提示：汇率的决定理论。参见教材本章第二节。

9. 汇率是两国货币的兑换比例，是一种货币用另一种货币表示的价格。（　　）

知识点提示：汇率的决定理论。参见教材本章第二节。

10. 根据利率平价理论，利率与汇率的关系是：利率高的国家货币在远期外汇市场上升水，利率低的国家货币在远期外汇市场上贴水。（　　）

知识点提示：汇率的决定理论。参见教材本章第二节。

11. 间接标价法是指以一定单位的本国货币为基准来计算应收多少单位的外国货币。（　　）

知识点提示：汇率的标价。参见教材本章第二节。

12. 升水是指远期汇率低于即期汇率，贴水是指远期汇率高于即期汇率。（　　）

知识点提示：汇率的种类中即期汇率与远期汇率的差异。参见教材本章第一节。

13. 本币升值能够产生扩大出口、减少进口的效应。（　　）

知识点提示：汇率的影响。参见教材本章第三节。

14. 布雷顿森林体系下的汇率制度是以黄金—美元为基础的、可调整的固定汇率制。（　　）

知识点提示：汇率制度的演进中布雷顿森林体系的内容。参见教材本章第三节。

15. 牙买加体系规定美元和黄金不再作为国际储备货币。（　　）

知识点提示：汇率制度的演进中牙买加体系的内容。参见教材本章第三节。

（四）问答题

1. 汇率有几种标价方法？

知识点提示：汇率的标价。参见教材本章第二节。

2. 如何理解汇率的决定理论？

知识点提示：汇率的决定理论。参见教材本章第二节。

3. 如何认识汇率对经济的影响？

知识点提示：汇率的影响。参见教材本章第三节。

4. 为什么在汇率制度的演进过程中，对固定汇率制度和浮动汇率制度一直存在争议？

知识点提示：固定汇率制度与浮动汇率制度的安排。参见教材本章第三节。

5. 汇率自动调节国际收支在什么条件下才能实现？试分析具有自动稳定机制的汇率制度为什么没有延续下来。

知识点提示：汇率制度的演进。参见教材本章第三节。

（五）案例分析题

人民币汇率走势前瞻

近期，受美联储加息和国内经济下行等因素的影响，人民币对美元汇率呈现较明显的贬值预期，汇率出现较明显的波动，引起了市场的广泛关注。未来一段时间，人民币对美元汇率仍会承受一定的贬值压力，但对一篮子货币可望保持基本稳定，对美元汇率的自主波动将趋于加强。

近期人民币汇率贬值的原因较为复杂，既有经济因素也有金融因素，既是顺应"8·11汇改"之后市场因素更占主导的结果，也是美联储加息政策的外溢效应的持续发酵。从此次汇率波动的直接触发因素看，主要是偏弱的经济基本面和股票市场的大幅波动。

从大国货币崛起的历程看，无一不是走过了一条"逐渐升值—双向波动—基本稳定"的发展路径。人民币对美元汇率的发展及演进也走过同样的路径。

总的来说，人民币汇率的双向波动和近期贬值均反映出市场因素更占主导，这是人民币走向国际货币的必然体现。事实上，人民币总体升值是一个崛起国家比较典型的汇率走势，有利于人民币的国际化进程，而阶段性贬值有利于修复市场竞争力，人民币单边升值或单边贬值均不符合中国和全球的共同利益。

随着人民币成为全球重要货币之一，未来人民币汇率的形成和影响机制也将更趋复杂，未来人民币汇率将呈现出以下三个方面的运行特征。

一是汇率市场化改革的方向不会变。未来人民币汇率形成机制改革将坚定市场化方向不变，并在操作上采取了中间价市场化与盯住一篮子货币两个手段。

二是双向波动的运行特征不会变，人民币对美元会自主波动而人民币对一篮子货币基本稳定。2016年动荡的开局表明今年人民币对美元汇率会在人民银行维稳的干预下，以双向波动形式逐步下跌，后期可能会企稳回升，不会出现一贬到底的局面。

三是随着人民币国际化的不断推进，人民币对一篮子货币今年有望继续保持基本稳定，尤其针对非美元货币，人民币可能呈现总体升值情况。

人民银行不会放任人民币任意贬值，而是在其可控范围内分阶段释放贬值压力。这种管理除了可借助我国外汇储备的投放增加美元供给外，还可使资本流动更加有序。

——摘编自宗良《2016年人民币汇率走势前瞻：市场化改革方向不会变化》

分析与思考：1. 人民币汇率近期走势如何？深层原因是什么？

2. 影响汇率变化的一般因素是什么？有没有特殊因素？

3. 本币汇率到底是升值好还是贬值好？各自的优缺点何在？

知识点提示：汇率的决定与影响。参见教材本章第二节。

参考答案

（一）单项选择题

1. D	2. A	3. C	4. C	5. D
6. D	7. A	8. D	9. B	10. A
11. C	12. B	13. D	14. D	15. B

（二）多项选择题

| 1. ABE | 2. ABD | 3. ACDE | 4. ABDE | 5. BCE |
| 6. CD | 7. ABCD | 8. ACE | 9. BCDE | 10. BC |

（三）判断改错题

1. ×　只有能够作为国际支付手段的外国货币才是外汇。

2. ×　换汇成本是以进出口商品为基础计算的，并不能完全反映购买力平价，因此二者并不等价。

3. √

4. ×　浮动汇率制允许汇率随外汇市场供求关系的变化而自由波动，但各国货币当局仍然会干预外汇市场。

5. ×　在直接标价法下，买入汇率低于卖出汇率；在间接标价法下，买入汇率高于卖出汇率。

6. √

7. √

8. ×　相对购买力平价是指某一时点两国货币之间的兑换比例取决于两国物价总水平变动率。

9. √

10. ×　根据利率平价理论，利率与汇率的关系是：利率高的国家货币在远期外汇市场上贴水,利率低的国家货币在远期外汇市场上升水。

11. √

12. ×　升水是指远期汇率高于即期汇率,贴水是指远期汇率低于即期汇率。

13. ×　本币升值能够产生减少出口、扩大进口的效应。

14. √

15. ×　牙买加体系下的汇率制度以信用货币为基础,黄金与各国货币彻底脱钩,不再是货币汇率的参考物。

(四) 问答题

1. 汇率有几种标价方法?

汇率有两种标价方法,即直接标价法和间接标价法。

直接标价法是指以一定单位的外国货币为基准来计算应付多少单位本国货币的方法,也称应付标价法。世界上大多数国家采用直接标价法,我国目前也采用这种方法。

间接标价法是指以一定单位的本币为基准来计算应收多少外币的方法,也称应收标价法。在间接标价法下,汇率越高,表示单位本币所能兑换的外国货币越多,本币升值而外币贬值;反之则相反。目前英国使用的是间接标价法,美国除对英镑、欧元使用直接标价法外,对其他货币均采用间接标价法。

2. 如何理解汇率的决定理论?

汇率的决定理论是汇率发生的思想与决策基础,主要有国际借贷说、购买力平价说、汇兑心理说、货币分析说和金融资产说,它们分别从不同的角度对汇率的决定因素和政策主张进行了分析。

国际借贷说认为,汇率的变化是由外汇的供给与需求引起的,而外汇的供求主要源于国际借贷。国际借贷可分为流动借贷和固定借贷。流动借贷是指已经进入实际支付阶段的借贷;固定借贷是指尚未进入实际支付阶段的借贷。只有流动借贷才会影响外汇的供求。

购买力平价理论的基本思想是:人们需要外币是因为外币在其发行国国内具有购买力,相应地,人们需要本币也是因为本币在本国国内具有购买力。因此,两国货币汇率的决定基础应是两国货币所代表的购买力之比。

汇兑心理说提出汇率取决于外汇的供给与需求,但个人之所以需要外汇不是因为外汇本身具有购买力,而是由于个人对国外商品和劳务的某种欲望。这种欲望是由个人的主观评价决定的,外汇就如同商品一样,对个人有不同的边际效用。因此,决定外汇供求进而决定汇率最重要的因素是人们对外汇的心理判断与预测。

货币分析说认为汇率变动是由货币市场失衡引发的，引发货币市场失衡的因素有国内外货币供给的变化、国内外利率水平的变化以及国内外实际国民收入水平的变化等，这些因素通过对各国物价水平的影响而最终决定汇率水平。货币分析说最突出的贡献是它对浮动汇率制度下现实汇率的超调现象进行了全面的理论概括。

金融资产说阐述了金融资产的供求对汇率的决定性影响，认为一国居民可持有三种资产，即本国货币、本国债券和外国债券，其总额应等于本国所拥有的资产总量。当各种资产的供给量发生变动，或者居民对各种资产的需求量发生变动时，原有的资产组合平衡就被打破，这时居民就会对现有资产组合进行调整使其符合自己的意愿持有量，达到新的资产市场均衡。在对国内外资产持有量进行调整的过程中，本国资产与外国资产之间的替换就会引起外汇供求量的变化，从而带来外汇汇率的变化。

3. 如何认识汇率对经济的影响？

汇率作为重要的金融价格，其变动影响进出口、资本流动、物价和金融资产的选择。

一般而言，本币贬值，意味着可以提高本国商品的国际竞争力，能起到促进出口、抑制进口的作用；若本币升值，则有利于进口，不利于出口。然而，汇率变化对进出口的影响有一个条件，即进出口需求有价格弹性——进出口商品价格的变动对进出口商品的需求会有所影响。

从进口商品和原材料来看，本币（名义）汇率贬值可能引起进口商品在国内的价格上涨。反之，本币（名义）汇率升值，其他条件不变，进口商品的价格有可能降低，从而可以起到抑制物价总水平的作用。

从出口商品看，汇率贬值有利于扩大出口，但在出口商品供给弹性小的情况下，出口扩大会引发国内市场对此类商品的抢购，从而抬高其国内价格，甚至有可能进一步波及国内的物价总水平。

由于长期资本的流动主要以利润和风险为转移，汇率的变动对长期资本流动的影响较小。短期资本流动则常常受到汇率的较大影响。

汇率变动对金融资产的选择有重要影响。本币汇率升值，将促使投资者更加倾向于持有本币资产；相反，外币汇率升值，则会导致投资者将本币资产转换成外币资产。

4. 为什么在汇率制度的演进过程中，对固定汇率制度和浮动汇率制度一直存在争议？

固定汇率制度和浮动汇率制度的利弊正好相反。

浮动汇率制度的优点表现为：（1）有助于发挥汇率对国际收支的自动调节作用。（2）减少国际游资的冲击，减少国际储备需求。（3）内外均衡易于协调。但这三点则是固定汇率制度的缺陷。

浮动汇率制度也存在弊端。(1) 由于汇率风险较大,不利于国际贸易和投资的发展。(2) 浮动汇率可能助长国际金融市场上的投机活动。(3) 浮动汇率可能引发货币之间竞相贬值。(4) 浮动汇率可能诱发通货膨胀。固定汇率制度则避免了上述弊端。

5. 汇率自动调节国际收支在什么条件下才能实现?试分析具有自动稳定机制的汇率制度为什么没有延续下来。

国际金本位制下的汇率制度是一种比较稳定的固定汇率制度。其特征表现为:第一,汇率制度以黄金作为物质基础,保证了各国货币的对内价值和对外价值的稳定。第二,汇率具有自动稳定的机制,政府不加干预。汇率围绕两国货币含金量之比所确定的金平价上下波动,但这种波动被限定在黄金价格加减运送费用的黄金输送点之间。因此,汇率对国际收支具有自动调节的作用,有利于促进世界经济和贸易的发展与繁荣。但当各国放弃金本位制以后,以黄金为基础的汇率制度也不复存在。可见,汇率制度与货币制度和金融发展程度密切相关。

(五) 案例分析题

评析要求:

(1) 要结合课本所学;

(2) 尝试用自己的语言来深入分析。

第四章　信用与信用体系

一、学习目标

1. 了解信用产生和发展的历史及其演变过程，掌握高利贷信用的特点和作用；
2. 掌握现代信用活动的基础与特征，熟悉现代经济与信用的关系，了解并掌握信用风险及其影响；
3. 了解信用形式的种类和特点，熟悉我国信用形式及其发展；
4. 了解金融工具和金融资产的内涵、类型，理解金融资产风险和收益的关系；
5. 掌握现代信用体系的构成，了解我国信用体系的建设与发展。

二、知识结构

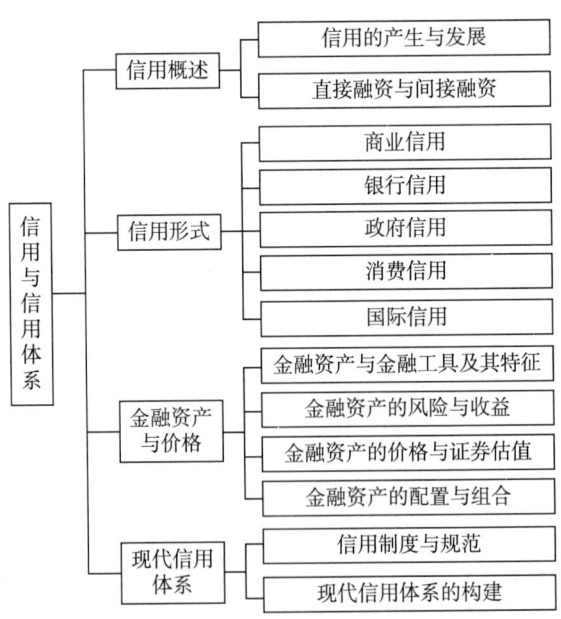

三、重点名词

1. **信用**，包含两个相对独立又具有密切联系的含义：道德范畴的信用和经济范畴的信用。道德范畴的信用指的是诚信，即通过诚实履行自己的承诺而取得他人的信任。经济范畴的信用是指以还本付息为条件的借贷活动，体现了债权债务关系。

2. **高利贷**，是指以高利息为特征的一种借贷活动，是奴隶社会和封建社会最基本的信用形式。其特点是利率极高，随意性强且不稳定。

3. **直接融资**，是资金盈余与赤字双方通过特定的金融工具直接形成债权债务关系或所有权关系的融资形式。主要金融工具有商业票据、股票、债券等。

4. **间接融资**，是资金盈余方与赤字方以金融机构为中介而进行的融资活动。银行信用是其典型代表。

5. **商业信用**，是指在工商企业之间买卖商品时，卖方以商品形式向买方提供的信用。赊销是其典型形式。

6. **银行信用**，是银行或其他金融机构以货币形态提供的信用。银行信用是现代经济中最基本、占主导地位的信用形式。

7. **政府信用**，是指政府作为一方的借贷活动，以及政府作为债权人或者债务人的信用活动。政府信用是一种古老的信用形式。在现代经济中，政府信用的形式主要有内债和外债两种。

8. **国债**，也称中央政府债券，是一国中央政府为弥补财政赤字或筹措建设资金而发行的债券。

9. **消费信用**，是工商企业、银行和其他金融机构提供给消费者用于消费支出的一种信用形式。消费信用主要包括赊销、分期付款、消费贷款等几种形式。

10. **国际信用**，是指一切跨国的借贷关系和借贷活动。国际信用体现的是国与国之间的债权和债务关系，直接表现为资本在国际间的流动，国际信用大体上可以划分为两大类：国外借贷和国际直接投资。

四、重点难点释疑

（一）如何认识高利贷信用的特点与作用

高利贷是最古老的信用形式，始于原始社会末期，是奴隶社会和封建社会最基本的信用形式。高利贷具有利率极高、高利盘剥、利率不稳定且差异极大的特点。高利贷解决了以不损害所有者利益为前提在不同所有者之间进行财富调剂的问题。高利贷的残酷剥削,一直招致民众的强烈反抗。但是,在特定时期和特定领域,高利贷活动仍会由于资金供给趋紧而死灰复燃。

(二) 如何理解银行信用及其特点

银行信用是银行或其他金融机构以货币形态提供的信用。银行信用是伴随着现代资本主义银行的产生,在商业信用基础上发展起来的。银行信用具有三个突出特点:第一,银行信用的资金来源于社会各部门暂时闲置的资金,银行通过吸收存款的方式将其积聚为巨额的可贷资金,银行的资金贷放因而可以达到非常大的规模。第二,银行信用是以货币形态提供的,因此它可以独立于商品买卖活动,具有广泛的授信对象。第三,作为银行信用的存贷款在数量和期限上都具有相对的灵活性,可以满足存贷款人在数量和期限上的多样化需求。由于银行信用在资金提供规模、资金流向与范围、借贷期限三个方面都克服了商业信用的局限,因而成为现代经济中最基本、占主导地位的信用形式。

(三) 现代信用活动的基础与特征是什么

从国民经济五大部门的角度看,每个部门都与信用活动发生了密切的关联,国民经济中居民、非金融企业、政府、金融机构与国外五个部门的资金余缺状态及其调剂需求是现代信用关系存在的经济基础。五大部门在信用关系中居于不同的地位,产生不同的影响。

居民部门在信用活动中总体上是盈余部门,对其他部门拥有净债权。

企业既是资金的主要供给者,也是资金的主要需求者。作为一个整体,却是国民经济五个部门中最大的赤字部门,对外承担净债务。

政府在信用关系中的地位是由政府的财政收支状况决定的。综观世界各国的财政运行会发现,尽管财政收大于支的情况并不少见,但财政收不抵支而出现财政赤字则是一种常态。政府以发行国债的方式向其他部门借款,从而与本国居民、企业、金融机构以及国外部门建立了信用关系,成为这些部门的债务人。

金融机构的主要功能就是充当信用中介或信用媒介。作为信用媒介,金融机构一方面从社会各个部门吸收和聚集资金,另一方面通过贷款、投资等活动将所筹集的资金运用出去。因此,金融机构的日常经营活动本身就是信用活动。

国外部门与国内部门之间存在商品和服务交易、资金流动以及由此形成的债权债务关系,其流量体现为一国的国际收支状况,通常用国际投资头寸报表加以反映。如果国际投资头寸报表为对外净资产,则意味着对外拥有净债权;反之,则意味着对外承担净债务。

（四）如何理解金融资产风险和收益的关系

持有金融资产可能面对的风险包括信用风险、市场风险、流动性风险、操作风险、法律风险、政策风险、道德风险等系统性风险和非系统性风险，也会给持有者带来两类收益：一是利息、股息与红利等现金流收益；二是资产买卖价差收益，也称资本利得。

金融资产的风险与收益之间是相互制约、相互依存的关系。如果从金融资产大类划分看，名义收益率相对较低的债券风险要比名义收益率相对较高的基金类风险小，而基金的风险又比股票小，这就是人们常说的风险与收益成正比。但是，同一类资产会因发行主体的不同而出现风险高低的差异，如政府发行的债券要比企业发行的债券风险小；债券型基金的风险比股票型基金的风险小；每股收益相同的股票，风险也不一定相同。因此，风险与收益之间的关系不是简单的等比例关系。从投资者的角度看，风险与收益的关系体现在风险的大小是由投资者未来实际投资收益率与期望投资收益率的偏离程度决定的，偏离度越大，风险就越大。

（五）现代信用体系构成的主要内容是什么

现代信用体系的构建需要以道德规范为基础，以高效快捷的社会征信系统和法律规范为保障，形成完备的信用机构体系。

1. 信用机构体系。信用机构主要包括以下三种类型：（1）信用中介机构，是指为资金借贷和融通直接提供服务的机构。（2）信用服务机构，是指提供信息咨询和征信服务的机构，主要包括信息咨询公司、投资咨询公司、征信公司、信用评估机构等。（3）信用管理机构，是指对各种信用中介机构和信用服务机构实施管理的机构，可以分为政府设立的监管机构和行业自律型管理机构。政府监管机构主要有中国人民银行、中国银行保险监督管理委员会、中国证券监督管理委员会。行业自律型管理机构主要有中国银行业协会、中国证券业协会、中国保险业协会等。

2. 社会征信系统。对法人或自然人的信用信息进行系统调查和评估的征信系统分为五个子系统：（1）信用档案系统。（2）信用调查系统。（3）信用评估系统。（4）信用查询系统。（5）失信公示系统。

五、练习题

（一）单项选择题

1. 下列各项中（　　）属于道德范畴的信用。

A. 以还本付息为条件的借贷活动

B. 诚实履行自己的承诺取得他人的信任

C. 代表着一种债权债务关系

D. 利率从中产生，又引导其发展

知识点提示：信用的产生与发展。参见教材本章第一节。

2. 信用的基本特征是（　　）。

A. 一手交钱，一手交货

B. 无条件的价值单方面让渡

C. 以还本付息为条件的价值单方面转移

D. 无偿的赠与或援助

知识点提示：信用的产生。参见教材本章第一节。

3. 现代信用活动的基础是（　　）。

A. 现代市场经济的出现

B. 现代银行和信用货币体系的建立

C. 现代经济中广泛存在着赤字和盈余单位

D. 经济中存在大量的资金需求

知识点提示：信用的产生与发展。参见教材本章第一节。

4. 以下融资形式中属于间接融资范畴的是（　　）。

A. 商业票据　　　B. 股票　　　C. 贷款　　　D. 债券

知识点提示：信用的产生与发展。参见教材本章第一节。

5. 以下选项中，不属于直接融资优点的是（　　）。

A. 筹资成本低，投资收益高

B. 安全性高

C. 有利于资金快速合理配置和提高使用效益

D. 有利于实现资金的顺利融通和优化配置

知识点提示：直接融资与间接融资。参见教材本章第一节。

6. 以下关于商业信用的描述中不正确的是（　　）。

A. 以商品买卖为基础，其规模会受到商品买卖数量的限制

B. 通常是由卖方提供给买方，由生产原材料的上游企业提供给需要原材料的下游企业

C. 期限一般较短，受企业生产周转时间限制，通常只能用来解决短期资金融通的需要

D. 银行信用产生后取代了商业信用

知识点提示：信用形式之商业信用。参见教材本章第二节。

7. 商业信用是以商品形态提供的信用，提供信用的一方通常是（　　）。

   A. 买方　　　　　B. 卖方　　　　　C. 交易双方　　　　D. 消费者

   知识点提示：信用形式之商业信用。参见教材本章第二节。

8. 银行信用在三个方面克服了商业信用的局限性，成为现代经济中最基本、占主导地位的信用形式。下列各项中不属于商业信用局限性的是（　　）。

   A. 安全性　　　　B. 规模　　　　　C. 方向　　　　　　D. 期限

   知识点提示：信用形式之银行信用。参见教材本章第二节。

9. 政府信用的主要形式是（　　）。

   A. 发行政府债券　　　　　　　B. 向商业银行短期借款

   C. 向商业银行长期借款　　　　D. 自愿捐助

   知识点提示：信用形式。参见教材本章第二节。

10. 以下选项中，不属于国际信用的是（　　）。

    A. 出口信贷　　　　　　　　　B. 外国政府贷款

    C. 国际融资租赁　　　　　　　D. 国际转移支付

    知识点提示：国际信用的种类。参见教材本章第二节。

11. 下列各项中（　　）不属于构建信用体系的基础性保障。

    A. 道德规范　　　　　　　　　B. 产权制度

    C. 社会征信系统　　　　　　　D. 法律规范

    知识点提示：现代信用体系的构建。参见教材本章第四节。

12. 下列各项中（　　）不属于信用机构体系。

    A. 信用咨询机构　　　　　　　B. 信用中介机构

    C. 信用服务机构　　　　　　　D. 信用管理机构

    知识点提示：现代信用体系的构建。参见教材本章第四节。

13. 下列各项中对银行信用描述不正确的是（　　）。

    A. 是以货币形态提供的信用

    B. 克服了商业信用的局限，可替代商业信用

    C. 在商业信用的基础上产生并发展起来

    D. 属于间接融资范畴

    知识点提示：信用形式之银行信用。参见教材本章第二节。

14. 保证信用活动正常进行的基本条件是（　　）。

A. 信用机构　　　　　　　　B. 信用制度

C. 信用体系　　　　　　　　D. 社会征信系统

知识点提示：现代信用体系。参见教材本章第四节。

15. （　　）是指金融工具的变现能力或交易对冲能力。

A. 法律性　　B. 流动性　　C. 收益性　　D. 风险性

知识点提示：金融工具的特征。参见教材本章第三节。

（二）多项选择题

1. 经济范畴的信用是指（　　）。

A. 诚实履行承诺　　　　　　B. 以还本付息为条件的借贷活动

C. 体现债权债务关系　　　　D. 言必信，行必果

E. 涉及道德范畴的信用

知识点提示：信用的产生与发展。参见教材本章第一节。

2. 信用产生的原因是（　　）。

A. 利息的出现　　　　　　　B. 私有制的出现

C. 高利贷的影响　　　　　　D. 劳动生产率的提高

E. 调剂财富余缺的需要

知识点提示：信用的产生与发展。参见教材本章第一节。

3. 关于高利贷信用，下列说法正确的是（　　）。

A. 具有利率不稳定且差异大的特点

B. 高利贷者确定利率有绝对话语权和很大随意性

C. 广泛存在于原始社会末期

D. 高利盘剥招致民众强烈反抗

E. 是奴隶社会和封建社会基本的信用形式

知识点提示：信用的产生与发展。参见教材本章第一节。

4. 国民经济五大部门中，作为一个整体表现为赤字部门的是（　　）。

A. 居民　　　　　　　　　　B. 企业

C. 政府　　　　　　　　　　D. 金融机构

E. 国外部门

知识点提示：现代信用活动的基础与特征。参见教材本章第一节。

5. 间接融资的局限性是（　　）。

A. 割断了资金供求双方的直接联系

B. 融资便利程度及其融资工具的流动性均受金融市场发达程度的制约

C. 增加了筹资者成本并减少了投资者收益

D. 较难满足新兴产业和高风险项目的融资需求

E. 对资金供给者来说风险较大

知识点提示：直接融资与间接融资。参见教材本章第一节。

6. 以下关于现代信用活动的描述，正确的是（   ）。

A. 在现代社会，各经济主体之间都存在着错综复杂的信用关系

B. 各类经济活动的开展，都需要信用作为支撑

C. 现代信用活动中，信用工具呈现多样化的趋势

D. 现代信用活动越来越独立于信用中介机构及其提供的服务

E. 现代信用的规模越大，越能促进经济的发展

知识点提示：现代信用活动的基础与特征。参见教材本章第一节。

7. 下列关于商业信用说法正确的是（   ）。

A. 商业信用在规模上存在局限性

B. 商业信用在方向上存在局限性

C. 商业信用在期限上存在局限性

D. 商业信用在流通范围上存在局限性

E. 银行信用出现后取代了商业信用

知识点提示：现代信用形式。参见教材本章第二节。

8. 以下对商业票据的描述，正确的是（   ）。

A. 商业票据是一种所有权凭证

B. 商业票据可分为商业汇票和商业本票两种

C. 商业票据在背书转让中发挥着货币的职能

D. 商业票据也称为商业货币，可纳入广义信用货币的范畴

E. 在商业票据背书转让的过程中，参加背书的人数越多，商业票据的信用风险越高

知识点提示：现代信用形式。参见教材本章第二节。

9. 下列关于银行信用的描述，正确的是（   ）。

A. 资金来源于社会各部门暂时闲置的资金，可以达到非常大的规模

B. 在某种程度上也依赖商品买卖活动

C. 可满足贷款人在数量和期限上的多样化需求

D. 银行作为债权人出现在信用活动中

E. 在商业信用的基础上产生，并完全取代了商业信用

知识点提示：现代信用形式。参见教材本章第二节。

10. 下列属于消费信用的是（　　）。

A. 银行向客户发行信用卡

B. 银行对消费者发放抵押贷款

C. 银行向生产消费品的企业发放贷款

D. 银行向客户办理支票业务

E. 企业以赊销方式对消费者销售商品

知识点提示：现代信用形式。参见教材本章第二节。

11. 下列关于消费信用描述，正确的是（　　）。

A. 经济中消费信用利用得越多，越能刺激消费、促进经济发展

B. 能在一定程度上调节消费需求总量与结构，有利于市场供求在总量与结构上的平衡

C. 为消费者在生命周期内进行财务安排提供了可能

D. 是提高居民当期消费能力的重要手段

E. 消费信用并非利用得越多越好

知识点提示：现代信用形式。参见教材本章第二节。

12. 征信系统包括（　　）。

A. 信用档案系统　　　　　　　B. 信用调查系统

C. 信用评估系统　　　　　　　D. 信用查询系统

E. 失信公示系统

知识点提示：社会征信系统。参见教材本章第四节。

13. 银行信用与商业信用的关系表现为（　　）。

A. 商业信用是银行信用产生的基础

B. 银行信用能推动商业信用的完善

C. 两者之间相互促进

D. 银行信用大大超过商业信用，可以取代商业信用

E. 在一定条件下，商业信用可以转化为银行信用

知识点提示：现代信用形式。参见教材本章第二节。

14. 银行信用的特点是（　　）。

A. 信用规模巨大　　　　　　　B. 以货币形态提供信用

C. 有一定的方向性　　　　　　　　D. 以债务人的身份出现

E. 具有相对灵活性，可以满足不同贷款人的需求

知识点提示：现代信用形式。参见教材本章第二节。

15. 金融工具的特征是（　　　）。

A. 具有法律保障的承载信用关系的契约

B. 具有交易对冲能力或变现能力

C. 能给交易者带来货币或非货币收益

D. 市场价值变化带来收益与损失的不确定性

E. 其风险可以通过投资组合完全消除

知识点提示：金融工具的特征，风险与收益的关系。参见教材本章第三节。

（三）判断改错题

1. 私有财产的出现是借贷关系赖以存在的前提条件。（　　　）

知识点提示：信用的产生与发展。参见教材本章第一节。

2. 社会化大生产是信用产生的前提条件。（　　　）

知识点提示：信用产生的前提。参见教材本章第一节。

3. 货币和信用是两个不同的范畴，二者的发展始终保持相对独立的状态。（　　　）

知识点提示：信用的概念。参见教材本章第一节。

4. 货币借贷是现代信用的唯一形态。（　　　）

知识点提示：信用的发展。参见教材本章第一节。

5. 在现代社会中，任何信用活动几乎都是货币运动；信用的扩张与紧缩意味着对货币供给与流通的调整，微观主体的信用活动意味着货币在不同主体之间的流动。（　　　）

知识点提示：金融范畴的信用。参见教材本章第一节。

6. 高利贷是前资本主义社会的信用形式，在资本主义生产方式确立与现代银行和信用体系建立之后，这一信用形式已不复存在。（　　　）

知识点提示：信用的产生与高利贷。参见教材本章第一节。

7. 在筹资成本、投资收益和安全性等方面，直接融资都是优于间接融资的。（　　　）

知识点提示：直接融资与间接融资的区别。参见教材本章第一节。

8. 商业票据可以通过背书流通转让，发挥货币交换媒介职能，因而被称为商业货币。（　　　）

知识点提示：信用的书面凭证——商业票据。参见教材本章第二节。

9. 在现代经济活动中，政府信用主要表现为政府作为债权人而形成的债权。（　　　）

知识点提示：信用形式之政府信用。参见教材本章第二节。

10. 现代经济社会对政府信用利用得越来越多，这主要是由于弥补财政赤字的需要。（   ）

知识点提示：信用形式之政府信用。参见教材本章第二节。

11. 银行承兑汇票不是商业信用的工具。（   ）

知识点提示：信用形式。参见教材本章第二节。

12. 银行信用和商业信用是两种相互对立的信用形式，银行信用发展起来以后，逐渐取代了商业信用。（   ）

知识点提示：信用形式。参见教材本章第二节。

13. 任何信用活动都会导致货币的变动：信用扩张会增加货币供给，信用紧缩将减少货币供给；信用资金的调剂将影响货币流通速度和货币供给的结构。（   ）

知识点提示：信用的发展与金融信用。参见教材本章第一节。

14. 通过办理商业票据贴现或抵押贷款等方式，商业信用可以转化为银行信用。（   ）

知识点提示：银行信用与商业信用。参见教材本章第二节。

15. 银行信用是以货币形态提供的信用，是与商品买卖活动密切相关的信用形式。（   ）

知识点提示：银行信用的概念。参见教材本章第二节。

16. 消费信用对于扩大有效需求、促进商品销售是一种有效的手段。其规模越大对经济的推动作用就越强。（   ）

知识点提示：消费信用的运行。参见教材本章第二节。

17. 信用关系是现代经济中最普遍、最基本的经济关系。（   ）

知识点提示：信用概述。参见教材本章第一节。

18. 现代经济中国家信用的作用日益增强，是由于国家的职能得到强化，对宏观经济进行调节和控制的结果。（   ）

知识点提示：信用形式。参见教材本章第二节。

19. 企业的债权信用规模影响着企业控制权的分布，由此影响着利润的分配。（   ）

知识点提示：信用形式。参见教材本章第二节。

20. 资金盈余方和赤字方以金融机构为中介而进行的融资活动是直接融资。（   ）

知识点提示：信用概述。参见教材本章第一节。

(四) 问答题

1. 如何理解信用、货币、金融这三个经济范畴的形成与发展？

   知识点提示：信用的发展与金融范畴的形成。参见教材本章第一节。

2. 现代信用已经形成了一个覆盖整个经济生活的庞大网络，试从国民经济五大部门的角度分析现代信用活动的基础与特征。

   知识点提示：现代信用活动的基础与特征。参见教材本章第一节。

3. 为什么银行信用能够成为现代经济中占据主导地位的最基本信用形式？

   知识点提示：银行信用及其特点。参见教材本章第二节。

4. 如何看待金融资产的风险与收益的关系？

   知识点提示：金融资产的风险与收益。参见教材本章第三节。

5. 结合我国现实状况，谈一谈我国应如何建立健全信用体系。

   知识点提示：现代信用体系的构建。参见教材本章第四节。

(五) 案例分析题

直接融资与间接融资

在现代市场经济中，存在着众多的经济行为主体，大致可以分为居民、企业、金融机构和政府四大类，在开放经济条件下，还有国外部门。在经济货币化程度越来越高的当今社会，各经济主体的每一次经济活动最终都会反映为货币的收支运动。在经历一系列的货币收支过程之后，各经济主体的收支状况不外乎有以下三种情况：收支相抵、收大于支和收不抵支。在现实社会中，收支正好相抵的经济主体为数不多，而最常见的现象就是同时存在着一部分收大于支的资金盈余单位和一部分收不抵支的资金赤字单位。如果资金盈余单位无法从其盈余资金中获利，而资金赤字单位又没有资金运转，那么就会阻碍经济发展，导致资源浪费。

为了更有效地利用资金，客观上就需要建立某种机制来实现资金盈余单位和资金赤字单位之间的资金融通，而金融市场恰恰能满足这种需求。根据资金融通时有无中介机构，资金的融通可以分为直接融资和间接融资两种方式。

直接融资是资金的最终供求双方直接见面，不通过其他金融中介机构介入的一种资金融通方式。资金盈余单位通过在金融市场上购买资金赤字单位发行的直接证券来完成资金的融通，其所买卖的直接证券包括非金融机构、政府、工商企业或个人所发行或签署的公债、国库券、债券、股票、抵押契约、借款合同以及各种形式的票据。直接融资的过程就是资金供求双方通过直接协议或在公开市场上买卖直接证券的过程。

间接融资是指最终的资金供给方通过金融中介机构来完成向最终的资金需求方融出

资金的过程。资金供给方将多余资金先提供给金融中介机构，再由这些金融中介机构将资金提供给资金需求方。在这种方式下，金融中介机构发挥了重要作用，它通过发行间接证券来从资金供给方融入资金，再通过购买资金需求方发行的直接证券来提供资金。充当资金融通中介的金融机构可以是商业银行、保险公司、信托公司、投资公司和互助基金等，其发行的间接证券包括银行券、银行票据、可转让存单、人寿保单、金融债券和各种借据等金融证券。

请思考：1. 你认为直接融资和间接融资的主要区别有哪些方面？

2. 直接融资和间接融资相比较，哪一种行为融资成本更低？

3. 下面这些金融活动中，哪些属于直接融资，哪些属于间接融资？

居民在银行购买国债，在证券交易所购买企业债券，在证券公司买卖股票，到银行储蓄，到银行申请住房按揭贷款，到银行申请汽车抵押贷款，企业直接发行股票、债券，企业通过证券公司、投资银行发行股票、债券，企业申请银行贷款，企业到海外发行股票申请上市交易

知识点提示：直接融资和间接融资。参见教材本章第一节。

参考答案

（一）单项选择题

1. B	2. C	3. C	4. C	5. B
6. D	7. B	8. A	9. A	10. D
11. B	12. A	13. B	14. B	15. B

（二）多项选择题

1. BCE	2. BE	3. ABDE	4. BC	5. ACD
6. ABC	7. ABCD	8. BCD	9. AC	10. ABE
11. BCDE	12. ABCDE	13. ABCE	14. ABE	15. ABCD

（三）判断改错题

1. √

2. ×　信用产生的前提条件是私有财产的出现。

3. ×　货币与信用活动已经融合形成了金融范畴。

4. ×　实物借贷仍然作为补充形式而存在。

第四章 信用与信用体系

5. √

6. × 在特定时期和特定领域仍然存在。

7. × 在筹资成本、投资收益和安全性等方面，直接融资与间接融资各有优劣。

8. √

9. × 在现代经济活动中，政府信用主要表现为政府作为债务人而形成的债权。

10. √

11. × 商业信用的工具是商业票据，商业票据包括银行承兑汇票和商业承兑汇票。

12. × 银行信用是在商业信用基础上发展起来的，并不能完全取代商业信用。

13. √

14. √

15. × 银行信用可以独立于商品买卖活动。

16. × 消费信用对于扩大有效需求、促进商品销售是一种有效的手段。但过量发展消费信用容易导致信用膨胀。

17. √

18. √

19. √

20. × 是间接融资。

（四）问答题

1. 如何理解信用、货币、金融这三个经济范畴的形成与发展？

信用与货币是两个不同的经济范畴。信用是一种借贷行为，是不同所有者之间调剂财富余缺的一种形式。货币是一般等价物，是商品所有者之间商品交换的媒介。两者之间有着紧密的联系。但是在信用货币制度下，货币与信用紧密地联系起来，整个货币制度是建立在信用制度基础上的，货币同时也是一种信用工具，任何信用活动都会导致货币的变动，由此产生了一个新的范畴——金融。

2. 现代信用已经形成了一个覆盖整个经济生活的庞大网络，试从国民经济五大部门的角度分析现代信用活动的基础与特征。

从国民经济五大部门的角度看，每个部门都与信用活动发生了密切的关联，国民经济中居民、非金融企业、政府、金融机构与国外五个部门的资金余缺状态及其调剂需求是现代信用关系存在的经济基础。五大部门在信用关系中居于不同的地位，产生不同的影响。

居民部门在信用活动中总体上是盈余部门，对其他部门拥有净债权。

企业既是资金的主要供给者，也是资金的主要需求者。作为一个整体，企业却是国民经济五个部门中最大的赤字部门，对外承担净债务。

政府在信用关系中的地位是由政府的财政收支状况决定的。综观世界各国的财政运行会发现，尽管财政收大于支的情况并不少见，但财政收不抵支而出现财政赤字则是一种常态。政府以发行国债的方式向其他部门借款，从而与本国居民、企业、金融机构以及国外部门建立了信用关系，成为这些部门的债务人。

金融机构的主要功能就是充当信用中介或信用媒介。作为信用媒介，金融机构一方面从社会各个部门吸收和聚集资金，另一方面通过贷款、投资等活动将所筹集的资金运用出去。因此，金融机构的日常经营活动本身就是信用活动。

国外部门与国内部门之间存在商品和服务交易、资金流动以及由此形成的债权债务关系，其流量体现为一国的国际收支状况，通常用国际投资头寸报表加以反映。如果国际头寸报表为对外净资产，则意味着对外拥有净的债权；反之，则意味着需对外承担净的债务。

3. 为什么银行信用能够成为现代经济中占据主导地位的最基本信用形式？

银行信用是银行或其他金融机构以货币形态提供的信用。银行信用是伴随着现代资本主义银行的产生，在商业信用基础上发展起来的。银行信用具有三个突出特点：第一，银行信用的资金来源于社会各部门暂时闲置的资金，银行通过吸收存款的方式将其积聚为巨额的可贷资金，银行的资金贷放因而可以达到非常大的规模。第二，银行信用是以货币形态提供的，因此它可以独立于商品买卖活动，具有广泛的授信对象。第三，作为银行信用的存贷款在数量和期限上都具有相对的灵活性，可以满足存贷款人在数量和期限上的多样化需求。由于银行信用在资金提供规模、资金流向与范围、借贷期限三个方面都克服了商业信用的局限，因而成为现代经济中最基本、占主导地位的信用形式。

4. 如何看待金融资产的风险与收益的关系？

持有金融资产可能面对的风险包括信用风险、市场风险、流动性风险、操作风险、法律风险、政策风险、道德风险、系统性风险与非系统性风险等，也会给持有者带来两类收益：一是利息、股息与红利等现金流收益；二是资产买卖价差收益，也称资本利得。

在金融资产的风险与收益之间存在的关系方面，如果从金融资产大类划分看，名义收益率相对较低的债券风险要比名义收益率相对较高的基金类风险小一些，而基金的风险又比股票小，这就是人们常说的风险与收益成正比。但是，同一类资产会因发行主体的不同而出现风险高低的差异。比如，政府发行的债券要比企业发行的债券风险小；债券型基金的风险比股票型基金的风险小；每股收益相同的股票，风险也不一定相同。因此,风险与收益之间的关系不是简单的等比例关系。从投资者的角度看,风险与收益的关系体现在风险的大小是由投资者未来实际投资收益率与期望投资收益率的偏离程度决定的,偏离度越大,风险就越大。

5. 结合我国现实状况,谈一谈我国应如何建立健全信用体系。

现代信用体系的构建需要以道德规范为基础,有高效快捷的社会征信系统,有完备的信用机构体系。

我国应该逐步建立健全以下体系:

(1) 信用机构体系。信用机构主要包括以下几种类型:①信用中介机构,是指为资金借贷和融通直接提供服务的机构。②信用服务机构,是指提供信息咨询和征信服务的机构,主要包括信息咨询公司、投资咨询公司、征信公司、信用评估机构等。③信用管理机构,是指对各种信用中介机构和信用服务机构实施管理的机构,可以分为政府设立的监管机构和行业自律型管理机构。政府监管机构主要有中国人民银行、中国银行保险监督管理委员会、中国证券监督管理委员会。行业自律型管理机构主要有中国银行业协会、中国证券业协会、中国保险业协会等。

(2) 社会征信系统。对法人或自然人的信用信息进行系统调查和评估的征信系统分为五个子系统:①信用档案系统。②信用调查系统。③信用评估系统。④信用查询系统。⑤失信公示系统。

(五) 案例分析题

评析要求:

(1) 要结合课本所学;

(2) 尝试用自己的语言来深入分析。

第五章 利息与利率

一、学习目标

1. 掌握利息的来源，熟悉利息与货币时间价值和收益资本化规律的关系；
2. 掌握利息的两种计算方法，了解利率的分类及其与收益率的关系；
3. 了解利率的决定因素，掌握利率决定理论，熟悉影响利率变化的其他因素；
4. 掌握利率的作用，理解利率发挥作用的环境与条件，了解我国利率市场化的意义与进程。

二、知识结构

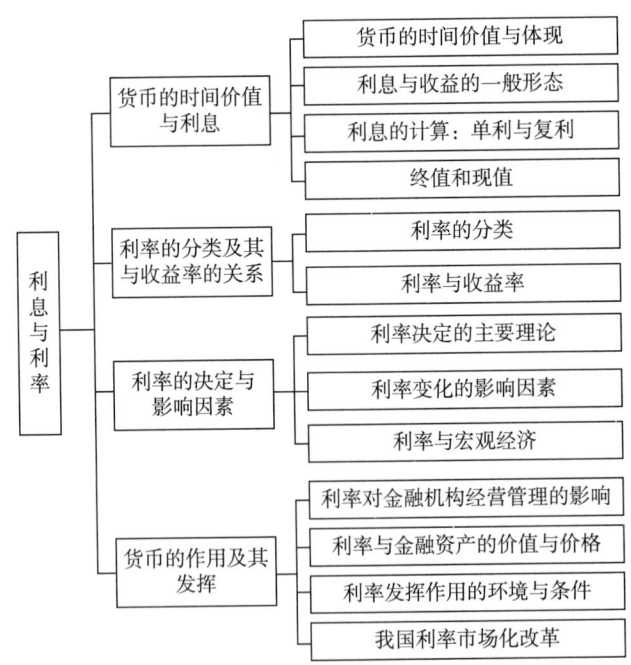

三、重点名词

1. **单利法**，是指在计算利息额时，只按本金计算利息，而不将利息额加入本金进行重复计算的方法。

2. **复利法**，是指将按本金计算出来的利息额再计入本金，重新计算利息的方法。

3. **贴现率**，是计算现值时所使用的利率。在其他条件相同的情况下，现值的大小与贴现率负相关，即贴现率越高，现值越小；贴现率越低，现值越大。

4. **市场利率**，是按照市场规律自由变动的利率，即由借贷资金的供求关系决定并由借贷双方自由议定的利率。

5. **官定利率**，是一国货币管理部门或者中央银行所规定的利率。该利率规定对所有金融机构都具有法律上的强制约束。

6. **公定利率**，是由非政府部门的民间组织，如银行公会、行业协会等，为了维护公平竞争所确定的属于行业自律性质的利率。

7. **固定利率**，是指在整个借贷期限内，利息按照借贷双方事先约定的利率计算时的利率。

8. **浮动利率**，是指在借贷期限内根据市场利率的变化定期进行调整的利率。

9. **实际利率**，是指物价水平不变从而货币的实际购买力不变时的利率。

10. **名义利率**，是指包括物价变动因素的利率。

11. **即期利率**，是指给定的各种期限借贷活动的利率。

12. **远期利率**，是指隐含在即期利率中的从未来某一时点到另一时点的利率。

13. **违约风险**，又称信用风险，是指不能按期偿还本金和支付利息的风险。违约风险与利率同方向变化，即风险越大，利率越高。

14. **流动性风险**，是指因资产变现能力弱或变现速度慢而遭受损失的可能性。利率与流动性风险同方向变化，即风险越大，利率越高。

四、重点难点释疑

（一）如何理解货币时间价值的含义及产生

货币时间价值，是指同等金额的货币的现在价值要大于其未来价值，比如现在的 1 元钱比 1 年后的 1 元钱更有价值，这是因为当前拥有现在的货币可以出借或进行投资获利。

货币时间价值来源于对当前消费推迟的补偿。货币经过一定时间的出借或投资所增加的价值，就是其时间价值，可见货币时间价值来自借贷或投资的增值部分。

由于利息是借贷关系中资金借入方支付给资金贷出方的报酬，也是衡量投资获利的尺度，所以利息就成为货币时间价值的具体体现。而用于衡量货币时间价值高低的是利率。利率是指借贷期满的利息总额与贷出本金总额的比率。由于利率能够剔除本金数额多少对利息总额的影响，相对于利息而言，利率是一个衡量货币时间价值的更好的指标，它使各项信用活动中货币时间价值的高低变得可以相互比较。

(二) 影响利率的风险因素有哪些

影响利率的风险因素也叫作利率的风险结构。相同期限的金融资产，可能因违约风险、流动性风险和税收风险等方面的差异，从而形成不同的利率，称作利率的风险结构。

1. 违约风险。违约风险又称信用风险，是指不能按期偿还本金和支付利息的风险。违约风险低的债务，其利率相对较低，违约风险高的债务，其利率也相对较高。

2. 流动性风险。流动性风险是指因资产变现能力弱或者变现速度慢而可能遭受损失的风险。利率会与流动性风险同方向变化，流动性风险越大，利率越高。

3. 税收风险。根据各国的规定，债权人获得的利息收益通常必须纳税。因此，债权人真正关心的是税后的实际收益率。由于各国政府在税收上采取不同的政策，税率也会经常调整，这会给债权人造成税收风险。一般来说，税率越高的债券，其税前利率也应该越高，而低税率或者免税债券的利率支付则可以相对低些。

4. 购买力风险与"费雪效应"。购买力风险是指由于通货膨胀，货币购买力下降而造成利息贬值的风险。为了弥补这种损失，在确定借贷利息时需要考虑通货膨胀的影响，并采取提高名义利率的方式来降低损失。著名的经济学家欧文·费雪认为，当预期通货膨胀率上升时，利率也将上升，这就是著名的费雪效应（Fisher Effect）。因此，由于通货膨胀预期所导致的名义利率上升的部分，也可以被视为对购买力风险的补偿。

5. 汇率风险与利率平价。在浮动汇率体制下，汇率剧烈波动增加了跨国资本流动以及套利的风险。资本由低利率国家流向高利率国家进行套利活动时，不仅要关注两国利差的大小，还要考虑汇率变动可能导致的预期汇兑损益。汇率风险越大，预期的汇兑损失越大，套利活动所需要的利差也越大；汇率风险越小，预期的汇兑损失越小，套利活动所需要的利差就越小。

(三) 利率对制定宏观经济政策有哪些作用

利率的高低对于宏观经济政策的制定和实施具有重要影响。一是会影响宏观经济政策的决策。例如，当现行利率处于较高水平时，税收政策就会受到制约，如果此时再提高税率，企业和负债人就会难以承受；货币政策也会受到牵制，如果高利率时再推出紧缩性的政策措施，对于企业和负债人无疑是雪上加霜。二是会影响政策传导及其效果，尤其是货币政策将利率作为中介目标时，利率能否顺畅地将政策意图传导到实体经济，是货币政策是否有效的重要环节。

（四）利率要发挥作用需要具备什么样的环境与条件

利率要想发挥作用需要如下环境与条件：

1. 独立决策的市场主体。利率要想发挥应有的作用，首先需要各个微观行为主体是能够独立决策、独立承担责任的市场行为主体。只有市场参与者的投资决策与其自身利益息息相关，且需要为决策所导致的后果承担责任时，利率高低才能够通过对市场参与者投资收益和利润的影响，产生行之有效的激励和约束。

2. 市场化的利率决定机制。在市场化的利率决定机制下，利率高低能够真实地反映资金的稀缺程度及其机会成本。市场参与者可以根据市场利率高低作出理性的决策，通过利率信号，就能够有效地筛选出优质项目，从而将资金配置到那些最需要资金、具有良好经济效益的投资项目。

3. 合理的利率弹性。利率弹性是指其他经济变量对利率变化的敏感程度，利率弹性越大，经济变量对利率的变化越敏感，通过利率变动引导其朝着预期目标变化的意图就越容易实现。反之，如果经济变量对利率的变动缺乏弹性，对利率变动不敏感，利率变动对经济变量的影响就极其微弱，通过利率变动就很难达到预期的目标。

4. 灵活的利率联动机制。利率联动机制是指各种利率之间相互关联的变动关系。在市场化的利率体系中，需要一套完善有效的利率联动机制来传递各种信息，使各种利率能够迅速反映出市场流动性的变化，进而传递至整个经济系统中，各类参与主体根据不同利率的变化调整自身的行为，从而对宏观经济产生影响。

（五）何为利率市场化，我国利率市场化的战略步骤是什么

所谓利率市场化，是指通过市场和价值规律机制，在某一时点上由供求关系决定的利率运行机制。利率市场化实际上就是将利率的决策权交给金融机构，由金融机构自己根据资金供求状况及其对金融市场走势的判断，自主调节利率水平，最终形成以中央银行基准利率为基础，以货币市场利率为中介，由市场供求决定金融机构存贷款利率和金融市场利率的市场化利率形成机制和市场化利率体系。

与我国渐进式改革战略相对应，利率市场化也具有渐进式改革的特征。根据党的十六届三中全会精神，结合我国经济金融发展和加入世界贸易组织后开放金融市场的需要，中国人民银行将按照"先外币、后本币，先贷款、后存款，先大额长期、后小额短期"

的基本步骤，逐步建立由市场供求决定金融机构存贷款利率水平的利率形成机制，中央银行调控和引导市场利率，使市场机制在金融资源配置中发挥主导作用。

五、练习题

(一) 单选题

1. 货币时间价值是指同等金额的货币，其现在的价值（　　）。

   A. 与未来价值无关　　　　B. 等于未来价值

   C. 大于未来价值　　　　　D. 小于未来价值

   知识点提示：货币时间价值。参见教材本章第一节。

2. 在多种利率并存的条件下，起决定作用的利率是（　　）。

   A. 基准利率　　　　　　　B. 一般利率

   C. 市场利率　　　　　　　D. 官定利率

   知识点提示：利率的分类。参见教材本章第二节。

3. 实际利率是指名义利率扣除（　　）之后的利率。

   A. 利率变动率　　　　　　B. 汇率变动率

   C. 收益变动率　　　　　　D. 物价变动率

   知识点提示：利率的分类。参见教材本章第二节。

4. 已知某年的预期通货膨胀率为6%，名义利率为10%，则实际利率近似为（　　）。

   A. 16%　　　B. 4%　　　C. 10%　　　D. 6%

   知识点提示：利率的分类。参见教材本章第二节。

5. 利率与资金需求之间是（　　）相关关系，高利率会（　　）资金需求。

   A. 负；抑制　　B. 正；刺激　　C. 负；刺激　　D. 正；抑制

   知识点提示：利率的作用。参见教材本章第四节。

6. 利率的期限结构反映的是利率与（　　）的相关关系。

   A. 流动性　　　B. 风险　　　C. 安全性　　　D. 期限

   知识点提示：利率的期限结构。参见教材本章第三节。

7. 投资者在持有证券期间各种现金流的净现值等于零的贴现率是（　　）。

   A. 到期收益率　　　　　　B. 当期收益率

   C. 持有期收益率　　　　　D. 资本利得率

   知识点提示：利率与收益率。参见教材本章第二节。

8. 结合我国经济金融发展和加入世界贸易组织后开放金融市场的需要，中国人民银行按照（　　）的战略步骤推进利率市场化。

A. 先本币、后外币，先贷款、后存款

B. 先本币、后外币，先存款、后贷款

C. 先外币、后本币，先存款、后贷款

D. 先外币、后本币，先贷款、后存款

知识点提示：利率市场化改革。参见教材本章第四节。

9. 一般而言，市场利率上升时，多数人会预期（　　）。

A. 未来上市公司的盈利水平可能降低，导致资产价格下跌

B. 未来上市公司的盈利水平可能提高，导致资产价格下跌

C. 未来上市公司的盈利水平可能提高，导致资产价格上涨

D. 未来上市公司的盈利水平可能降低，导致资产价格上涨

知识点提示：利率的作用。参见教材本章第四节。

10. 在通货膨胀条件下，获取收益最大的是（　　）。

A. 固定利率债权人　　　　B. 固定利率债务人

C. 浮动利率债权人　　　　D. 浮动利率债务人

知识点提示：名义利率与实际利率。参见教材本章第二节。

11. 在物价水平上涨的条件下，要保持实际利率不变，应将名义利率（　　）。

A. 保持不变　　B. 调高　　C. 调低　　D. 不确定

知识点提示：名义利率与实际利率。参见教材本章第二节。

12. 在利率决定理论中，强调投资与储蓄对利率起决定作用的是（　　）。

A. 可贷资金理论　　　　B. 马克思的利率决定理论

C. 实际利率理论　　　　D. 凯恩斯的流动性偏好理论

知识点提示：利率决定理论。参见教材本章第三节。

13. 当出现"流动性陷阱"时，货币供给增加会导致利率（　　）。

A. 不变　　B. 下降　　C. 上升　　D. 不确定

知识点提示：利率决定理论。参见教材本章第三节。

14. 市场分割理论的一项假设认为不同期限的债券（　　）。

A. 可以相互替代　　　　B. 不可以相互替代

C. 完全可以相互替代　　D. 不确定

知识点提示：利率决定理论。参见教材本章第三节。

15. 某投资者购入 A 公司股票,买入价格为 50 元/股,持有一年后分得现金股利 5 元,该投资者在分得股利 2 个月后以 60 元/股卖出该股票,则该投资者的持有期收益率为（　　）。

　　A. 30%　　　　B. 40%　　　　C. 20%　　　　D. 10%

知识点提示:持有期收益率。参见教材本章第二节。

（二）多项选择题

1. 按照信用活动的期限长短可将利率分为（　　）。

　　A. 即期利率　　　　　　　　B. 远期利率

　　C. 短期利率　　　　　　　　D. 长期利率

　　E. 浮动利率

知识点提示:利率的分类。参见教材本章第二节。

2. 根据马克思的利率决定理论,利息率的决定因素有（　　）。

　　A. 利润率

　　B. 总利润在借贷双方之间分配的比例

　　C. 法律、习惯

　　D. 剩余价值

　　E. 借贷双方的供求关系及其竞争

知识点提示:利率决定的主要理论。参见教材本章第三节。

3. 以下对于利率描述正确的是（　　）。

　　A. 利率是利息总额与贷出本金之比

　　B. 利率是衡量收益与风险的尺度

　　C. 利率是现代金融体系的基本要素

　　D. 利率的高低会对借贷双方决策产生直接影响

　　E. 利率是政府调节社会经济金融活动的工具

知识点提示:利率分类及其与收益率的关系。参见教材本章第二节。

4. 债券的到期收益率取决于（　　）。

　　A. 债券面额　　　　　　　　B. 债券的市场价格

　　C. 票面利率　　　　　　　　D. 债券期限

　　E. 债券的发行人

知识点提示:收益率的计算。参见教材本章第二节。

5. 利率的风险结构包括（　　）。

A. 违约风险　　　　　　　B. 流动性风险

C. 税收风险　　　　　　　D. 购买力风险

E. 汇率变动风险

知识点提示：利率的影响因素。参见教材本章第三节。

6. 经济处于不同时期，利率会有不同的变化，通常会出现的情况是（　　）。

A. 在危机阶段，利率会逐渐上升

B. 在萧条阶段，利率会下降

C. 在复苏阶段，利率会上升

D. 在繁荣阶段，利率会上升

E. 在复苏阶段，利率会下降

知识点提示：利率变化的影响因素。参见教材本章第三节。

7. 导致利率上升的因素有（　　）。

A. 扩张的货币政策　　　　B. 紧缩的货币政策

C. 通货膨胀　　　　　　　D. 通货紧缩

E. 经济高增长

知识点提示：利率的影响因素。参见教材本章第三节。

8. 按照利率的决定方式可以将利率分为（　　）。

A. 市场利率　　　　　　　B. 基准利率

C. 官定利率　　　　　　　D. 一般利率

E. 公定利率

知识点提示：利率的分类。参见教材本章第二节。

9. 下列关于名义利率和实际利率之间的关系说法正确的是（　　）。

A. 名义利率是包含了通货膨胀因素的利率

B. 名义利率扣除通货膨胀率即为实际利率

C. 通常在实际中能够操作的是实际利率

D. 实际利率调节借贷双方的经济行为

E. 名义利率对经济起实质作用

知识点提示：名义利率和实际利率。参见教材本章第二节。

10. 商业银行提高贷款利率有利于（　　）。

A. 抑制企业对信贷资金的需求　B. 刺激物价上涨

C. 刺激经济增长　　　　　D. 抑制物价上涨

E. 减少居民个人的消费信贷

知识点提示：利率发挥作用的条件。参见教材本章第四节。

11. 根据费雪效应，下列说法正确的是（   ）。

A. 名义利率高于预期通货膨胀率时，实际利率为正

B. 名义利率低于预期通货膨胀率时，实际利率为正

C. 名义利率等于预期通货膨胀率时，实际利率为正

D. 名义利率低于预期通货膨胀率时，实际利率为负

E. 名义利率高于预期通货膨胀率时，实际利率为负

知识点提示：利率的影响因素。参见教材本章第三节。

12. 可贷资金理论是在批判综合了（   ）的基础上提出的。

A. 马克思的利率决定理论

B. 古典学派的实际利率理论

C. 流动性偏好理论理论

D. 新古典综合派的"IS—LM"理论

E. 市场分割理论

知识点提示：利率决定的主要理论。参见教材本章第三节。

13. 以下陈述错误的是（   ）。

A. 马克思的利率决定理论认为利率的最高界限是平均利润率

B. 古典学派的实际利率理论认为投资需求是利率的增函数

C. 流动性偏好理论认为流动性偏好曲线是货币供给曲线

D. 新古典综合派的"IS—LM"理论认为利率是由货币市场的均衡所决定的

E. 新剑桥学派可贷资金理论认为利率是借贷资金的价格

知识点提示：利率决定的主要理论。参见教材本章第三节。

14. 利率的变化对资产价格的影响机制主要通过以下（   ）途径。

A. 预期的作用　　　　　　B. 合理的利率弹性

C. 供求对比变化　　　　　D. 独立决策的市场主体

E. 无套利均衡机制

知识点提示：利率对金融资产价格的影响。参见教材本章第四节。

15. 所谓利率市场化，就是指（   ）。

A. 通过市场和价值规律机制，在某一时点上由供求关系决定的利率运行机制

B. 利率市场化实际上就是将利率的决策权交给金融机构

C. 由金融机构自主调节利率水平

D. 以中央银行基准利率为基础的市场化利率体系

E. 不排除个别金融机构恶性竞争产生严重后果

知识点提示：利率决定的主要理论。参见教材本章第三节。

（三）判断改错题

1. 在利率体系中发挥指导性作用的利率是官定利率。（　　）

知识点提示：利率的分类。参见教材本章第二节。

2. 费雪效应是指名义利率等于实际利率与通货膨胀率之和。（　　）

知识点提示：名义利率和实际利率。参见教材本章第二节。

3. 风险相同的债券，因为期限不同而形成不同的利率，我们称之为利率的风险结构。（　　）

知识点提示：利率的风险结构。参见教材本章第三节。

4. 物价水平不变从而货币实际购买力不变时的利率称为实际利率。（　　）

知识点提示：名义利率和实际利率。参见教材本章第三节。

5. 远期利率是隐含在给定即期利率中的从现在到未来某一时点的利率。（　　）

知识点提示：远期利率的概念。参见教材本章第二节。

6. 当一国处于经济周期的危机阶段时，利率会不断下跌。（　　）

知识点提示：影响利率的宏观因素。参见教材本章第三节。

7. 当名义利率高于通货膨胀率时，实际利率为负，我们称之为负利率。（　　）

知识点提示：名义利率和实际利率。参见教材本章第三节。

8. 当债券溢价发行时，其到期收益率高于票面利率。（　　）

知识点提示：债券收益率。参见教材本章第二节。

9. 马克思认为，利息在本质上是利润的一部分。（　　）

知识点提示：利率决定的主要理论。参见教材本章第三节。

10. 在其他条件相同的情况下，现值的大小与贴现率正相关，即贴现率越低，现值越小。（　　）

知识点提示：货币时间价值。参见教材本章第一节。

11. 与单利相比，复利是一种更合理的计息方法。（　　）

知识点提示：货币时间价值。参见教材本章第一节。

12. 一国货币管理部门或者中央银行所规定的利率为公定利率。（　　）

知识点提示：利率的分类。参见教材本章第二节。

13. 利率市场化就是利率水平完全根据市场供求关系来决定，任何部门都不得干预。（　　）

知识点提示：利率市场化改革。参见教材本章第四节。

14. 利率市场化实际上就是把利率的决策权交给金融机构，中央银行不再过问。（　　）

知识点提示：利率市场化改革。参见教材本章第四节。

(四) 问答题

1. 什么是货币时间价值？它主要来自哪些方面？

知识点提示：货币时间价值的含义。参见教材本章第一节。

2. 什么是基准利率？它具有什么作用？

知识点提示：利率的种类。参见教材本章第二节。

3. 试述利率风险结构的主要内容。

知识点提示：利率的决定及其影响。参见教材本章第三节。

4. 什么是利率市场化？简述我国利率市场化的改革思路。

知识点提示：利率市场化改革。参见教材本章第四节。

(五) 案例分析题

什么是负利率

利率和我们每个人的生活都是密不可分的。人们都知道，把钱存入银行是有利息收益的，那会不会有这样一种情况：当你把钱存入银行，某一天再去取出来时，发现银行给你的钱还没有本金多。你以为是银行职员搞错了，但是回答是"没错，只是存款利率为负"。这种事情可不可能真的会发生呢？

2016年3月10日下午1：45，欧洲中央银行行长德拉吉带来了刺激市场的惊喜"彩蛋"：宣布削减整个欧元区的利率至零，同时将本已为 -0.3% 的存款利率进一步下调至 -0.4%，刺激银行放贷给实体经济。其实，银行家们是不喜欢存款负利率政策的，因为他们无法将该政策导致的损失转嫁给消费者，一旦那么做，储户肯定会取回自己存在银行的钱，宁可放在自家床垫下面。所以名义利率为负数的情况是很少见的，偶尔适用于中央银行接受商业银行存款时的利率。一般而言，商业银行向中央银行存款时可获得利息，但在负利率情况下反而需要支付给中央银行手续费。商业银行将钱存入中央银行会出现缩水，因此中央银行希望通过负利率政策，促使商业银行积极放宽面向企业的贷款。例如，2016年1月29日日本中央银行宣布实行 -0.1% 的负利率政策，并从2016年2月16日起执行。这个利率指的也是中央银行对商业银行的存款利率。

第五章 利息与利率

一般情况下，居民存款实际利率为负数的事情倒是经常发生的。实际利率为负，是指通货膨胀率高过银行名义上的存款利率。在这种情形下，如果你把钱存在银行里，会发现财富不但没有增加，反而随着物价的上涨缩水了。2016年3月，国家统计局发布的数据显示，2月全国居民消费价格总水平（CPI）同比上涨2.3%，而银行一年期存款利率仅为1.5%，说明我国居民存款的实际利率已经是-0.8%。老百姓的资产价值正随着物价上涨而相对贬值。

分析与思考：1. 什么叫作负利率？什么是名义利率和实际利率？

2. 如果名义利率为负数，你会怎么做？

3. 什么情况下实际利率为负数？当实际利率为负数时你会怎样做？

知识点提示：名义利率和实际利率。参见教材本章第三节。

参考答案

（一）单项选择题

1. C	2. A	3. D	4. B	5. A
6. D	7. C	8. D	9. A	10. B
11. B	12. C	13. A	14. B	15. A

（二）多项选择题

1. CD	2. AB	3. ABCDE	4. ABCD	5. ABCDE
6. ABCD	7. BCE	8. ACE	9. ADE	10. ABD
11. AD	12. BC	13. BCD	14. ACE	15. ABCDE

（三）判断改错题

1. × 在利率体系中发挥指导性作用的利率是基准利率。

2. √

3. × 风险相同的债券，因为期限不同而形成不同的利率，我们称之为利率的期限结构。

4. √

5. × 远期利率是隐含在给定即期利率中的从未来某一时点到另一时点的利率。

6. × 当一国处于经济周期的危机阶段时，利率会不断上涨。

7. × 当名义利率低于通货膨胀率时，实际利率为负。

8. ×　当债券溢价发行时，其到期收益率低于票面利率。

9. √

10. ×　在其他条件相同的情况下，现值的大小与贴现率负相关，即贴现率越高，现值越小。

11. √

12. ×　一国货币管理部门或者中央银行所规定的利率为官定利率。

13. ×　利率市场化就是在某一时点上由供求关系决定的利率运行机制，中央银行还是可以通过调节基准利率进行干预的。

14. ×　利率市场化实际上就是把利率的决策权交给金融机构，中央银行可以通过调节基准利率进行干预。

(四) 问答题

1. 什么是货币时间价值？它主要来自哪些方面？

货币时间价值是指同等金额的货币的现在价值要大于其未来价值，比如现在的1元钱比1年后的1元钱更有价值，这是因为当前拥有现在的货币可以出借或进行投资获利。

货币为什么具有时间价值？西方经济学的解释是：就当前消费与未来消费来说，人们更加偏好当前消费，如果货币的所有者要将其持有的货币出借或进行投资，其就必须牺牲当前的消费，为此，其会要求对其推迟当前消费给予一定的补偿，补偿金额的多少与当前消费推迟的时间长短同向变动。因此，货币时间价值来源于对当前消费推迟的补偿。货币经过一定时间的出借或投资所增加的价值，就是其时间价值，可见货币时间价值来自借贷或投资的增值部分。

2. 什么是基准利率？它具有什么作用？

基准利率是金融市场上具有普遍参照作用的利率，从某种意义上讲，基准利率是利率市场化机制形成的核心。其他利率水平或金融资产价格均可根据这一基准利率水平来确定。基准利率是利率市场化的重要前提之一，在利率市场化条件下，融资者衡量融资成本，投资者计算投资收益，以及管理层对宏观经济的调控，客观上都要求有一个普遍公认的基准利率水平作为参考。市场利率的形成及其变动都参照此利率水平及变化趋势。

基准利率是在多种利率并存的条件下起决定作用的利率，其他利率会随其变动而发生相应变化。在西方国家，基准利率通常是中央银行的再贴现利率以及商业银行和金融机构之间同业拆借的利率。我国在2007年推出的货币市场的基准利率——上海银行间同业拆放利率（SHIBOR）正在成为我国的基准利率。

一般利率是指基准利率之外的其他市场利率，一般利率通常参照基准利率而定。

3. 试述利率风险结构的主要内容。

利率风险结构是指具有相同期限的金融资产，可能因违约风险、流动性风险和税收风险等方面的差异，从而形成不同的利率水平。

(1) 违约风险：又称信用风险，是指不能按期偿还本金和支付利息的风险。违约风险低的债务，其利率相对较低，违约风险高的债务，其利率也相对较高。

(2) 流动性风险：是指因资产变现能力弱或者变现速度慢而可能遭受损失的风险。利率会与流动性风险同方向变化，流动性风险越大，利率越高。

(3) 税收风险：根据各国的规定，债权人获得的利息收益通常必须纳税。因此，债权人真正关心的是税后的实际收益率。由于各国政府在税收上采取不同的政策，税率也会经常调整，这会给债权人造成税收风险。一般来说，税率越高的债券，其税前利率也应该越高，而低税率或者免税债券的利率支付则可以相对低些。

4. 什么是利率市场化？简述我国利率市场化的改革思路。

所谓利率市场化，是指通过市场和价值规律机制，在某一时点上由供求关系决定的利率运行机制。实际上就是将利率的决策权交给金融机构，由金融机构自己根据资金供求状况及其对金融市场走势的判断，自主调节利率水平，最终形成以中央银行基准利率为基础，以货币市场利率为中介，由市场供求决定金融机构存贷款利率和金融市场利率的市场化利率形成机制和市场化利率体系。

我国利率市场化具有渐进式改革的特征。根据我国金融改革精神，结合经济金融发展和开放金融市场的需要，中国人民银行按照"先外币、后本币，先贷款、后存款，先大额长期、后小额短期"的基本步骤，逐步建立由市场供求决定金融机构存贷款利率水平的利率形成机制，中央银行调控和引导市场利率，使市场机制在金融资源配置中发挥主导作用。

(五) 案例分析题

评析要求：

(1) 要结合课本所学；

(2) 尝试用自己的语言来深入分析。

第六章 金融市场

一、学习目标

1. 了解金融市场的分类和构成要素，熟悉我国金融市场体系的发展和现状，掌握金融市场的功能，了解金融市场功能发挥的条件；

2. 理解金融市场体系的产生与构成，掌握外汇市场、黄金市场、衍生工具市场的基本特征，了解市场交易的基本原理与主要方式；

3. 从中国国情出发，了解金融市场、衍生工具市场发展的历史机遇和时代特点。

二、知识结构

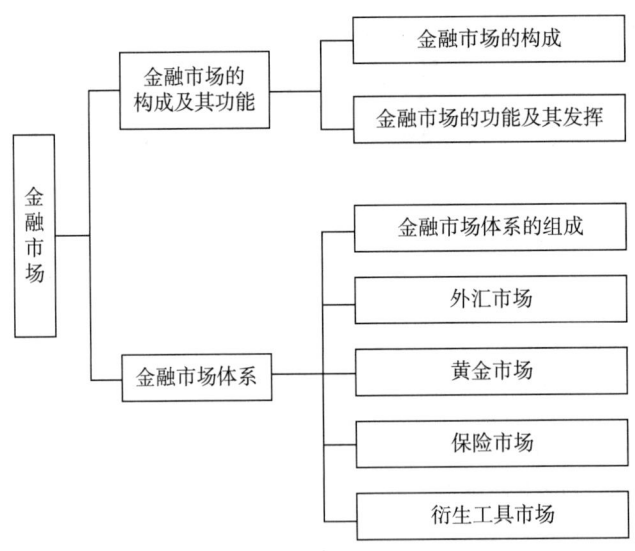

三、重点名词

1. **金融市场**，是资金供求双方借助金融工具进行各种投融资活动的场所。广义金融市场是货币借贷、资金融通票据和有价证券买卖等所有金融交易活动的总称。狭义金融市场专指以金融工具为载体的交易活动。

2. **货币市场**，又称短期金融市场，是指专门融通 1 年以内短期资金的场所。货币市场的主要功能是满足市场主体对短期资金周转和余缺调剂的需求。

3. **资本市场**，又称长期金融市场，是指期限在 1 年期以上的中长期资金交易的市场。资本市场的主要功能是满足市场主体对长期的投融资需求。

4. **现货市场**，是指交易协议达成后在 2 个交易日内进行交割的市场。

5. **期货市场**，是指交易协议达成后并不立即交割，而是约定在某一特定时间进行交割的市场。

6. **衍生工具**，是指在一定的原生工具或基础性工具基础上派生出来的金融工具，是衍生工具市场的交易对象。

7. **可转换债券**，即一种被赋予了股票转换权的公司债券。

8. **权证**，是由上市公司发行，赋予持有人能够按照特定的价格在特定的时间购买或出售一定数量该公司普通股票的选择权凭证。

9. **远期合约**，是指合约双方承诺以当前约定的条件在未来规定的日期交易商品或金融工具的合约。交易品种主要有远期利率协议、远期外汇合约、远期股票合约等。

10. **期货**，是指交易的标的物由有组织的期货交易所统一制定的标准化合约。一般分为商品期货、金融期货和其他品种期货。

11. **期权**，又称选择权，是指在未来一定时期可以买卖某种商品或资产的权利。

12. **互换**，是指交易双方通过签订合约的形式在规定的时间调换货币或利率，或者同时交换货币与利率，达到规避管制、降低融资成本的目的。

四、重点难点释疑

（一）金融市场具有哪些功能

1. 资源配置与转化功能

金融市场通过收益率的差异，通过市场上优胜劣汰的竞争以及对有价证券价格的影响，能够引导资金流向那些经营管理好、产品畅销、有发展前途的经济单位，从而有利于提高投资收益，实现资金在各地区、各部门、各单位间的合理流动，完成社会资源的优化配置。金融市场上多种形式的金融交易形成纵横交错的融资活动，可以不受行业、部门、地区或国家的限制，灵活地调度资金，充分运用不同性质、不同期限、不同额度的资金，实现资金性质和期限的转化。

2. 价格发现功能

金融产品的价格是所有参与市场交易的经济主体对这些产品未来收益的期望。交易双方会根据自身立场和所掌握的市场信息，对过去的价格表现加以研究，作出买卖决定。而交易所通过公开竞价出来的价格进行交易。可以说，市场交易具有价格发现功能。

3. 风险分散和规避功能

金融市场灵活多样的融资形式和各种金融工具的自由买卖使资金供应者能够灵活地调整其闲置资金的保存形式，增强了金融交易的安全性，提高了融资效率，达到安全性、流动性和盈利性的统一。虽然金融市场并不能最终消除金融风险，但却为金融风险的分散和规避提供了丰富的手段和平台。

4. 宏观调控传导功能

现代金融市场是中央银行实施宏观经济调控的场所。首先，金融市场为货币政策提供了传导路径。中央银行通过货币市场进行公开市场业务，买卖有价证券以调节货币供应量；实施再贴现政策，调整再贴现率以影响信用规模。其次，财政政策的实施也离不开金融市场，在金融市场上发行国债成为当代各国政府筹集资金的重要方式，是财政政策发挥积极作用的前提条件。而国债的发行又为中央银行提供了公开市场操作的工具，从而为货币政策创造手段。最后，金融市场可以为政府产业政策的实施创造条件，政府可以通过设立创业板市场鼓励高新技术企业和中小企业的发展。

(二) 金融市场体系的主要构成有哪些

金融市场是统一市场体系的一个重要组成部分，属于要素市场。在整个市场体系中，金融市场是最基本的组成部分之一，是联系其他市场的纽带。因为在现代市场经济中，无论是消费资料、生产资料的买卖，还是技术和劳动力的流动等，各种市场的交易活动都要通过货币的流通和资金的运动来实现，都离不开金融市场的密切配合。从这个意义上说，金融市场的发展对整个市场体系的发展起着举足轻重的作用；市场体系中其他各市场的发展则为金融市场的发展提供了条件和可能。

随着经济和金融发展的不断深化，金融市场演变成种类齐全、专业分工明确的金融市场体系，如图 6-1 所示。

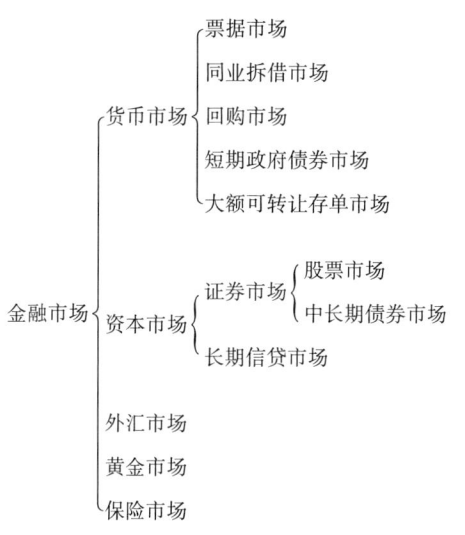

图 6-1 金融市场体系的构成

(三) 保险市场具有哪些特殊功能

保险市场除了具备一般金融市场的功能外,还有一些特殊的功能。

首先,保险市场能提供有效的保险供给。保险市场提供的竞争机制能使保险经营者不断开发新险种,提高保险服务质量,满足人们的保险需求。

其次,保险市场能提高保险交易的效率。保险市场有如保险产品的集散地,保险交易双方在市场上可以自由选择,公平竞争,促使保险经营者尽可能地降低交易成本,提供交易便利,从而在客观上提高保险交易的效率。

再次,交易双方的相互作用以及保险人之间的相互竞争,使得保险市场上可以形成较为合理的交易价格。

最后,保险市场的保险和再保险业务可以为投保人、保险人提供最广泛的风险分散机制。

(四) 金融市场有哪些常见的衍生工具,衍生工具有哪些主要功能

衍生工具是指在一定的原生工具或基础性工具基础上派生出来的金融工具,其形式是载明买卖双方交易品种、价格、数量、交割时间和地点等内容的规范化或标准化的合约与证券,交易受有关法律和交易所制度规则的保护。衍生工具的标的物通常有农产品、有色金属、能源产品、金融产品等。另外,衍生工具本身也可作为合约标的物,产生了复杂衍生工具,如期货期权、互换期权等。

衍生工具的功能主要有:

1. 套期保值。套期保值是衍生工具为交易者提供的最主要功能,也是衍生工具产生的原动力。套期保值是指把期货市场当作转移价格风险的场所,利用期货合约作为将来在现货市场上买卖商品的临时替代物,对其现在买进准备以后售出商品或对将来需要买进商品的价格进行保险的交易活动。

2. 价格发现。衍生工具交易价格是对合约标的物未来价格的事先确定,如果市场竞争是充分的和有效的,衍生工具价格就是对标的物未来价格的事先发现。由于大部分衍生工具交易集中在有组织的交易所内进行,市场参与主体比较多,通过竞价方式形成市场价格,能够相对准确地反映交易者对标的物未来价格的预期。

3. 投机套利。衍生工具交易采用现金清算,而不实行强制交割,这就使衍生工具成了事实上的一类投资品。衍生工具将大宗商品细化为标准化的可交易合约,使交易双方买卖更加便利。衍生工具都是跨期交易,存在一个期限,相同期限的不同衍生品,以及同一衍生品的不同期限之间往往存在套利的可能。

(五) 何为期权,它有什么特点

期权也称选择权,是指在未来一定时期可以买卖某种商品或资产的权利。期权是一种标准化合约,一般在有组织的交易所或银行柜台交易。

期权合约的持有人向签发人支付一定数额的权利金后拥有在未来某一段时间内(美式期权)或未来某一特定日期(欧式期权),以事先约定的执行价格向卖方购买或出售一定数量的标的物的权利,也可以放弃这种权利。期权合约的持有人是合约的购买者,拥有的权利可能是买权,称为看涨期权,也可能是卖权,称为看跌期权。合约的签发人是合约的卖方,获得期权费收入,在合约的执行日只能被动卖出或买入合约标的物,承受较大的价格波动风险。

在期权交易中,买卖双方的权利与义务不同,使买卖双方面临着不同的风险状况。对于期权交易者来说,买方与卖方部位均面临着权利金不利变化的风险。这点与期货相同,即在权利金的范围内,如果买得低而卖得高,平仓就能获利;相反,则亏损。与期货不同的是,期权多头的风险底线已经确定和支付,其风险控制在权利金范围内。期权空头持仓的风险则存在与期货部位相同的不确定性。由于期权卖方收到的权利金能够为其提供相应的担保,从而在价格发生不利变动时,能够抵销期权卖方的部分损失。

五、练习题

(一) 单项选择题

1. 于 1613 年开市的( )被认为是以股票交易为中心的证券市场的开端。

A. 泛欧交易所　　　　　　　　　　B. 纽约证券交易所

C. 阿姆斯特丹证券交易所　　　　　D. 伦敦证券交易所

知识点提示：金融市场体系的形成。参见教材本章第二节。

2. 金融市场是统一市场体系的重要组成部分，属于（　　）。它与消费品市场、生产资料市场、劳动力市场、技术市场、信息市场、房地产市场、旅游服务市场等各类市场相互联系、相互依存，共同形成统一市场的有机整体。

A. 衍生品市场　　　　　　　　　　B. 产品市场

C. 无形市场　　　　　　　　　　　D. 要素市场

知识点提示：金融市场体系的形成。参见教材本章第二节。

3. 我国于（　　）正式成立上海黄金交易所，黄金开始在有形交易市场上挂牌交易。

A. 1996 年　　　B. 1999 年　　　C. 2002 年　　　D. 2003 年

知识点提示：金融市场体系的形成。参见教材本章第二节。

4. 银行同业之间买卖外汇所形成的市场称为（　　）。

A. 自由市场　　　　　　　　　　　B. 批发市场

C. 零售市场　　　　　　　　　　　D. 官方市场

知识点提示：外汇市场的分类。参见教材本章第二节。

5. 银行与客户间的外汇交易构成了（　　）。

A. 零售市场　　　　　　　　　　　B. 批发市场

C. 结汇市场　　　　　　　　　　　D. 售汇市场

知识点提示：外汇市场的分类。参见教材本章第二节。

6. 可转换债券最早出现在（　　），现在已经成为各国债券市场的主要交易品种。

A. 美国　　　B. 英国　　　C. 日本　　　D. 韩国

知识点提示：主要衍生工具的内容。参见教材本章第二节。

7. 货币市场上交易工具的期限都在一年以内，交易价格波动小、交易工具变现能力强，是（　　）的市场。

A. 风险高、收益稳定、流动性较强

B. 风险高、收益高、流动性较弱

C. 风险低、收益稳定、流动性较强

D. 风险低、收益高、流动性较强

知识点提示：金融市场的分类。参见教材本章第一节。

8. 下列金融工具中属于所有权凭证的是（　　）。

A. 股票 B. 银行承兑票据

C. 短期国债 D. 公司债券

知识点提示：金融市场的分类。参见教材本章第一节。

9. 世界上最早的保险市场是（   ）。

A. 1568 年伦敦皇家交易所 B. 1771 年英国劳埃德保险社

C. 1676 年汉堡火灾保险社 D. 1347 年船舶航运保险契约

知识点提示：保险市场的起源。参见教材本章第二节。

10. 关于汇率对证券市场的影响，下列说法错误的是（   ）。

A. 本币汇率贬值，本国产品的竞争力增强，出口型企业证券价格就可能上涨

B. 本币汇率升值，本国产品的竞争力增强，出口型企业证券价格就可能上涨

C. 本币汇率贬值，使本国的证券市场资金供给减少，证券需求下降，价格下跌

D. 本币汇率升值，国际短期套利资本流入本国，增加市场资金供给，证券价格上涨

知识点提示：外汇市场的概念。参见教材本章第二节。

11. 金融市场功能的发挥需要一些外部条件，不包括（   ）。

A. 法制健全 B. 信息披露充分

C. 价格机制健全 D. 市场进退有序

知识点提示：金融市场的功能及其发挥。参见教材本章第一节。

12. 要素市场是为产品生产提供条件的市场，下面各项中（   ）属于要素市场。

A. 消费品市场 B. 生产资料市场

C. 旅游服务市场 D. 金融市场

知识点提示：金融市场的功能及其发挥。参见教材本章第一节。

13. （   ）允许合约持有人在未来某一段时间内行使或者放弃这种权利。

A. 美式期权   B. 欧式期权   C. 看涨期权   D. 看跌期权

知识点提示：衍生工具市场。参见教材本章第二节。

14. 1973 年 4 月（   ）的推出标志着金融期权的诞生。

A. 股票指数期权合约 B. 股票期权合约

C. 期货期权合约 D. 互换期权合约

知识点提示：衍生工具市场。参见教材本章第二节。

15. 衍生工具交易在有组织的交易所内进行的，市场参与主体通过竞价方式形成商品的市场价格，这种行为属于衍生工具的（   ）功能。

A. 套期保值   B. 投机套利   C. 价格发现   D. 规避风险

知识点提示：衍生工具市场。参见教材本章第二节。

（二）多项选择题

1. 下列各项中属于广义资本市场的是（　　）。
   A. 银行中长期信贷市场　　　　B. 中长期债券市场
   C. 股票市场　　　　　　　　　D. 银行间市场
   E. 黄金市场

   知识点提示：资本市场的概念。参见教材本章第一节。

2. 按照金融交易的交割期限可以把金融市场划分为（　　）。
   A. 衍生品市场　　　　　　　　B. 现货市场
   C. 货币市场　　　　　　　　　D. 期货市场
   E. 资本市场

   知识点提示：金融市场的分类。参见教材本章第一节。

3. 下列金融工具中没有偿还期的是（　　）。
   A. 优先股　　　　　　　　　　B. 大额可转让存单
   C. 银行定期存款　　　　　　　D. 商业票据
   E. 普通股

   知识点提示：资本市场的概念。参见教材本章第一节。

4. 金融市场的功能是（　　）。
   A. 资源配置　　　　　　　　　B. 资源转化
   C. 价格发现　　　　　　　　　D. 风险分散和规避
   E. 宏观调控传导

   知识点提示：金融市场的功能。参见教材本章第一节。

5. 按交易标的物的层次，金融市场可分为（　　）。
   A. 资本市场　　　　　　　　　B. 货币市场
   C. 衍生金融工具市场　　　　　D. 原生金融工具市场
   E. 黄金市场

   知识点提示：金融市场的分类。参见教材本章第一节。

6. 下列各项中属于金融衍生工具功能的是（　　）。
   A. 套期保值　　　　　　　　　B. 价格发现
   C. 风险分散　　　　　　　　　D. 投机套利
   E. 资源配置

知识点提示：金融衍生工具的功能。参见教材本章第二节。

7. 下列各项中（　　）不属于金融衍生工具。

　　A. 债券　　　　　　　　　　B. 远期合约

　　C. 股票　　　　　　　　　　D. 期货

　　E. 期权

知识点提示：金融衍生工具。参见教材本章第二节。

8. 根据保险交易对象的不同，可以将保险市场划分为（　　）。

　　A. 财产保险市场　　　　　　B. 人身保险市场

　　C. 再保险市场　　　　　　　D. 国际保险市场

　　E. 原保险市场

知识点提示：保险市场的分类。参见教材本章第二节。

9. 根据保险交易主体的不同，可以将保险市场划分为（　　）。

　　A. 财产保险市场　　　　　　B. 人身保险市场

　　C. 再保险市场　　　　　　　D. 国际保险市场

　　E. 原保险市场

知识点提示：保险市场的分类。参见教材本章第二节。

10. 保险市场除了具备一般金融市场的功能外，还有一些特殊的功能是（　　）。

　　A. 提供有效的保险供给　　　B. 提高保险交易的效率

　　C. 可以形成较为合理的交易价格　　D. 具有宏观调控传导功能

　　E. 可以提供最广泛的风险分散机制

知识点提示：保险市场的功能。参见教材本章第二节。

11. 金融市场的构成要素包括（　　）。

　　A. 市场参与者　　　　　　　B. 金融工具

　　C. 金融市场体系　　　　　　D. 金融工具的价格

　　E. 金融交易的组织形式

知识点提示：金融市场的功能。参见教材本章第一节。

12. 金融市场功能的发挥需要一些外部条件，包括以下（　　）条件。

　　A. 法制健全　　　　　　　　B. 信息披露充分

　　C. 价格机制健全　　　　　　D. 市场进退有序

　　E. 国内外统一的市场

知识点提示：金融市场的功能及其发挥。参见教材本章第一节。

13. 金融市场功能的发挥需要以下（　　）内部条件。
A. 丰富的市场交易品种　　　　　　B. 信息披露充分
C. 价格机制健全　　　　　　　　　D. 必要的技术支持
E. 国内外统一的市场

知识点提示：金融市场的功能及其发挥。参见教材本章第一节。

14. 市场体系分为两大类，分别是（　　）。
A. 金融市场　　　　　　　　　　　B. 劳动力市场
C. 产品市场　　　　　　　　　　　D. 要素市场
E. 土地市场

知识点提示：市场体系与金融市场。参见教材本章第二节。

15. 下列期权交易表示在未来不看好该期权品种所采取的形式的是（　　）。
A. 卖出看涨期权　　　　　　　　　B. 卖出看跌期权
C. 买入看涨期权　　　　　　　　　D. 买入看跌期权
E. 买入双重期权

知识点提示：衍生工具市场。参见教材本章第二节。

（三）判断改错题

1. 金融市场的参与者非常广泛，包括中央银行、金融机构、企业和居民，但是不包括政府在内。（　　）

知识点提示：金融市场的参与者。参见教材本章第一节。

2. 政府是一国金融市场上主要的资金需求者，中央银行是主要的资金供给者。（　　）

知识点提示：金融市场的参与者。参见教材本章第一节。

3. 在金融市场上，金融机构只是重要的中介机构。（　　）

知识点提示：金融市场的参与者。参见教材本章第一节。

4. 居民是金融市场主要的资金供给者。（　　）

知识点提示：金融市场的参与者。参见教材本章第一节。

5. 柜台交易方式是指在各个金融机构的柜台上进行面议、分散交易的方式。（　　）

知识点提示：金融交易的组织形式。参见教材本章第一节。

6. 债券市场有短期与长期之分，分别属于货币市场和资本市场。（　　）

知识点提示：金融市场的分类。参见教材本章第一节。

7. 外汇市场的功能是为交易者提供外汇资金融通的便利，但是不可以满足投机的需

求。( )

知识点提示：外汇市场的功能。参见教材本章第二节。

8. 在不兑现的信用货币制度下，黄金已退出货币历史舞台，所以，黄金市场不是金融市场的组成部分。( )

知识点提示：金融市场体系。参见教材本章第一节。

9. 衍生金融工具包括期货、期权、互换、债券等各种标准化合约。( )

知识点提示：衍生金融工具。参见教材本章第二节。

10. 套期保值是衍生金融工具为交易者提供的最主要的功能。( )

知识点提示：套期保值的概念。参见教材本章第二节。

11. 原生金融工具是最基础、最本源的金融工具，也是衍生金融工具赖以生存的基础。( )

知识点提示：金融市场的分类。参见教材本章第一节。

12. 新中国成立之初，我国不曾有过金融市场。( )

知识点提示：金融市场体系的形成与发展。参见教材本章第二节。

13. 能正常发挥功能的金融市场应该是一个充分竞争的市场，不存在政府或者其他组织以补贴等形式延缓甚至阻拦被淘汰者退市的做法。( )

知识点提示：金融市场的功能及其发挥。参见教材本章第一节。

14. 金融市场是统一市场体系中的一个重要组成部分，是联系其他市场的纽带。( )

知识点提示：金融市场体系。参见教材本章第二节。

（四） 问答题

1. 金融交易有哪几种组织形式？

知识点提示：金融市场的参与者。参见教材本章第一节。

2. 金融市场一般具有哪些功能？

知识点提示：金融市场的功能及其发挥。参见教材本章第一节。

3. 衍生工具的功能主要有哪些？

知识点提示：衍生金融工具。参见教材本章第二节。

4. 何为远期合约？它和期货交易有什么不同？

知识点提示：衍生工具市场。参见教材本章第二节。

5. 期货交易和期权交易有什么区别？

知识点提示：衍生工具市场。参见教材本章第二节。

（五）案例分析题

完善金融市场：发挥市场配置资源的决定性作用

2015年8月，银行间货币市场推出了X-Repo系统和质押式回购匿名点击业务。质押式回购匿名点击业务是指市场参与者发送正回购及逆回购的限价报价，系统根据机构间双边授信条件进行匹配成交的交易方式，匹配成交后正回购方按照统一规则提交质押券。

与传统的询价交易相比，匿名点击业务改变了机构与机构间必须逐笔一对一协商交易要素的方式，大大提高了机构开展回购交易的效率，增加了市场透明度，优化了回购利率形成机制，是利率市场化进程中回购市场的又一进步。

产品创新则根植于市场的真实需求。

机制上的创新与完善往往会释放令人惊喜的活力。

——摘编自记者刘泉江2016年2月27日《金融时报》同名报道

分析与思考：1. 金融市场有哪些主要功能？

2. 如何才能充分发挥金融市场的功能？

知识点提示：金融市场的功能及其发挥、衍生工具市场。参见教材本章第一、第二节。

参考答案

（一）单项选择题

1. C	2. D	3. C	4. B	5. A
6. B	7. C	8. A	9. A	10. B
11. C	12. D	13. A	14. B	15. C

（二）多项选择题

1. ABC	2. BD	3. AE	4. ABCDE	5. CD
6. ABD	7. AC	8. AB	9. CE	10. ABCE
11. ABDE	12. ABD	13. ACDE	14. CD	15. AD

（三）判断改错题

1. × 金融市场的参与者非常广泛，包括政府、中央银行、金融机构、企业和居民。

2. × 中央银行并非金融市场上的资金供给者，中央银行买卖有价证券，只是为了调节货币供应量。

3. × 同时也充当资金的供给者和需求者，发行、创造金融工具。

4. √

5. √

6. √

7. × 外汇市场的功能是为交易者提供外汇资金融通的便利，也可以满足外汇保值和投机的需求。

8. × 黄金仍然是重要的国际储备资产，黄金市场仍然是金融市场的组成部分。

9. × 衍生金融工具包括期货、期权、互换等各种标准化合约，但不包括债券。

10. √

11. √

12. × 新中国成立之初，我国有过短暂的金融市场。

13. √

14. √

（四）问答题

1. 金融交易有哪几种组织形式？

受市场本身的发育程度、技术发达程度以及交易双方交易意愿的影响，金融交易主要有以下三种组织方式：

一是在固定场所有组织、有制度、集中进行交易的方式，即交易所交易方式。

二是在各个金融机构柜台上进行面议、分散交易的方式，即柜台交易方式。

三是没有固定场所，交易双方主要借助电子通信或互联网等手段完成交易的无形方式。

这几种组织方式各有特点，可以满足不同的交易需求。在完善的金融市场上，这几种组织方式通常是并存的。

2. 金融市场一般具有哪些功能？

（1）资源配置与转化功能

金融市场上多种形式的金融交易形成纵横交错的融资活动，可以不受行业、部门、地区或国家的限制，灵活地调度资金，充分运用不同性质、不同期限、不同额度的资金，实现资金性质和期限的转化。金融市场通过收益率的差异，通过市场上优胜劣汰的竞争以及对有价证券价格的影响，能够引导资金流向那些经营管理好、产品畅销、有发展前途的经济单位，从而有利于提高投资收益，实现资金在各地区、各部门、各单位间的合理流动，完成社会资源的优化配置。

(2) 价格发现功能

金融产品的价格是所有参与市场交易的经济主体对这些产品未来收益的期望。交易双方会根据自身立场和所掌握的市场信息，对过去的价格表现加以研究，作出买卖决定。而交易所通过公开竞价出来的价格进行交易。所以说，市场交易具有价格发现功能。

(3) 风险分散和规避功能

金融市场灵活多样的融资形式和各种金融工具的自由买卖使资金供应者能够灵活地调整其闲置资金的保存形式，增强了金融交易的安全性，提高了融资效率，达到安全性、流动性和盈利性的统一。虽然金融市场并不能最终消除金融风险，但却为金融风险的分散和规避提供了丰富的手段和平台。

(4) 宏观调控传导功能

现代金融市场是中央银行实施宏观经济调控的场所。首先，金融市场为货币政策提供了传导路径。中央银行通过货币市场进行公开市场业务，买卖有价证券以调节货币供应量；实施再贴现政策，调整再贴现率以影响信用规模。其次，财政政策的实施也离不开金融市场，在金融市场上发行国债成为当代各国政府筹集资金的重要方式，是财政政策发挥积极作用的前提条件。而国债的发行又为中央银行提供了公开市场操作的工具，从而为货币政策创造手段。最后，金融市场可以为政府产业政策的实施创造条件，政府可以通过设立创业板市场鼓励高新技术企业和中小企业的发展。

3. 衍生工具的功能主要有哪些？

(1) 套期保值。套期保值是衍生工具为交易者提供的最主要功能，也是衍生工具产生的原动力。衍生工具是通过事先约定价格，实现标的物的保值目的。

(2) 价格发现。衍生工具交易价格是对合约标的物未来价格的事先确定，由于大部分衍生工具交易集中在有组织的交易所内进行，市场参与主体比较多，通过竞价方式形成市场价格，能够相对准确地反映交易者对标的物未来价格的预期。

(3) 投机套利。衍生工具将大宗商品细化为标准化的可交易合约，使交易双方买卖更加便利。单向交易衍生工具者是市场的投机者，衍生工具为其提供了投机的对象。投机者的目的就是博取价差，他们认为价格会上涨时做多，价格会下跌时做空。

4. 何为远期合约？它和期货交易有什么不同？

远期合约指合约双方承诺以当前约定的条件在未来规定的日期交易商品或金融工具的合约。远期合约是必须履行的协议，其合约条件是为买卖双方量身定制的，合约条款因合约双方的需要不同而不同，通过场外交易达成。交易品种主要有远期利率协议、远期外汇合约、远期股票合约等。

期货是指交易的标的物由有组织的期货交易所统一制定的标准化合约。期货价格通过公开竞价达成，一般分为商品期货、金融期货和其他品种期货。期货合约是标准化的远期合约，比远期合约更规范，风险由期货交易所和经纪公司控制。

5. 期货交易和期权交易有什么区别？

期权交易与期货交易主要有以下区别：

（1）权利和义务。期货合约的双方都被赋予相应的权利和义务，除非用相反的合约抵消，这种权利和义务在到期日必须行使，也只能在到期日行使，期货的空方甚至还拥有在交割月选择在哪一天交割的权利。而期权合约只赋予买方权利，卖方则无任何权利，卖方只有在对方履约时进行对应买卖标的物的义务。特别是美式期权的买者，可在约定期限内的任何时间执行权利，也可以不行使这种权利；期权的卖者则须准备随时履行相应的义务。

（2）标准化。期货合约都是标准化的，因为它都是在交易所中交易的，而期权合约则不一定。在美国，场外交易的现货期权是非标准化的，但在交易所交易的现货期权和所有的期货期权则是标准化的。

（3）盈亏风险。期货交易双方所承担的盈亏风险都是无限的。而期权交易卖方的亏损风险可能是无限的（看涨期权），也可能是有限的（看跌期权），盈利风险是有限的（以期权费为限）；期权交易买方的亏损风险是有限的（以期权费为限），盈利风险可能是无限的（看涨期权），也可能是有限的（看跌期权）。

（4）保证金。期货交易的买卖双方都须交纳保证金。期权的买者则无须交纳保证金，因为其亏损不会超过其已支付的期权费，在交易所交易的期权卖者也要交纳保证金，这跟期货交易一样。场外交易的期权卖者是否需要交纳保证金则取决于当事人的意见。

（5）买卖匹配。期货合约的买方到期必须买入标的资产，而期权合约的买方在到期日或到期前则有买入（看涨期权）或卖出（看跌期权）标的资产的权利。期货合约的卖方到期必须卖出标的资产，而期权合约的卖方在到期日或到期前则有根据买方意愿相应卖出（看涨期权）或买入（看跌期权）标的资产的义务。

（6）套期保值。运用期货进行套期保值，在把不利风险转移出去的同时，也把有利风险转移出去。而运用期权进行套期保值时，只把不利风险转移出去而把有利风险留给自己。

（五）案例分析题

评析要求：

（1）要结合课本所学；

（2）尝试用自己的语言来深入分析。

第七章 货币市场

一、学习目标

1. 了解货币市场的特点，掌握货币市场的功能；
2. 了解同业拆借市场、回购协议市场、国库券市场、票据市场、大额可转让定期存单市场的特点，掌握各个市场运作的基本原理；
3. 了解大额可转让定期存单市场的特点，掌握市场运作的基本原理；
4. 了解我国货币市场的种类，熟悉发展现状；
5. 掌握货币市场利率的形成原理。

二、知识结构

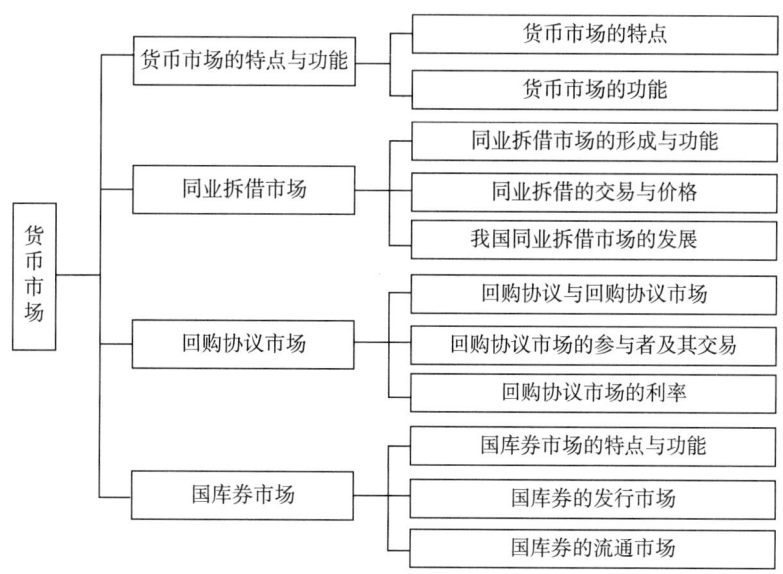

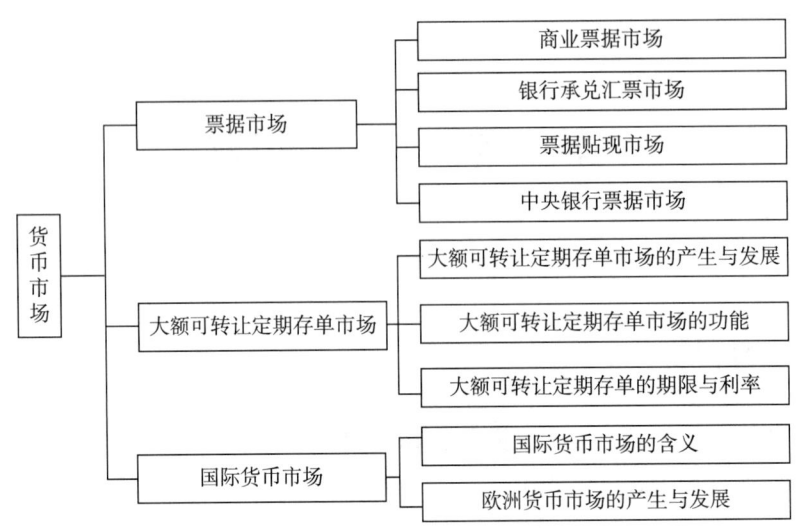

三、重点名词

1. **回购协议**，是指证券持有人在卖出一定数量证券的同时，与证券买入方签订文件，约定双方在将来某一日期由证券的出售方按约定的价格再将其出售的证券如数赎回。

2. **国库券**，是政府发行的期限在 1 年以内的短期债券。

3. **一级交易商**，即具备一定资格、可以直接向国库券发行部门承销和投标国库券的交易商团体，一般包括资金实力雄厚的商业银行和证券公司。

4. **票据市场**，即各类票据发行、流通和转让的市场，包括商业票据市场、银行承兑汇票市场、票据贴现市场和中央银行票据市场。

5. **贴现**，是指将未到期的票据向商业银行等金融机构所做的票据转让行为。

6. **转贴现**，是指商业银行将已经贴现的未到期票据向其他商业银行等金融机构再进行贴现的融资行为。

7. **再贴现**，是指商业银行将已经贴现的未到期票据向中央银行所做的票据转让行为。

8. **贷款承诺**，即银行承诺在未来一定时期内，以确定的条件向商业票据的发行人提供一定数额的贷款，为此，商业票据的发行人要向商业银行支付一定的承诺费。

9. **承兑**，是指商业汇票到期前，汇票付款人或指定银行确认票据记明事项，承诺在汇票到期日支付汇票金额给汇票持有人并在汇票上签名盖章的票据行为。

10. **大额可转让定期存单**，是由商业银行发行的具有固定面额、固定期限、可以流通转让的大额存款凭证。

四、重点难点释疑

（一）如何理解货币市场，货币市场的特点主要体现在哪些方面

货币市场是指以期限在 1 年以内的金融工具为媒介进行短期资金融通的市场，其具有以下几个特点。

第一，交易期限短。货币市场中的金融工具一般期限较短，最短的只有 2 个小时，最长的不超过 1 年。

第二，流动性强。金融工具的流动性与其偿还期限成反比，偿还期越短，流动性越强。此外，货币市场活跃的二级市场交易进一步增强了货币市场的流动性。

第三，安全性高。货币市场金融工具发行主体的信用等级较高。

第四，交易额大。货币市场是一个批发市场，大多数交易的交易额都比较大，个人投资者难以直接参与市场交易。

（二）如何理解货币市场在经济发展中的作用

第一，货币市场是政府和企业调剂资金余缺、满足短期融资需要的市场。解决政府国库收支先支后收这个矛盾的一个较好的方法就是政府在货币市场上发行短期政府债券——国库券；企业通过签发合格的商业票据，可以从货币市场及时、低成本地筹集大规模的短期资金满足这种需求。同时，流动资金暂时闲置的企业也可以通过购买国库券、商业票据等货币市场工具，实现资金合理的收益回报，达到安全性、流动性和收益性相统一的财务管理目的。

第二，货币市场是商业银行等金融机构进行流动性管理的市场。流动性管理是商业银行等金融机构资产负债管理的核心，商业银行等金融机构通过参与货币市场的交易活动可以保持业务经营所需的流动性。

第三，货币市场是一国中央银行进行宏观金融调控的场所。中央银行调控宏观经济运行所进行的货币政策操作主要是在货币市场中进行的。中央银行在货币市场上将公开市场业务作为货币政策的操作手段。

第四，货币市场是基准利率生成的场所。基准利率是一种市场化的无风险利率，被广泛用作各种利率型金融工具的定价标准，货币市场交易的高安全性决定了其利率水平作为基准利率的地位，发挥基准利率特有的功能。

（三）同业拆借市场是怎样形成的，它的主要作用是什么

同业拆借市场的形成源于中央银行对商业银行法定存款准备金的要求。中央银行规定，商业银行吸收来的存款必须按照一定的比例缴存到在中央银行开立的准备金账户上，

用于保证商业银行的清偿能力。准备金不足的银行从准备金盈余的银行拆入资金，以达到中央银行对法定存款准备金的要求，准备金盈余的银行也因资金的拆出而获得收益。拆出拆入银行间资金的划转通过它们在中央银行开设的准备金账户进行，从而形成了同业拆借市场。

同业拆借市场的作用是商业银行等金融机构进行短期资产组合管理。交易期限的短期性、市场的高流动性和资金的快速周转性，使之成为商业银行等金融机构短期资产组合管理的场所。

（四）同业拆借的交易利率是怎样形成的

同业拆借利率是一个竞争性的市场利率和基准利率，在整个利率体系中处于非常重要的地位，它能够及时、灵敏、准确地反映货币市场的资金供求关系，对货币市场上其他金融工具的利率具有重要的导向和牵动作用。

中央银行对同业拆借市场利率具有重要的影响。当中央银行提高法定存款准备金率时，商业银行等金融机构持有的超额准备金减少，同业拆借市场上的资金供给相应降低，同业拆借市场利率随之上升。相反，同业拆借市场利率将会下降。

（五）回购协议市场有哪些参与者，其主要目的是什么

回购协议市场的参与者主要有中央银行、商业银行等金融机构、非金融企业，在美国等一些国家，甚至地方政府也参与这个市场的交易活动。

中央银行参与回购协议市场的目的是进行货币政策操作，回购协议是中央银行进行公开市场操作的主要工具。因为回购协议交易对债券市场的冲击小于直接买卖债券对市场的冲击，而且由于回购协议是自动清偿的，因此，当经济形势出现新的变动时可以使中央银行具有更强的灵活性。

商业银行等金融机构参与回购协议市场的目的是在保持良好流动性的基础上获得更高的收益。因为同业拆借通常是信用拆借，而回购协议的证券质押特征则解决了中小银行很难从同业拆借市场上及时拆入自己所需的临时性资金的问题。

证券公司是回购协议市场的重要参与者，既可以用所持有的证券作为担保来获得低成本的融资，也可以通过投资组合来获利。非金融企业参与回购协议市场既可以使其暂时闲置的资金在保证安全的前提下获得高于银行存款利率的收益，也可以使其以持有的证券组合为担保获得急需的资金来源。

（六）国库券市场有哪些特点

国库券是中央政府发行的期限在1年以内的短期债券。国库券市场即发行、流通转让国库券的市场，其具有以下三个特点：

第一,高安全性。国库券的发行人或债务人是一国的中央政府,有国家信用做保障,一般不会出现违约风险。

第二,高流动性。国库券市场是进行短期资金管理的市场,金融机构投资者占据市场主体,交易活动频繁,交易规模大,流动性很高。

第三,市场价格波动小。在市场上,投资者通常将国库券看作无风险债券。

(七)国库券市场在我国经济发展中起到了哪些作用

1. 对发行人——财政部而言,国库券市场是其解决财政收支不平衡,应对短期流动性问题的重要场所,其有利于财政部用经济方法弥补国家财政收支差额,发挥国家财政在国家经济建设中的主导作用。

2. 对投资者来讲,国库券市场是短期资金运用,获取相对收益的重要市场。原则上任何人都可以参与认购,但大多数新债券都卖给了银行、债券商与其他金融机构。金融机构可以通过国库券市场管理自身的资金头寸,获得比活期存款利率高的收益率。

3. 对中央银行而言,国库券市场是执行货币政策,进行公开市场操作的重要场所。中央银行公开市场操作多以回购、逆回购方式进行,回购与逆回购交易的标的债券一般以流动性较高、信用级别高的政府债券为主,国库券就是最佳的回购交易标的债券。

(八)何为商业票据市场,商业票据市场的发行主体和投资人有哪些

商业票据市场是各类票据发行、流通和转让的市场,是票据市场的一种类型。

商业票据包括两种类型,一种是在商业信用中被广泛使用的表明买卖双方债权债务关系的凭证;另一种是由企业开具,无担保、可流通、期限短的债务性融资本票。我们所介绍的商业票据是指后者,商业票据的期限较短,一般不超过270天,通常在20天至45天之间。

商业票据的发行主体包括工商企业以及各类金融公司。企业利用发行商业票据融资成为银行贷款的重要替代品。商业票据的投资人极其广泛,商业银行、保险公司、信托机构、养老基金、货币市场基金和企业都是商业票据的购买者。

(九)什么是票据贴现市场,中央银行如何利用票据贴现市场实施货币政策

票据贴现市场可以看作银行承兑汇票的流通市场。当持有人在持有银行承兑汇票期间有融资的需要时,它可以将还没有到期的银行承兑汇票转让给银行,银行按票面金额扣除贴现利息后将余额支付给持有人,此种票据行为称为贴现。贴现利息的计算公式为

$$贴现利息 = 汇票面额 \times 实际贴现天数 \times 月贴现利率 / 30$$

$$持有人实际获得的贴现金额 = 汇票面额 - 贴现利息$$

如果在此张银行承兑汇票到期前贴现银行也出现了融资需求，则贴现银行可以将这张银行承兑汇票向其他金融机构进行转让。转让给其他商业银行，叫转贴现；转让给中央银行，叫再贴现。

中央银行票据是中央银行向商业银行发行的短期债务凭证，其实质是中央银行债券。大多数中央银行票据的期限在1年以内。中央银行发行票据的目的不是筹集资金，而是减少商业银行可以贷放的资金量，进而调控市场中的货币量，因此，发行中央银行票据是中央银行通过公开市场进行货币政策操作的一项重要手段。

（十）如何理解大额可转让定期存单市场的意义和作用

大额可转让定期存单是由商业银行发行的具有固定面额、固定期限、可以流通转让的大额存款凭证。大额可转让定期存单市场就是发行与流通大额可转让定期存单的市场。

商业银行是大额可转让定期存单市场的主要筹资者。大额可转让定期存单市场诞生后，商业银行发现通过主动发行大额可转让定期存单增加负债也是其获取资金、满足流动性的一个良好途径，而不必再持有大量的、收益较低的流动性资产。于是，大额可转让定期存单市场便成为商业银行调整流动性的重要场所，商业银行的经营管理策略也在资产管理的基础上引入了负债管理的理念。

大额可转让定期存单市场的投资者种类众多，非金融企业、非银行金融机构、商业银行甚至富裕个人都是这个市场的积极参与者。大额可转让定期存单到期前可以随时转让流通，具有与活期存款近似的流动性，但与此同时又拥有定期存款的收益水平，极好地满足了大宗短期闲置资金拥有者对流动性和收益性的双重要求。

五、练习题

（一）单项选择题

1. （　　）是一国利率体系中的基准指标，是影响其他金融和经济指标的基础性变量。

A. 长期国债利率　　　　　　　　B. 货币市场利率

C. 同业拆借利率　　　　　　　　D. 国库券利率

知识点提示：同业拆借市场利率。参见教材本章第二节。

2. 目前我国货币市场交易量最大的子市场是（　　）。

A. 拆借市场　　　　　　　　　　B. 国库券市场

C. 票据市场　　　　　　　　　　D. 回购市场

知识点提示：同业拆借市场利率。参见教材本章第二节。

3. 国库券通常采取（　　）发行方式，即政府以低于国库券面值的价格向投资者发售国库券，到期后按面值偿付。

A. 转让　　　　　　B. 贴现　　　　　　C. 公募　　　　　　D. 私募

知识点提示：国库券的发行市场。参见教材本章第四节。

4. 同业拆借市场的形成源于中央银行对商业银行（　　）的要求。

A. 资金总量　　　　　　　　　B. 盈利水平

C. 信贷规模　　　　　　　　　D. 法定存款准备金

知识点提示：同业拆借市场的形成与功能。参见教材本章第二节。

5. 下列各项中不属于国库券市场特点的是（　　）。

A. 高安全性　　　　　　　　　B. 高收益性

C. 高流动性　　　　　　　　　D. 市场价格波动小

知识点提示：国库券市场的特点。参见教材本章第四节。

6. 我国回购协议市场的参与者不包括（　　）。

A. 地方政府　　　　　　　　　B. 中央银行

C. 商业银行　　　　　　　　　D. 证券公司

知识点提示：回购协议市场的参与者及其交易。参见教材本章第三节。

7. 在回购协议交易中，（　　）是交易双方最关注的因素。

A. 回购期限　　　　　　　　　B. 回购价格

C. 回购利率　　　　　　　　　D. 售出价格

知识点提示：回购协议市场的利率。参见教材本章第三节。

8. 一张还有半年到期的票据面额为 4000 元，到银行贴现得到 3600 元，则年贴现率为（　　）。

A. 5%　　　　　　B. 20%　　　　　　C. 11.1%　　　　　　D. 22.2%

知识点提示：票据贴现市场。参见教材本章第五节。

9. 商业银行将其已贴现的尚未到期的商业票据，到中央银行贴现，以获得资金的经济行为是（　　）。

A. 转贴现　　　　B. 再贴现　　　　C. 抵押　　　　D. 资产证券化

知识点提示：票据贴现市场。参见教材本章第五节。

10. 大额可转让定期存单的利率一般高于国库券，利差为存单相对于国库券的（　　）。

A. 风险溢价　　　　　　　　　B. 流动性溢价

C. 收益折价　　　　　　　　　D. 收益溢价

知识点提示：大额可转让定期存单的期限与利率。参见教材本章第六节。

(二) 多项选择题

1. 流动资金暂时闲置的企业也可以通过购买国库券、商业票据等货币市场工具，实现资金合理的收益回报，达到（　　）相统一的财务管理目的。

   A. 安全性　　　　　　　　　B. 流动性

   C. 稳定性　　　　　　　　　D. 成长性

   E. 收益性

   知识点提示：货币市场的功能。参见教材本章第一节。

2. 同业拆借市场的参与主体是（　　）。

   A. 商业银行　　　　　　　　B. 保险公司

   C. 本国居民　　　　　　　　D. 外国居民

   E. 财务公司

   知识点提示：同业拆借市场的定义。参见教材本章第二节。

3. 回购利率与（　　）有密切关系。

   A. 回购期限　　　　　　　　B. 证券年利率

   C. 证券的流动性　　　　　　D. 证券回购价格

   E. 证券售出价格

   知识点提示：回购协议市场的利率。参见教材本章第三节。

4. 商业票据的发行分为（　　）方式。

   A. 直接募集　　　　　　　　B. 间接募集

   C. 公开募集　　　　　　　　D. 非公开募集

   E. 交易商募集

   知识点提示：商业票据的发行市场。参见教材本章第五节。

5. 大额可转让定期存单的期限有（　　）。

   A. 10 天　　　　　　　　　　B. 14 天

   C. 1~4 个月　　　　　　　　D. 6 个月

   E. 超过 6 个月

   知识点提示：国库券的发行市场。参见教材本章第四节。

6. 下列有关回购利率高低的描述正确的是（　　）。

   A. 证券流动性越高，回购利率越低

B. 证券流动性越高，回购利率越高

C. 回购期限越长，回购利率越高

D. 回购期限越长，回购利率越低

E. 采用实物交割的回购利率较低

知识点提示：回购协议市场的利率。参见教材本章第三节。

7. 下列各项中属于货币市场子市场的是（　　）。

A. 票据市场　　　　　　　　B. 同业拆借市场

C. 回购协议市场　　　　　　D. 国库券市场

E. 大额可转让定期存单市场

知识点提示：问题导入。参见教材本章各节。

8. 货币市场的特点是（　　）。

A. 交易期限短　　　　　　　B. 流动性强

C. 安全性高　　　　　　　　D. 交易额大

E. 参与者少

知识点提示：货币市场的特点。参见教材本章第一节。

9. 货币市场的主要功能是（　　）。

A. 满足长期融资需求　　　　B. 便于金融机构进行流动性管理

C. 基准利率生成的场所　　　D. 中央银行宏观调控的场所

E. 满足短期融资需求

知识点提示：货币市场的功能。参见教材本章第一节。

10. 下列各项中，符合大额可转让定期存单特点的是（　　）。

A. 面额大　　　　　　　　　B. 利率低于同等期限的定期存款利率

C. 不记名　　　　　　　　　D. 金额固定

E. 允许转让

知识点提示：大额可转让定期存单市场的产生与发展。参见教材本章第六节。

(三) 判断改错题

1. 货币市场是指以期限在 1 年以上的金融工具为媒介进行短期资金融通的市场。（　　）

知识点提示：货币市场的特点。参见教材本章第一节。

2. 某证券公司预期未来利率会上升，则它可以通过持有期限较长的逆回购协议和期限较短的回购协议来获利。（　　）

知识点提示：回购协议市场的参与者及其交易。参见教材本章第三节。

3. 中央银行既可以在发行市场上购买国库券，也可以在流通市场上买卖国库券。（　　）

知识点提示：国库券发行市场的一级交易商。参见教材本章第四节。

4. 相比于将票据持有到期，商业票据的持有者更倾向于在二级市场进行票据转让，这样可以获得更高的收益。（　　）

知识点提示：商业票据的流通市场。参见教材本章第五节。

5. 大额可转让定期存单是金融创新的产物，结合了定期存款的流动性和活期存款的收益性。（　　）

知识点提示：大额可转让定期存单市场的产生与发展。参见教材本章第六节。

6. 经过银行承兑之后的票据信用风险相对较小，是一种信用等级较高的票据。（　　）

知识点提示：银行承兑汇票市场。参见教材本章第五节。

7. 中央银行参与回购协议市场的目的是进行货币政策操作。（　　）

知识点提示：回购协议市场的参与者及其交易。参见教材本章第三节。

8. 银行承兑汇票实际上是银行对外提供信用担保的一种形式，并且将商业信用转化为银行信用。（　　）

知识点提示：银行承兑汇票市场。参见教材本章第五节。

9. 非金融企业参与回购协议市场的目的是在保持良好流动性的基础上获得更高的收益。（　　）

知识点提示：回购协议市场的参与者及其交易。参见教材本章第三节。

10. 欧洲货币市场是一种超越国界的市场，是国际货币市场的核心。（　　）

知识点提示：国际货币市场。参见教材本章第七节。

（四）问答题

1. 如何理解货币市场的功能？怎样发挥货币市场的功能？

知识点提示：货币市场的功能。参见教材本章第一节。

2. 中央银行如何影响同业拆借市场利率？

知识点提示：同业拆借的交易与价格。参见教材本章第二节。

3. 什么是回购协议？什么是逆回购协议？两者之间关系怎样？

知识点提示：回购协议与回购协议市场。参见教材本章第三节。

第七章 货币市场

（五）案例分析题

某工薪家庭，每月得还房贷 1300 元，每年得交保险费 1.42 万元，讨厌在银行排队，以往都是每年年初一次性往银行存足约 3 万元，银行及保险公司到时按时扣款。请根据以上情况，为该家庭做一个理财规划。

参考答案

（一）单项选择题

1. C	2. D	3. B	4. D	5. B
6. A	7. C	8. B	9. B	10. A

（二）多项选择题

1. ABE	2. ABE	3. AC	4. AE	5. BCDE
6. ACE	7. ABCDE	8. ABCD	9. BCDE	10. ACDE

（三）判断改错题

1. × 货币市场是指以期限在 1 年以内的金融工具为媒介进行短期资金融通的市场。

2. × 如果某证券公司预期未来利率会上升，则它可以通过持有期限较短的逆回购协议（融出资金）和期限较长的回购协议（融入资金）来获利。

3. × 中央银行不能在发行市场上购买国库券。

4. × 各国的商业票据流通市场一般不太发达，持有者通常都将票据持有到期。

5. × 大额可转让定期存单结合了活期存款的流动性和定期存款的收益性。

6. √

7. √

8. √

9. × 非金融企业参与回购协议市场既可以使其暂时闲置的资金在保证安全的前提下获得高于银行存款利率的收益，也可以使其以持有的证券组合为担保获得急需的资金来源。

10. √

（四）问答题

1. 如何理解货币市场的功能？怎样发挥货币市场的功能？

第一，货币市场是政府和企业调剂资金余缺、满足短期融资需要的市场。解决政府国库收支先支后收这个矛盾的一个较好的方法就是政府在货币市场上发行短期政府债券——国库券；企业通过签发合格的商业票据，可以从货币市场及时、低成本地筹集大规模的短期资金满足这种需求。同时，流动资金暂时闲置的企业也可以通过购买国库券、商业票据等货币市场工具，实现资金合理的收益回报，达到安全性、流动性和收益性相统一的财务管理目的。

第二，货币市场是商业银行等金融机构进行流动性管理的市场。流动性管理是商业银行等金融机构资产负债管理的核心，商业银行等金融机构通过参与货币市场的交易活动可以保持业务经营所需的流动性。

第三，货币市场是一国中央银行进行宏观金融调控的场所。中央银行调控宏观经济运行所进行的货币政策操作主要是在货币市场中进行的。中央银行在货币市场上将公开市场业务作为货币政策的操作手段。

第四，货币市场是基准利率生成的场所。基准利率是一种市场化的无风险利率，被广泛用作各种利率型金融工具的定价标准，货币市场交易的高安全性决定了其利率水平作为基准利率的地位，发挥基准利率特有的功能。

2. 中央银行如何影响同业拆借市场利率？

同业拆借利率是一个竞争性的市场利率和基准利率，在整个利率体系中处于相当重要的地位，它能够及时、灵敏、准确地反映货币市场的资金供求关系，对货币市场上其他金融工具的利率具有重要的导向和牵动作用。

中央银行对同业拆借市场利率具有重要的影响。当中央银行提高法定存款准备金率时，商业银行等金融机构持有的超额准备金减少，同业拆借市场上的资金供给相应降低，同业拆借市场利率随之上升。相反，同业拆借市场利率将会下降。

3. 什么是回购协议？什么是逆回购协议？两者之间关系怎样？

回购协议是指证券持有人在卖出一定数量证券的同时，与证券买入方签订协议，双方约定在将来某一日期由证券的出售方按约定的价格再将其出售的证券如数赎回。从表面上看，回购协议是一种证券买卖，但实际上是以证券为质押品而进行的短期资金融通。

与上述证券交易方向相反的操作被称为逆回购协议，即证券的买入方在获得证券的同时，与证券的卖方签订协议，双方约定在将来某一日期由证券的买方按约定的价格再将其购入的证券如数返还。

回购协议和逆回购协议是一个事物的两个方面。同一项交易，从证券提供者的角度看，是回购；从资金提供者的角度看，就是逆回购。究竟选择回购还是逆回购，最终决策取决于行为主体对利益和风险的权衡。

(五) 案例分析题

评析要求:

(1) 要结合课本所学;

(2) 尝试用自己的语言来深入分析。

第八章 资本市场

一、学习目标

1. 了解资本市场的特点，掌握资本市场的特有功能，了解我国资本市场的发展历史，熟悉我国资本市场的发展现状；

2. 了解不同证券的发行方式与条件，掌握市场运作的基本原理，熟悉证券交易的程序，掌握资本市场投资分析的主要方法；

3. 了解国际资本流动及其特点，熟悉主要的国际资本市场运作。

二、知识结构

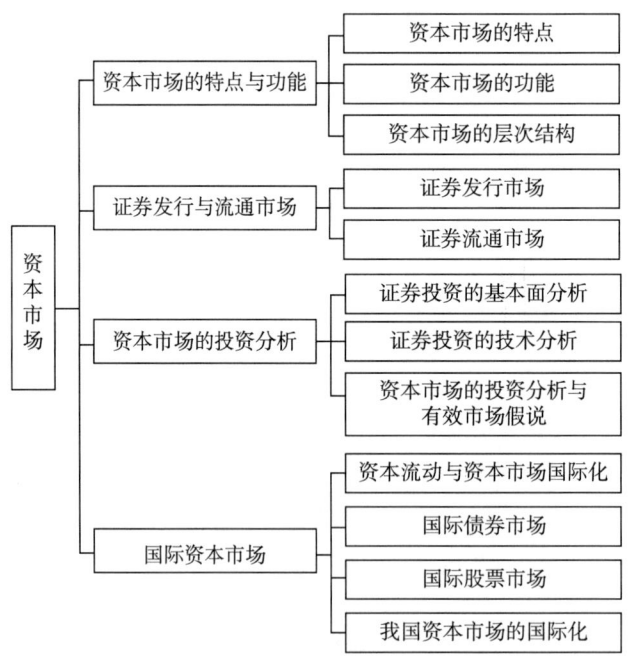

三、重点名词

1. **证券发行市场**，是发行人向投资者出售证券的市场，又称一级市场。证券发行市场通常无固定场所，是一个无形市场。

2. **证券流通市场**，即已经发行的证券自由流通的市场，又称二级市场。标准的证券流通都在证券交易所内的电讯系统上进行。

3. **私募发行**，是指仅向少数特定投资者发行证券的一种方式，我国也称为非公开发行或定向增发。

4. **公募发行**，是指向非特定投资者发行证券的一种方式。

5. **直接发行**，是指发行人不通过证券承销机构而自己发行证券的方式。

6. **间接发行**，也称为承销发行，是指发行人不直接参与证券的发行过程，而是委托给证券承销机构承销的方式。

7. **证券经纪人**，是在证券交易所充当交易中介而收取佣金的商人。

8. **证券商**，是指买卖证券的商人。他们从贱买贵卖中博取差价。有场外证券商和场内证券商之分。证券商与证券经纪人的差别在于其自营证券、自负盈亏、风险较大。

9. **证券交易所**，是专门的、有组织的证券集中交易的场所，一般是由经纪人、证券商组成的会员制组织。

10. **柜台交易市场**，是通过各家证券商（证券公司）所设的专门柜台进行证券买卖的市场，故又称为店头市场。

11. **无形市场**，是通过电脑、电话、电讯方式进行证券交易的市场，实际上是证券交易的一个电讯网络，国外称之为网络市场。

12. **有效市场假说**，是一种关于资本市场有效性的理论，即证券价格由信息决定。信息可分为已经包含在当前价格里的所有历史信息和公开信息、未反映到当前价格里的公开信息和内部信息。依据证券价格包含信息的多少可将市场分为强有效市场、中度有效市场和弱有效市场。

四、重点难点释疑

（一）如何理解资本市场

资本市场是指以期限在 1 年以上的金融工具为媒介进行长期性资金融通交易活动的场所，又称为长期资金市场。

广义的资本市场包括银行中长期信贷市场和有价证券市场，其中后者又包括中长期债券市场、股票市场和基金市场；狭义的资本市场专指有价证券市场。本课程讲解的资本市场为狭义资本市场。

（二）资本市场的特点体现在哪些方面

资本市场的特点主要体现在：

第一，交易工具的期限长。中长期债券的期限都在1年以上；股票没有到期日，属于永久性证券；基金的存续期限一般都在15～30年。

第二，筹资目的是满足投资性资金需要。在资本市场筹措的长期资金主要用于补充固定资本，扩大生产能力。

第三，筹资和交易的规模大。由于资金用于中长期投资，比起通过银行借贷筹措流动资金的规模明显要大。

第四，二级市场交易的收益具有不确定性。有价证券交易价格变动幅度大，风险大。

（三）资本市场有哪些特有功能

资本市场的特有功能表现在以下四个方面：

第一，筹资与投资平台。资本市场是企业筹集中长期投资性资金的平台，也为投资者提供了资产组合、投机和套利的平台。

第二，资源有效配置的场所。资本市场的产生与发展适应了商品经济发展的需要，促进了社会化大生产的发展，也有利于产业结构调整。

第三，促进并购与重组。企业通过发行股票组建股份有限公司，也可以通过股份交易实现公司的重组。

第四，促进产业结构优化升级。

（四）我国现有资本市场的结构如何

我国资本市场是一个多层次的资本市场，其构成部分有：

1. 主板市场。主板市场也称为一板市场，即传统意义上的股票市场，是上市标准最高、信息披露最好、透明度最强、监管体系最完善的全国性交易大市场。我国于2004年开设的中小企业板市场也属于主板市场。

2. 创业板市场。创业板市场又称二板市场，是指主板之外的专为暂时无法上市的中小企业和新兴公司提供融资途径和成长空间的证券交易市场，是对主板市场的有效补充，在资本市场中占据着重要的位置。

3. 股份报价转让系统与"新三板"市场。股份报价转让系统（三板市场）是由中国证券业协会组织设计、具有资格的证券公司参与的为非上市股份公司流通股份提供转让的场所。2006年《证券公司代办股份转让系统中关村科技园区非上市股份有限公司股份报价转让试点办法》的公布，使得中关村科技园区非上市股份有限公司也进入代办股份转让系统，俗称"新三板"。

4. 区域性股权交易市场。区域性股权交易市场也称四板市场，是为特定区域内的企业提供股权、债券的转让和融资服务的私募市场。

（五）证券市场运作的基本原理是什么

证券市场得以正常运作的基本原理在于存在着完善的证券发行市场和证券流通市场。

证券发行市场是发行人向投资者出售证券的市场，又称一级市场。证券发行市场通常无固定场所，是一个无形的市场。在该市场中，证券发行人、证券投资者和证券中介机构共同构成市场的参与主体。证券发行方式有：（1）按发行对象的不同分为私募发行和公募发行；（2）按发行过程的不同分为直接发行和间接发行。

证券流通市场的参与人除了投资者外，中介人也非常活跃。这些中介人主要有证券经纪人、证券商和第二经纪人。证券流通市场的内容包括证券上市（证券在证券交易所登记注册，并有权在交易所挂牌买卖，即赋予证券在证券交易所进行交易的资格）以及按一定程序（包括开户、委托买卖、竞价成交、清算、交割与过户）进行的证券交易。证券流通的组织方式主要分为场内交易和场外交易两种。

（六）如何对资本市场进行投资分析

资本市场的投资分析包括证券投资基本面分析和证券投资技术分析两个方面。

证券投资基本面分析包括分析经济运行周期、宏观经济政策、产业生命周期以及上市公司本身的状况对证券市场和特定股票行市的影响。(1) 宏观经济周期一般经历萧条、复苏、繁荣和衰退四个阶段。证券价格的变动大体上与经济周期一致，一般是经济繁荣证券价格上涨，经济衰退证券价格下跌。(2) 市场经济国家对经济的干预主要通过货币政策和财政政策进行的，政策工具的使用及政策目标的实现均会反映到作为国民经济"晴雨表"的证券市场上。货币政策的调整会直接、迅速地影响证券市场；财政政策的调整对证券市场具有持久但较为缓慢的影响；汇率政策的调整从结构上影响证券市场价格。

证券投资技术分析则是通过分析证券市场的市场行为，对市场未来的价格变化趋势进行预测的研究活动。技术分析的理论基础主要是三大假设：市场行为包含一切信息；价格沿趋势波动并保持趋势；历史会重复。技术分析方法大致可以分为技术指标法、切线法、形态法、K线法、波浪法和周期法六种。

五、练习题

（一）单项选择题

1. 资本市场是指以期限在（　　）的金融工具为媒介进行资金融通交易活动的场所，又称长期资金市场。

　　A. 1 年以上　　　　　　　　　　B. 1 年以内

　　C. 3 年以上　　　　　　　　　　D. 5 年以上

　　知识点提示：资本市场的定义。参见教材本章第一节。

2. 狭义的资本市场专指（　　）。

　　A. 长期债券市场　　　　　　　　B. 股票市场

　　C. 基金市场　　　　　　　　　　D. 有价证券市场

　　知识点提示：资本市场的定义。参见教材本章第一节。

3. 下列各项中（　　）不是资本市场的特点。

　　A. 交易工具的期限长

　　B. 筹资的目的是满足周转性资金需要

　　C. 筹资和交易的规模大

　　D. 筹资的目的是满足投资性资金需要

　　知识点提示：资本市场的特点。参见教材本章第一节。

4. 下列各项中（　　）不属于资本市场的功能。

　　A. 增加政府财政收入　　　　　　B. 促进产业结构优化升级

　　C. 促进并购与重组　　　　　　　D. 提供筹资与投资平台

　　知识点提示：资本市场的功能。参见教材本章第一节。

5. 美国的证券市场不包括（　　）。

　　A. 主板　　　　　　　　　　　　B. 纳斯达克市场

　　C. 科创板市场　　　　　　　　　D. OTCBB

　　知识点提示：资本市场的层次结构。参见教材本章第一节。

6. 下列各项中（　　）是强有效市场的特点。

　　A. 证券价格不包含历史信息但包含公开信息

　　B. 证券价格包含所有历史信息、公开信息和内部信息

　　C. 证券价格包含所有历史信息和公开信息

　　D. 证券价格包含所有历史信息和部分公开信息

知识点提示：资本市场投资分析与有效市场假说。参见教材本章第三节。

7. 下列各项中（　　）不是证券发行市场的参与主体。

   A. 证监会　　　　　　　　　　B. 证券发行人

   C. 证券投资者　　　　　　　　D. 证券中介机构

   知识点提示：证券发行市场。参见教材本章第二节。

8. 下列各项中（　　）不属于证券发行分类中的方式。

   A. 直接发行　　　　　　　　　B. 间接发行

   C. 公募发行　　　　　　　　　D. 溢价发行

   知识点提示：证券发行方式及选择。参见教材本章第二节。

9. 在国际债券市场上，（　　）是典型的境外债券。

   A. 抵押债券　　　　　　　　　B. 公司债券

   C. 欧洲债券　　　　　　　　　D. 政府债券

   知识点提示：国际债券市场。参见教材本章第四节。

10. 在我国资本市场国际化的进程中，跨国并购逐渐兴盛的典型案例是下列选项中的（　　）。

    A. 国安基金管理公司成立

    B. 建立 QFII 制度

    C. 美国承诺对中国投资机构实施国民待遇

    D. 民生银行投资美国联合控股公司

    知识点提示：我国资本市场的国际化。参见教材本章第四节。

（二）多项选择题

1. 广义资本市场包括（　　）。

   A. 银行中长期信贷市场　　　　B. 中长期债券市场

   C. 股票市场　　　　　　　　　D. 同业拆借市场

   E. 基金市场

   知识点提示：资本市场的特点与功能。参见教材本章第一节。

2. 有价证券市场包括（　　）。

   A. 票据市场　　　　　　　　　B. 中长期债券市场

   C. 股票市场　　　　　　　　　D. 基金市场

   E. 国库券市场

   知识点提示：资本市场的定义。参见教材本章第一节。

3. 资本市场的特点表现在（　　）。

A. 交易工具的期限长

B. 收益具有不确定性

C. 筹资的目的是满足投资性资金需要

D. 筹资的目的是满足周转性资金需要

E. 筹资和交易的规模大

知识点提示：资本市场的特点。参见教材本章第一节。

4. 资本市场的功能有（　　）。

A. 筹资与投资平台　　　　　　B. 资源有效配置的场所

C. 促进并购与重组　　　　　　D. 促进产业结构优化升级

E. 扩大政府财政收入

知识点提示：资本市场的功能。参见教材本章第一节。

5. 我国的资本市场层次包括（　　）。

A. 区域性股权交易市场

B. 中小企业板

C. 股份转让报价系统与"新三板"市场

D. 创业板市场

E. 主板市场

知识点提示：资本市场的层次结构。参见教材本章第一节。

6. 证券发行市场的参与主体有（　　）。

A. 证监会　　　　　　　　　　B. 证券交易所

C. 证券发行人　　　　　　　　D. 证券投资者

E. 证券中介机构

知识点提示：证券发行市场。参见教材本章第一节。

7. 证券发行方式有（　　）。

A. 私募发行　　　　　　　　　B. 公募发行

C. 直接发行　　　　　　　　　D. 间接发行

E. 折价发行

知识点提示：证券发行方式及选择。参见教材本章第二节。

8. 证券流通市场的中介人有（　　）。

A. 证券交易所　　　　　　　　B. 注册审计师

C. 注册会计师 D. 证券经纪人

E. 证券商

知识点提示：证券发行市场。参见教材本章第一节。

9. 证券交易程序包括（   ）。

A. 发行股票和债券 B. 开设股东账户及资金账户

C. 委托买卖 D. 竞价成交

E. 清算、交割与过户

知识点提示：证券的上市与交易程序。参见教材本章第二节。

10. 证券流通市场上的组织方式有（   ）。

A. 证券交易所交易 B. 柜台交易

C. 电子系统交易 D. 人工结算交易

E. 无形市场交易

知识点提示：证券流通的组织方式。参见教材本章第二节。

11. 证券交易成本包括（   ）。

A. 买入成本 B. 卖出成本

C. 显性成本 D. 隐性成本

E. 资金成本

知识点提示：证券交易成本。参见教材本章第二节。

12. 证券投资的基本面分析包括（   ）。

A. 宏观经济运行周期 B. 宏观经济政策

C. 产业生命周期 D. 公司状况

E. 国际局势

知识点提示：证券投资的基本面分析。参见教材本章第三节。

13. 证券投资的技术分析方法有（   ）。

A. 技术指标法 B. 切线法

C. 形态法 D. K线法

E. 波浪法

知识点提示：证券投资的技术分析。参见教材本章第三节。

14. 国际资本流动包括（   ）。

A. 货币资本流动 B. 实物资本流动

C. 人力资本流动 D. 长期资本流动

E. 短期资本流动

知识点提示：资本流动与资本市场国际化。参见教材本章第四节。

(三) 判断改错题

1. 广义的资本市场包括中长期债券市场、股票市场和基金市场。（　　）

知识点提示：资本市场的定义。参见教材本章第一节。

2. 资本市场的特点之一是交易收益可以确定。（　　）

知识点提示：资本市场的特点。参见教材本章第一节。

3. 资本市场是筹集周转性资金的平台。（　　）

知识点提示：资本市场的功能。参见教材本章第一节。

4. 资本市场的功能体现在它是筹资与投资平台和资源有效配置的场所两个方面。（　　）

知识点提示：资本市场的功能。参见教材本章第一节。

5. 资本市场有利于促进并购与重组。（　　）

知识点提示：资本市场的功能。参见教材本章第一节。

6. 发达完善的资本市场是一个多层次的资本市场。（　　）

知识点提示：资本市场的层次结构。参见教材本章第一节。

7. 我国资本市场的中小企业板是指主板之外的专为暂时无法上市的中小企业和新兴公司提供融资途径和成长空间的证券交易市场，是对主板市场的有效补充，在资本市场中占据着重要的位置。（　　）

知识点提示：资本市场的层次结构。参见教材本章第一节。

8. 证券发行市场是投资者在证券交易所内进行证券买卖的市场。（　　）

知识点提示：证券发行与流通市场。参见教材本章第二节。

9. 在证券发行市场中，证券发行人和证券投资者共同构成市场的参与主体。（　　）

知识点提示：证券发行市场的参与主体。参见教材本章第一节。

10. 证券中介机构主要是指作为证券发行人与投资人交易媒介的证券承销人，它通常是负担承销义务的投资银行、证券公司或信托投资公司，其他机构则不能作为证券中介机构。（　　）

知识点提示：证券发行市场的参与主体。参见教材本章第二节。

11. 证券发行方式有私募发行、公募发行、直接发行、间接发行。（　　）

知识点提示：证券发行方式及选择。参见教材本章第二节。

12. 证券商是在证券交易所充当交易中介而收取佣金的商人。（　　）

知识点提示：证券流通市场的中介人。参见教材本章第二节。

13. 证券商与证券经纪人的差别在于证券商自营证券，自负盈亏，风险较大。（　　）

知识点提示：证券流通市场的中介人。参见教材本章第二节。

14. 证券上市也称为证券发行。（　　）

知识点提示：证券的上市与交易。参见教材本章第二节。

15. 证券流通市场上的组织方式主要分为场内交易和场外交易两种。（　　）

知识点提示：证券的上市与交易程序。参见教材本章第二节。

16. 在发达的金融市场上，场内交易在交易规模和品种上占有主导地位。（　　）

知识点提示：证券流通的组织方式。参见教材本章第二节。

17. 货币政策的调整对证券市场具有持久但较为缓慢的影响。（　　）

知识点提示：证券投资的基本面分析。参见教材本章第三节。

18. 汇率政策的调整对证券市场基本上不产生影响。（　　）

知识点提示：证券投资的基本面分析。参见教材本章第三节。

19. 产业生命周期各阶段的风险和收益状况不同，但处于产业生命周期不同阶段的产业在证券市场上的表现不会有较大的差异。（　　）

知识点提示：证券投资的基本面分析。参见教材本章第三节。

20. 身处弱有效市场意味着无法根据股票历史价格信息获取利润。（　　）

知识点提示：资本市场的投资分析与有效市场假说。参见教材本章第三节。

（四）问答题

1. 资本市场的特点有哪些？

知识点提示：资本市场的特点。参见教材本章第一节。

2. 资本市场的特有功能有哪些？

知识点提示：资本市场的功能。参见教材本章第一节。

3. 我国资本市场层次有哪些？

知识点提示：资本市场的层次结构。参见教材本章第一节。

4. 证券投资的基本面分析内容有哪些？

知识点提示：证券投资的基本面分析。参见教材本章第三节。

（五）案例分析题

融资融券与金融风险

2010年3月底，中国资本市场推出融资融券业务，标志着投资者投资模式的彻底改变。融资融券交易又称信用交易，分为融资交易和融券交易。通俗地说，融资交易就是投资者以资金或证券作为质押向券商借入资金用于证券买卖，并在约定的期限内偿还借款本金和利息；融券交易是投资者以资金或证券作为质押，向券商借入证券卖出，在约定的期限内，买入相同数量和品种的证券归还券商并支付相应的融券费用。

作为中国资本市场的一种创新交易方式，融资融券的推出为投资者提供了新的盈利模式，但也加大了金融杠杆，增大了金融风险。最近几年股市剧烈动荡，融资融券就起了助涨助跌的作用，迫使管理当局采取严厉的管理措施以稳定金融市场。

分析与思考：1. 融资融券交易与普通证券交易有何不同？
　　　　　　2. 融资融券使投资者面临哪些风险？

知识点提示：我国资本市场的国际化。参见教材本章第四节。

参考答案

（一）单项选择题

1. A　　2. D　　3. B　　4. A　　5. C
6. B　　7. A　　8. D　　9. C　　10. D

（二）多项选择题

1. ABCE　2. BCD　3. ABCE　4. ABCD　5. ABCDE
6. CDE　7. ABCD　8. DE　9. BCDE　10. ABE
11. CD　12. ABCD　13. ABCDE　14. DE

（三）判断改错题

1. ×　广义的资本市场包括银行中长期信贷市场和有价证券市场，后者即狭义的资本市场，包括中长期债券市场、股票市场和基金市场。

2. ×　有价证券的交易价格变动幅度大、风险大，收益具有不确定性。

3. ×　资本市场是筹集中长期投资性资金的平台。

4. ×　资本市场的功能还有促进并购重组和产业结构优化升级。

5. √

6. √

7. ×　主板之外专为暂时无法上市的中小企业和新兴公司提供融资途径和成长空间的证券交易市场是创业板市场。

第八章 资本市场

8. × 证券发行市场是发行人向投资者出售证券的市场，又称为一级市场。证券发行市场通常无固定场所，是一个无形的市场。

9. × 市场参与主体还有证券中介机构。

10. × 在证券发行中，相关的律师事务所、会计师事务所和资产评估机构也是法定的中介机构。

11. √

12. × 证券商是指买卖证券的商人。他们自己从事证券的买卖，从贱买贵卖中赚取差价，作为经营证券的利润。在证券交易所充当交易中介而收取佣金的商人叫证券经纪人。

13. √

14. × 证券上市是指证券在证券交易所登记注册，并有权在交易所挂牌买卖，即赋予证券在证券交易所进行交易的资格。证券发行是指发行人向投资者出售证券，发行市场称为一级市场，交易市场称为二级市场。

15. √

16. × 在发达的金融市场上，场外交易在交易规模和品种上占有主导地位。

17. × 货币政策的调整会直接、迅速地影响证券市场。

18. × 汇率政策的调整从结构上影响证券市场价格。

19. × 产业生命周期各阶段的风险和收益状况不同，处于产业生命周期不同阶段的产业在证券市场上的表现会有较大的差异。

20. √

（四）问答题

1. 资本市场的特点有哪些？

第一，交易工具的期限长。中长期债券的期限都在1年以上；股票没有到期日，属于永久性证券；基金的存续期限一般都在15~30年。

第二，筹资的目的是满足投资性资金需要。在资本市场筹措的长期资金主要用于补充固定资本，扩大生产能力。

第三，筹资和交易的规模大。由于资金用于中长期投资，比起通过银行借贷筹措流动资金的规模明显要大。

第四，二级市场交易的收益具有不确定性。有价证券交易价格变动幅度大，风险大。

2. 资本市场的特有功能有哪些？

资本市场的特有功能表现在以下四个方面：

第一,筹资与投资平台。资本市场是企业筹集中长期投资性资金的平台,也为投资者提供了资产组合、投机和套利的平台。

第二,资源有效配置的场所。资本市场的产生与发展适应了商品经济发展的需要,促进了社会化大生产的发展,也有利于产业结构调整。

第三,促进并购与重组。企业通过发行股票组建股份有限公司,也可以通过股份交易实现公司的重组。

第四,促进产业结构优化升级。

3. 我国资本市场层次有哪些?

我国资本市场是一个多层次的资本市场,其构成部分有:

(1) 主板市场。主板市场也称为一板市场,即传统意义上的股票市场,是上市标准最高、信息披露最好、透明度最强、监管体系最完善的全国性交易大市场。我国于2004年开设的中小企业板市场也属于主板市场。

(2) 创业板市场。创业板市场又称二板市场,是指主板之外的专为暂时无法上市的中小企业和新兴公司提供融资途径和成长空间的证券交易市场,是对主板市场的有效补充,在资本市场中占据重要的位置。

(3) 股份报价转让系统与"新三板"市场。股份报价转让系统(三板市场)是由中国证券业协会组织设计、具有资格的证券公司参与的为非上市股份公司流通股份提供转让的场所。2006年《证券公司代办股份转让系统中关村科技园区非上市股份有限公司股份报价转让试点办法》的公布,使得中关村科技园区非上市股份有限公司也进入代办股份转让系统,俗称"新三板"。

(4) 区域性股权交易市场。区域性股权交易市场也称四板市场,是为特定区域内的企业提供股权、债券的转让和融资服务的私募市场。

4. 证券投资的基本面分析内容有哪些?

证券投资的基本面分析包括分析经济运行周期、宏观经济政策、产业生命周期以及上市公司本身的状况对证券市场和特定股票行市的影响。(1) 宏观经济周期一般经历萧条、复苏、繁荣和衰退四个阶段。证券价格的变动大体上与经济周期一致,一般是经济繁荣证券价格上涨,经济衰退证券价格下跌。(2) 市场经济国家对经济的干预主要通过货币政策和财政政策进行,政策工具的使用及政策目标的实现均会反映到作为国民经济"晴雨表"的证券市场上。货币政策的调整会直接、迅速地影响证券市场;财政政策的调整对证券市场具有持久但较为缓慢的影响;汇率政策的调整从结构上影响证券市场价格。

技术分析是通过分析证券市场的市场行为,对市场未来的价格变化趋势进行预测的研究活动。技术分析的理论基础主要是三大假设:市场行为包含一切信息;价格沿趋势波动并保持趋势;历史会重复。

(五) 案例分析题

评析要求:

(1) 要结合课本所学;

(2) 尝试用自己的语言来深入分析。

第九章 金融机构体系

一、学习目标

1. 了解金融机构的产生，理解金融机构的功能；
2. 掌握金融机构的经营体制及我国金融机构经营体制的演变；
3. 掌握金融机构体系的一般构成；
4. 掌握现行中国金融机构体系的构成；
5. 理解各类金融机构的运作特点与作用。

二、知识结构

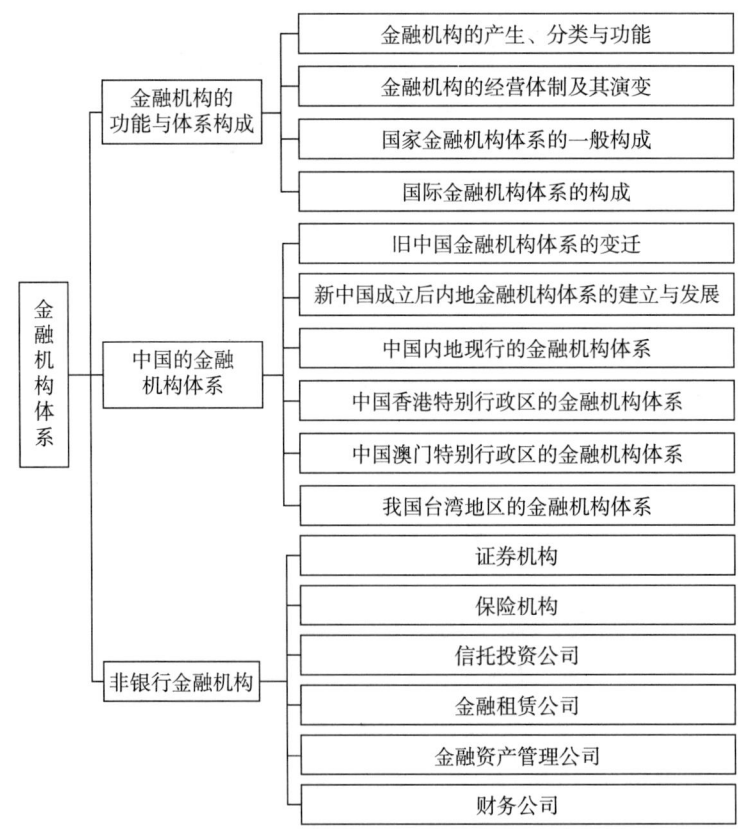

三、重点名词

1. **金融机构**，是指从事金融活动的组织，它以一定量的自有资金为运营资本，通过吸收存款、发行证券、接受他人财产委托等形式形成资金来源，通过贷款、投资等形式运营资金，在向社会提供各种金融产品和金融服务的过程中取得收益。

2. **分业经营**，是指对金融机构的业务范围进行某种程度的分离管制。按照分业管制的程度不同，分业经营有三个层次：一是金融业与非金融业的分离；二是金融业中分离银行、证券和保险等子行业；三是进一步分离银行、证券和保险等各子行业的内部业务。通常所谓分业经营，是指第二个层次的分离。

3. **混业经营**，又称全能银行制度，是指允许各类金融机构业务范围有所交叉，可以进行综合经营的金融制度。混业经营有三个层次，即金融业与非金融业之间的混业经营，银行、证券和保险等行业之间的混业经营以及银行业、证券业和保险业等内部的混业经营。

4. **银行金融机构**，是指能够吸收存款并以存款作为其营运资金主要来源的金融机构。银行金融机构在业务运作上特别倚重信用原则，对利率变化特别敏感，存贷款利差的大小对其利润有决定性影响。

5. **非银行金融机构**，是指不以吸收存款为主要资金来源，不直接参与存款货币创造的各类金融机构。

6. **保险公司**，是收取保费并承担风险补偿责任，拥有专业化管理技术的机构组织。保险公司是保障类金融机构的主体，按业务类别可分为人寿保险公司、财产保险公司和再保险公司。

7. **社会保障**，是一种为丧失劳动能力和机会的人提供最低年费和补偿的制度。社会保障具有保障、互济和调节收入分配关系的功能。

8. **信托投资公司**，是指以受托人身份专门从事信托业务的金融机构。其主要职能是管理财产事务，接受客户委托，代客户管理、经营、处置财产，具有财产管理、融通资金、提供信息与咨询以及社会投资等功能。

9. **金融租赁公司**，是指专门为承租人提供资金融通的长期租赁公司，是将融资与融物有机结合的非银行金融机构。

10. **金融资产管理公司**，是各国主要用于清理银行不良资产的金融机构。

11. **财务公司**，又称金融公司，是为企业技术改造、新产品开发及产品销售提供金融服务，以中长期金融业务为主的非银行金融机构。

四、重点难点释疑

（一）如何理解金融机构在现代经济发展中的功能

金融机构是社会经济活动的重要参与者，通过提供各种金融产品和服务来满足经济发展中各部门的融资需求。其具体功能可归纳为以下六个方面：

1. 便利支付结算

提供支付结算服务是金融机构的传统功能，对商品交易的顺利实现、货币支付与清算和社会交易成本的节约具有重要意义。

2. 促进资金融通

融通资金是所有金融机构都具有的基本功能。不同的金融机构会利用不同的方式来融通资金，在全社会范围内集中闲置的货币资金，并将其运用到社会再生产过程中，促进储蓄向投资转化，提高社会资本的利用效率，推动经济发展。

3. 降低交易成本

金融机构通过规模经营和专业化运作，适度竞争，可以合理控制利率、费用、时间等成本，取得规模经济和范围经济的效果，使投融资活动最终以适应社会经济发展需要的交易成本来进行。

4. 改善信息不对称

金融机构利用自身的优势能够及时搜集、获取比较真实、完整的信息，通过专业分析判断，选择合适的借款人和投资项目，对所投资的项目进行专业化监控，节约信息处理成本，并且提供专业化的信息服务。

5. 转移与管理风险

金融机构通过各种业务、技术和管理，分散、转移、控制或减轻金融、经济和社会活动中的各种风险。

6. 创造信用工具

在部分准备金制度下，银行可以创造存款货币。中央银行的资产业务可以直接授信给金融机构，负债业务可以直接发行信用货币。金融机构的业务活动对于整个社会的信用和货币具有决定性作用。

（二）如何把握非银行金融机构业务运作的特点

非银行金融机构是不以吸收存款为主要资金来源，不直接参与存款货币创造的各类金融机构的统称，如证券机构、保险机构等。其业务运作特点主要有以下四点：

1. 不直接参与货币的创造过程。非银行金融机构在负债上不以吸收存款为主要资金来源，在资产上不以发放贷款为主要运用方式，在服务性业务上不提供支付结算业务。因此，它们的经营活动不直接参与存款货币的创造过程，对货币供求及其均衡的影响相对较小。

2. 资金来源与运用方式各异。与业务共性较多的银行金融机构不同，各种非银行金融机构的业务各异，导致其资产负债项目差异很大。

3. 专业化程度高，业务之间存在较大的区别。非银行金融机构业务的专业化程度高，具有特定的服务对象和市场，各自业务的运作大不相同，即便在可归为一类的机构中，比如保险保障类机构，其相互间的业务都有差异。

4. 业务承担的风险不同，相互的传染性较弱。非银行金融机构的业务因为差异较大，其所承担的金融风险也不相同。因承担风险的差异性，在分业经营体制下，相互的传染性也较银行金融机构小得多。但在监管放松和混业经营的背景下并不尽然，比如美国次贷危机中投资银行、对冲基金、保险公司之间的业务往来导致风险加剧，最终酿成恶果。

（三）如何掌握全球性金融机构的宗旨和业务

目前全球性金融机构主要包括国际货币基金组织、世界银行、国际金融公司、国际开发协会、多边投资担保机构和国际清算银行。它们的基本情况如表 9－1 所示。

表 9－1　全球性金融机构的基本情况

机构名称	成立时间	宗旨	资金来源	业务对象	业务特点
国际货币基金组织（IMF）	1945 年 12 月	促进国际货币合作和国际贸易的扩大与平衡发展	会员国认缴的份额、捐赠款或认缴的特种基金	成员国官方财政金融当局	贷款只限于弥补成员国国际收支逆差或用于经常项目的国际支付
世界银行（WB）	同 IMF，1946 年 6 月正式营业	解决会员国恢复和发展经济的资金需要	认缴份额	成员国官方、国营企业和私营企业	贷款用途较广，包括工业、农业、能源、运输、教育等
国际金融公司（IFC）	1956 年	促进发展中国家私营部门投资	会员国认缴的股本、借入资本和营业收入	经济不发达会员国的私营企业	提供长期的商业融资
国际开发协会（IDA）	1960 年	向最贫穷的成员国提供无息贷款	认缴份额	较贫穷的成员国政府	贷款主要用于农业和乡村发展项目、交通运输、能源等
多边投资担保机构（MIGA）	1988 年	向外国私人投资者提供风险担保			

续表

机构名称	成立时间	宗旨	资金来源	业务对象	业务特点
国际清算银行（BIS）	1930年5月				办理国际清算；接受各国中央银行存款并代理买卖黄金、外汇和有价证券；办理国库券和其他债券的贴现、再贴现等

五、练习题

(一) 单项选择题

1. （　　）是金融机构的传统功能，其对商品交易的顺利实现和社会交易成本的节约具有重要意义。

　　A. 融通资金　　　　　　　　B. 降低交易成本

　　C. 支付结算服务　　　　　　D. 风险转移与管理

　　知识点提示：金融机构在现代经济发展中的功能。参见教材本章第一节。

2. （　　）是指专门从事指定范围内的业务或提供专门服务的金融机构。

　　A. 中央银行　　B. 商业银行　　C. 专业银行　　D. 信用合作社

　　知识点提示：银行金融机构的类型。参见教材本章第一节。

3. 下列各项中（　　）不是银行类金融机构。

　　A. 商业银行　　B. 储蓄银行　　C. 政策性银行　　D. 投资银行

　　知识点提示：银行金融机构的类型。参见教材本章第一节。

4. 下列各项中（　　）不属于世界银行集团的机构。

　　A. 国际清算银行　　　　　　B. 国际金融公司

　　C. 国际开发协会　　　　　　D. 世界银行

　　知识点提示：全球性国际金融机构。参见教材本章第一节。

5. （　　）的贷款对象只限于成员国财政金融当局，贷款用途只限于弥补成员国国际收支逆差或用于经常项目的国际支付。

　　A. 世界银行　　　　　　　　B. 国际金融公司

　　C. 国际开发协会　　　　　　D. 国际货币基金组织

　　知识点提示：全球性国际金融机构。参见教材本章第一节。

6. 国际货币基金组织的最高权力机构是（　　）。

A. 理事会 B. 董事会 C. 会员国协商 D. 监管机构

知识点提示：国际金融机构体系的构成。参见教材本章第一节。

7. （　　）是专门向经济不发达会员国的私有企业提供贷款和投资的国际性金融组织，于 1956 年建立，总部设在华盛顿。

A. 世界银行 B. 国际金融公司
C. 国际开发协会 D. 国际投资争端处理中心

知识点提示：国际金融机构体系的构成。参见教材本章第一节。

8. （　　）是专门向较贫穷的发展中国家发放条件较宽的长期贷款的国际金融机构，其宗旨主要是向最贫穷的成员国提供无息贷款，促进它们的经济发展，这种贷款具有援助性质。

A. 世界银行 B. 国际金融公司
C. 国际开发协会 D. 多边投资担保机构

知识点提示：国际金融机构体系的构成。参见教材本章第一节。

9. 有"央行的央行"之称的国际金融机构是（　　）。

A. 世界银行 B. 国际金融公司
C. 国际开发协会 D. 国际清算银行

知识点提示：国际金融机构体系的构成。参见教材本章第一节。

10. 国民党统治时期，国民政府和四大家族运用手中的权力建立了以（　　）为核心的官僚资本金融机构体系。

A. 四行二局一库 B. 中央银行
C. 中央信托局 D. 中国银行

知识点提示：旧中国金融机构体系的变迁。参见教材本章第二节。

11. 1948 年 12 月 1 日，（　　）在原华北银行、北海银行、西北农民银行的基础上成立，标志着新中国金融体系的建立。

A. 中国银行 B. 中国人民银行
C. 交通银行 D. 中国农业银行

知识点提示：新中国成立后金融机构体系的建立与发展。参见教材本章第二节。

12. 新中国成立后，我国金融机构体系的建立与发展大致经历了五个阶段，其中（　　）是"大一统"金融机构体系确立阶段。

A. 1948—1953 年 B. 1953—1978 年
C. 1978—1983 年 D. 1983—1993 年

知识点提示：新中国成立后金融机构体系的建立与发展。参见教材本章第二节。

13. 在我国银行金融机构中，（　　）大多由原来的农村信用合作社改制而成。

A. 村镇银行　　　　　　　　　　B. 中国农业发展银行

C. 农村商业银行　　　　　　　　D. 城市商业银行

知识点提示：中国内地现行的金融机构体系。参见教材本章第二节。

14. 以下不属于非银行金融机构的是（　　）。

A. 金融资产管理公司　　　　　　B. 证券公司

C. 合作金融机构　　　　　　　　D. 保险公司

知识点提示：中国内地现行的金融机构体系。参见教材本章第二节。

15. 在我国现有的4家金融资产管理公司中，最早成立的是（　　）。

A. 华融金融资产管理公司　　　　B. 长城金融资产管理公司

C. 东方金融资产管理公司　　　　D. 信达金融资产管理公司

知识点提示：我国金融资产管理公司的种类。参见教材本章第二节。

16. （　　）是指证券公司接受客户委托，按照客户的要求，代理客户买卖证券的业务。

A. 证券承销业务　　　　　　　　B. 证券自营业务

C. 证券经纪业务　　　　　　　　D. 证券保管业务

知识点提示：证券公司的业务。参见教材本章第三节。

17. 以受托人身份专门管理财产事务，接受客户委托，代客户管理、经营、处置财产的金融机构是（　　）。

A. 证券公司　　　　　　　　　　B. 信托投资公司

C. 保险公司　　　　　　　　　　D. 投资基金管理公司

知识点提示：非银行金融机构的构成。参见教材本章第三节。

18. 具有融物和融资双重功能的非银行金融机构是（　　）。

A. 证券公司　　　　　　　　　　B. 信托投资公司

C. 保险公司　　　　　　　　　　D. 金融租赁公司

知识点提示：非银行金融机构的构成。参见教材本章第三节。

19. （　　）是各国主要用于清理银行不良资产的金融机构，其通常在银行出现危机或存在大量不良债权时由政府设立。

A. 证券公司　　　　　　　　　　B. 金融资产管理公司

C. 保险公司　　　　　　　　　　D. 金融租赁公司

知识点提示：非银行金融机构的构成。参见教材本章第三节。

20. （　　）是为企业改造、新产品开发及产品销售提供金融服务，以中长期金融业务为主的非银行金融机构。

A. 财务公司　　　　　　　　　B. 信托投资公司
C. 保险公司　　　　　　　　　D. 金融租赁公司

知识点提示：非银行金融机构的构成。参见教材本章第三节。

（二）多项选择题

1. 按照业务性质分类，可将金融机构分为（　　）。

A. 商业性金融机构　　　　　　B. 公司制金融机构
C. 合作制金融机构　　　　　　D. 股份制金融机构
E. 政策性金融机构

知识点提示：金融机构的分类。参见教材本章第一节。

2. 银行金融机构的主要类型包括（　　）。

A. 商业银行　　　　　　　　　B. 中央银行
C. 信托投资公司　　　　　　　D. 信用合作社
E. 专业银行

知识点提示：银行金融机构的分类。参见教材本章第一节。

3. 依据非银行金融机构所从事的主要业务活动和所发挥的作用，可将其划分为（　　）等类别。

A. 证券机构　　　　　　　　　B. 保险机构
C. 其他非银行金融机构　　　　D. 信用合作社
E. 银行金融机构

知识点提示：非银行金融机构的类型。参见教材本章第一节。

4. 下列属于非银行金融机构的是（　　）。

A. 证券公司　　　　　　　　　B. 保险公司
C. 信托投资公司　　　　　　　D. 金融租赁公司
E. 财务公司

知识点提示：非银行金融机构的类型。参见教材本章第一节。

5. 全球性的国际金融机构主要有（　　）等。

A. 欧洲投资银行　　　　　　　B. 国际货币基金组织
C. 亚洲开发银行　　　　　　　D. 世界银行集团

E. 国际清算银行

知识点提示：国际金融机构体系的构成。参见教材本章第一节。

6. 世界银行集团由（　　）构成。

　　A. 世界银行　　　　　　　　　　B. 国际金融公司

　　C. 国际开发协会　　　　　　　　D. 国际投资争端处理中心

　　E. 多边投资担保机构

知识点提示：国际金融机构体系的构成。参见教材本章第一节。

7. 为了适应金融机构体系改革的需要，使政策性金融与商业性金融相分离，我国先后成立了（　　）等政策性银行。

　　A. 交通银行　　　　　　　　　　B. 国家开发银行

　　C. 中国民生银行　　　　　　　　D. 中国进出口银行

　　E. 中国农业发展银行

知识点提示：中国现行的金融机构体系。参见教材本章第二节。

8. 我国的金融资产管理公司带有典型的政策性金融机构特征，是专门为接收和处理国有金融机构不良资产而建立的，主要有（　　）。

　　A. 信达金融资产管理公司　　　　B. 华夏金融资产管理公司

　　C. 华融金融资产管理公司　　　　D. 长城金融资产管理公司

　　E. 东方金融资产管理公司

知识点提示：中国现行的金融机构体系。参见教材本章第二节。

9. 关于港澳台地区的金融机构体系，以下说法正确的是（　　）。

　　A. 金融管理局是香港政府架构中负责发行货币、维持货币及银行体系稳定的机构

　　B. 港元是由香港政府通过法律授权某些信誉卓著、实力雄厚的大商业银行发行的

　　C. 20世纪80年代以后，以银行为主体的澳门金融业已成为澳门经济的四大支柱产业之一

　　D. 台湾地区的金融体系包括正式的金融体系与民间借贷两部分

　　E. 台湾地区的货币金融体系由"行政院金融监督管理委员会"及"中央银行"共同管理

知识点提示：中国现行的金融机构体系。参见教材本章第二节。

10. 证券机构主要包括（　　）等金融机构。

　　A. 证券公司　　　　　　　　　　B. 信托投资公司

　　C. 保险公司　　　　　　　　　　D. 投资基金管理公司

E. 财务公司

知识点提示：证券机构。参见教材本章第三节。

11. 投资基金管理公司业务运作的特点是（　　）。

A. 集合理财、专业管理　　　　B. 组合投资、分散风险

C. 利益共享、风险共担　　　　D. 严格监管、信息透明

E. 独立托管、保障安全

知识点提示：投资基金管理公司的业务经营及运作特点。参见教材本章第三节。

12. 根据保险的基本业务类型，保险公司可以分为（　　）。

A. 人寿保险公司　　　　　　　B. 商业性保险公司

C. 政策性保险公司　　　　　　D. 财产保险公司

E. 再保险公司

知识点提示：保险公司的类型。参见教材本章第三节。

(三) 判断改错题

1. 早期金融机构如货币兑换商是在商品经济和货币信用的发展过程中自发产生的，原因在于其能满足商品生产和交换中的各种需求。（　　）

知识点提示：金融机构的产生。参见教材本章第一节。

2. 存款类金融机构以发行金融工具的方式获得资金，并通过特定的方式运营资金。（　　）

知识点提示：金融机构的分类。参见教材本章第一节。

3. 提供支付结算是金融机构的传统功能，融通资金是金融机构的基本功能。（　　）

知识点提示：金融机构在现代经济发展中的功能。参见教材本章第一节。

4. 由于分业经营使各行业之间无法实现优势互补，所以各国金融业均采用混业经营体制。（　　）

知识点提示：金融机构的经营体制。参见教材本章第一节。

5. 我国在1999年后分业经营的管理体制有所松动，出现混业趋势。（　　）

知识点提示：中国金融机构经营体制的发展演变。参见教材本章第一节。

6. 储蓄银行是以社员认缴的股金和存款为主要负债、以向社员发放的贷款为主要资产并为社员提供结算等中间业务服务的合作性金融机构。（　　）

知识点提示：银行金融机构的类型。参见教材本章第一节。

7. 无论是在分业经营还是混业经营体制下，非银行金融机构之间的业务往来产生风险的相互传染性较银行金融机构都要少得多。（　　）

知识点提示：非银行金融机构业务运作的特点。参见教材本章第一节。

8. 1993年9月，国务院决定中国人民银行专门行使中央银行职能。（　　）

知识点提示：新中国成立后金融机构体系的建立与发展。参见教材本章第二节。

9. 各国金融机构虽因国情和发展水平差异而各有特点，但在机构种类和构成上大致相同，主要分为银行金融机构和非银行金融机构两类。（　　）

知识点提示：国家金融机构体系的一般构成。参见教材本章第二节。

10. 非银行金融机构不直接参与存款货币创造。（　　）

知识点提示：国家金融机构体系的一般构成。参见教材本章第一节。

11. 当前中国的金融机构体系已由过去长期实行的"大一统"银行体制逐步发展成为多元化的金融机构体系。（　　）

知识点提示：中国现行的金融机构体系。参见教材本章第二节。

12. 降低交易成本、提供金融便利是所有金融机构都具有的基本功能。（　　）

知识点提示：金融机构在现代经济发展中的功能。参见教材本章第一节。

13. 小额贷款公司由自然人、企业法人与其他社会组织投资设立，以服务"三农"为宗旨，同商业银行一样，可吸收公众存款。（　　）

知识点提示：中国内地现行的金融机构体系。参见教材本章第二节。

14. 香港金融监管机构主要是金融管理局、证券及期货事务监察委员会与保险业监理处，分别负责监管银行、证券与期货以及保险与退休计划等行业。（　　）

知识点提示：中国香港特别行政区的金融机构体系。参见教材本章第二节。

15. 银行金融机构的风险性是指风险众多。（　　）

知识点提示：国家金融机构体系的一般构成。参见教材本章第一节。

（四）问答题

1. 金融机构在现代经济发展中的功能有哪些？

知识点提示：金融机构的功能。参见教材本章第一节。

2. 银行金融机构业务运作的特点如何？

知识点提示：银行金融机构的业务运作特点。参见教材本章第一节。

3. 非银行金融机构分为哪些种类？它们共同的业务特点是什么？

知识点提示：非银行金融机构的分类和业务特点。参见教材本章第一节、第三节。

4. 新中国成立后内地金融机构体系的建立与发展主要经历了哪几个阶段？

知识点提示：新中国成立后内地金融体系的建立与发展。参见教材本章第二节。

第九章　金融机构体系

（五）案例分析题

新中国金融机构体系的建立与发展历程

新中国金融机构体系的建立与发展经历了5个阶段，初步建立起适应社会主义市场经济需要的金融机构体系。

分析与思考：1. 你从我国金融机构体系的变迁中得到了什么启示？

2. 我国现行金融机构体系有哪些不足？如何进一步改革？

知识点提示：新中国成立后内地金融机构体系的建立与发展。参见教材本章第二节。

参考答案

（一）单项选择题

1. C	2. C	3. D	4. A	5. D
6. A	7. B	8. C	9. D	10. A
11. B	12. B	13. C	14. C	15. D
16. C	17. B	18. D	19. B	20. A

（二）多项选择题

1. AE	2. ABDE	3. ABC	4. ABCDE	5. BDE
6. ABCDE	7. BDE	8. ACDE	9. ABCDE	10. AD
11. ABCDE	12. ADE			

（三）判断改错题

1. √

2. ×　存款类金融机构是以吸收存款作为资金主要来源，以发放贷款为主要资金运用方式，以办理转账结算为主要中间业务，参与存款货币创造的金融机构，也称银行类金融机构，包括中央银行、商业银行、专业银行和信用合作社等。

3. √

4. ×　分业经营和混业经营各有优缺点，各国根据自身需求自由取舍，没有哪种方式可以取代对方。

5. √

6. ×　储蓄银行是专门经办居民储蓄并为居民个人提供金融服务的金融机构。这类银行以居民储蓄存款为主要资金来源，资金运用主要是提供消费信贷和住宅贷款。

7. ✗ 非银行金融机构的业务因为差异较大，其所承担的金融风险也不相同。因承担风险的差异性，在分业经营体制下，相互的传染性较银行金融机构小，但在监管放松和混业经营的背景下并不尽然。

8. ✗ 1983年9月，国务院决定中国人民银行专门行使中央银行职能。

9. √

10. √

11. √

12. ✗ 金融机构的基本功能是融通资金。

13. ✗ 小额贷款公司不吸收公众存款。

14. √

15. ✗ 还体现在高杠杆经营方式上。

(四) 问答题

1. 金融机构在现代经济发展中的功能有哪些？

(1) 便利支付结算

提供支付结算服务是金融机构的传统功能。金融机构尤其是商业银行为社会提供的支付结算服务，对商品交易的顺利实现、货币支付与清算和社会交易成本的节约具有重要意义。

(2) 促进资金融通

促进资金融通是指金融机构充当专业的资金融通媒介，促进各种社会闲置资金的有效利用。融通资金是所有金融机构都具有的基本功能。

(3) 降低交易成本

降低交易成本是指金融机构通过规模经营和专业化运作，适度竞争，可以合理控制利率、费用、时间等成本，取得规模经济和范围经济的效果，使投融资活动最终以适应社会经济发展需要的交易成本来进行。

(4) 改善信息不对称

金融机构利用自身的优势能够及时搜集、获取比较真实、完整的信息，通过专业分析判断，选择合适的借款人和投资项目，对所投资的项目进行专业化监控，节约信息处理成本，并且提供专业化的信息服务。

(5) 转移与管理风险

金融机构通过各种业务、技术和管理，分散、转移、控制或减轻金融、经济和社会活动中的各种风险。

(6) 创造信用工具

金融机构在其业务活动中可以创造各种信用工具，在部分准备金制度下，银行可以创造存款货币。

2. 银行金融机构业务运作的特点如何？

(1) 信用性。银行金融机构无论是负债业务还是资产业务都遵循信用原则，即以还本付息为条件。因此，获得存款者的信任与挑选资信良好的贷款者是银行金融机构正常运营的基础。此外，信用性的特点决定了银行金融机构的大量业务都具有一定的期限，这也直接导致了此类机构特别讲究信用与期限的匹配，在其业务的定价中对信用与期限的匹配十分关注。

(2) 风险性。一是高杠杆经营方式。银行金融机构的自有资本比例很低，资金来源主要通过负债获得，负债往往又多是短期和被动的，波动性大，因此，资产运营具有较大的风险压力。二是风险众多。银行金融机构业务经营中面对信用风险、经营风险、公信力风险、竞争风险、市场风险、操作风险等诸多风险，风险管理成为银行金融机构经营管理的重中之重。

(3) 服务性。提供金融服务便利是银行金融机构的业务宗旨，存款类金融机构只有提供更多便利、满足更多的金融服务需求，才可能有更大的生存与发展空间。

3. 非银行金融机构分为哪些种类？它们共同的业务特点是什么？

依据所从事的主要业务活动和所发挥的作用，非银行金融机构可以划分为证券机构、保险机构、信托投资公司、金融租赁公司、金融资产管理公司、财务公司等类别。其业务运作特点主要有：

(1) 不直接参与货币的创造过程。非银行金融机构的共同特点是在负债上不以吸收存款为主要资金来源，在资产上不以发放贷款为主要运用方式，在服务性业务上不提供支付结算业务。因此，它们的经营活动不直接参与存款货币的创造过程，对货币供求及其均衡的影响相对较小。

(2) 资金来源与运用方式各异。与业务共性较多的银行金融机构不同，各种非银行金融机构的业务各异，导致其资产负债项目差异很大。

(3) 专业化程度高，业务之间存在较大的区别。非银行金融机构业务的专业化程度高，具有特定的服务对象和市场，各自业务的运作大不相同，即便在可归为一类的机构中，比如保险保障类机构，其相互间的业务都有差异。

(4) 业务承担的风险不同，相互的传染性较弱。非银行金融机构的业务因为差异较大，其所承担的金融风险也不相同。因承担风险的差异性，在分业经营体制下，相互的传染性也较银行金融机构小得多。但在监管放松和混业经营的背景下并不尽然,比如美国次贷危机中投资银行、对冲基金、保险公司之间的业务往来导致风险加剧,最终酿成恶果。

4. 新中国成立后内地金融机构体系的建立与发展主要经历了哪几个阶段?

中国内地现行的金融机构体系是在新中国成立后逐步发展起来的。我国金融机构体系的建立与发展大致可分为以下几个阶段:

(1) 新型金融机构体系初步形成阶段(1948—1953年)

1948年12月1日,中国人民银行在原华北银行、北海银行、西北农民银行的基础上成立,标志着新中国金融体系的开始。中国人民银行逐渐成为全国唯一的国家银行。

(2) "大一统"金融机构体系确立阶段(1953—1978年)

这是一种高度集中的、以行政管理办法为主的单一的国家银行体系。这个模式的基本特征为:中国人民银行是全国唯一一家办理各项银行业务的金融机构,集中央银行和商业银行功能于一身,内部实行高度集中管理,资金统收统支。

(3) 改革和突破"大一统"金融机构体系的初期(1979年至1983年9月)

这个时期打破了长期存在的人民银行一家金融机构的格局,恢复和建立了独立经营的专业银行:中国农业银行、中国人民建设银行、中国银行,与中国人民银行一起构成了多元化银行体系。

(4) 多样化的金融机构体系初具规模的阶段(1983年9月至1993年)

1983年9月,国务院决定中国人民银行专门行使中央银行职能;1984年1月,单独成立中国工商银行,承担原来由人民银行办理的工商信贷和储蓄业务;1986年以后,增设了交通银行等全国性综合银行、广东发展银行等区域性银行;同时批准成立了中国人民保险公司等非银行金融机构。通过这些改革,我国在1984年形成了以中国人民银行为核心,以工、农、中、建四大专业银行为主体,其他各种金融机构并存和分工协作的金融机构体系。

(5) 建设和完善社会主义市场金融机构体系的时期(1994年至今)

1994年,国务院决定进一步改革金融体制。改革的目标之一是建立在中央银行宏观调控下的政策性金融与商业性金融分离、以国有商业银行为主体的多种金融机构并存的金融机构体系。这一新的金融机构体系目前仍处在完善过程之中。

(五) **案例分析题**

评析要求:

(1) 要结合课本所学;

(2) 尝试用自己的语言来深入分析。

第十章　商业银行

一、学习目标

1. 了解商业银行的产生；
2. 理解商业银行的特点与职能；
3. 识别商业银行的组织形式；
4. 掌握商业银行的业务种类与构成；
5. 理解商业银行的经营原则及其内在的矛盾统一；
6. 掌握商业银行经营管理理论的演进及主要内容。

二、知识结构

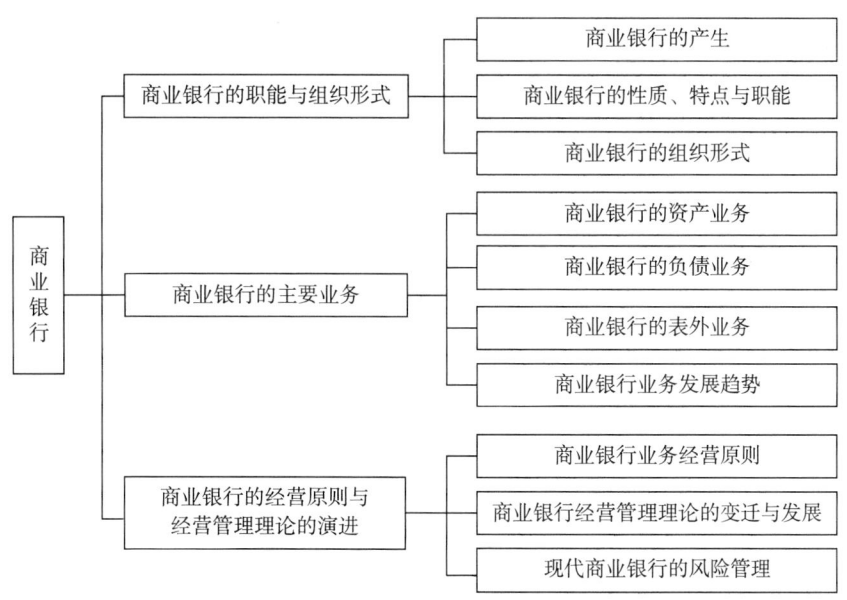

三、重点名词

1. **商业银行**，是指以存款为主要负债、以贷款为主要资产、以支付结算为主要中间业务，并直接参与存款货币创造的金融机构。

2. **总分行制**，是银行在大城市设立总行，在各地普遍设立分支行并形成庞大银行网络的制度。

3. **单一银行制**，是不设任何分支机构的银行制度，主要在美国采用。推行单一银行制度的原因是地方性强，经营自主灵活，便于鼓励竞争，限制银行垄断。

4. **控股公司制**，是指由一家控股公司持有一家或多家银行的股份，或者是控股公司下设多个子公司的组织形式。

5. **连锁银行制**，是指由某一个人或某一个集团购买若干家独立银行的多数股票，从而控制这些银行的组织形式。

6. **资产业务**，是指商业银行的资金运用项目，包括现金资产、信贷资产、证券投资等业务，反映出银行资金的存在形态及其拥有的对外债权，也是其取得收入的基本途径。

7. **负债业务**，是指形成商业银行资金来源的业务。商业银行的负债业务主要包括存款业务、借款业务和其他负债业务三种形式。

8. **表外业务**，是指不直接进入商业银行资产负债表内的业务，主要有两类，即传统的中间业务和创新的表外业务。其中，创新的表外业务是指不直接列入资产负债表内，但同表内的资产业务或负债业务关系密切的业务，又称或有资产、或有负债业务。

9. **信用风险**，又称违约风险，是指借款人不能按契约规定还本付息而使债权人遭受损失的风险。

10. **市场风险**，是指由于市场价格波动而蒙受损失的可能性，主要有利率风险和汇率风险两类。

11. **流动性风险**，是指商业银行无法提供足额资金应付客户提现或贷款需求时引起的风险。流动性风险主要由资产和负债的差额及期限的不匹配引起。

12. **操作风险**，是指由不完善或有问题的内部程序、员工和信息科技系统，以及外部事件造成损失的风险。

四、重点难点释疑

（一）如何把握商业银行的业务分类

商业银行的业务按是否进入资产负债表可分为表内业务和表外业务。表内业务包括负债业务和资产业务，表外业务包括传统的中间业务和创新性的表外业务。

1. 资产业务。商业银行的资产业务是指商业银行的资金运用项目，包括现金资产、信贷资产、证券投资等业务，反映出银行资金的存在形态及其拥有的对外债权，也是其取得收入的基本途径。（1）现金资产。现金资产主要包括库存现金、存放中央银行和同业存款等，是商业银行保持流动性最重要的资产。（2）信贷资产。信贷资产主要包括贷款和票据贴现。其中，贷款业务是商业银行资产业务中最重要的业务。无论按什么标准划分贷款种类，贷款的质量都是最重要的。因此，贷款风险管理是商业银行经营管理的重中之重。（3）证券投资。商业银行买卖有价证券进行投资业务有以下目的：一是增加收益来源；二是实现资产多样化，分散风险，保持流动性。商业银行投资的证券主要包括政府债券和公司债券。其选择的标准是风险较低、信用较高、流动性较强。因此，一般银行较少涉足企业股票，有些国家更是对其投资于股票加以法律限制。

2. 负债业务。商业银行的负债业务是指形成商业银行资金来源的业务。商业银行的负债业务主要包括存款业务、借款业务和其他负债业务等形式。（1）存款业务。存款是商业银行最主要的负债业务，一般分为活期存款、定期存款和储蓄存款三类。（2）借款业务。借款是商业银行的主动负债，与存款业务的筹资相比更具有主动性和灵活性，缺点在于需要付出更多的成本和管理。商业银行的借款主要包括两大类：一是发行金融工具。比如发行金融债券、大额可转让定期存单等进行筹资。二是借入款类。借入款主要是商业银行向中央银行申请的再贴现或再贷款、向同业拆借的资金或向其他金融机构的借款，主要用于弥补暂时性的资金不足。（3）其他负债业务。商业银行的其他负债业务是存款业务和借款业务以外的其他负债项目，如临时占用款项，即商业银行在为客户提供服务的过程中临时占用的客户资金。（4）银行资本业务。银行资本即自有资本，其数量的多少能够反映银行自身经营实力以及御险能力大小。银行资本按其来源可分两类：一是核心资本，二是附属资本。

3. 表外业务。商业银行的表外业务是指不直接进入资产负债表内的业务，主要有两类，即传统的中间业务和创新的表外业务。（1）传统的中间业务。这是商业银行最古老的服务性业务，早期主要集中于货币的鉴定、兑换、保管、汇兑等种类，现代发展为结算、代理、信托、理财、信息咨询等业务。这类业务的基本特点是银行不需要动用资金，与客户之间不发生信用关系。（2）创新的表外业务。创新的表外业务是指不直接列入资产负债表内，但同表内的资产业务或负债业务关系密切的业务，又称为或有资产、或有负债业务，如贷款承诺、担保、回购协议、票据发行便利和衍生品互换、期货、期权、远期合约等。

(二) 商业银行在经营过程中为什么要统筹考虑三个基本原则

作为特殊的金融企业，商业银行在业务经营中遵循的基本原则是安全性原则、流动性原则和盈利性原则。

1. 安全性原则。安全性是指商业银行在经营中要避免经营风险，保证资金的安全。因为商业银行是高负债经营的企业，其自有资本比率低，抵御资产重大损失的能力较弱。因此，安全性是商业银行生存和发展的基本条件，也是银行资产正常运营的必要保障。

2. 流动性原则。流动性是指商业银行能够随时满足客户提取存款、转账支付及满足客户贷款需求的能力。这是由银行作为特殊金融企业的性质所决定的，是银行正常开展各种业务的必要条件。流动性的大小既反映了商业银行经营状况的好坏，也体现了商业银行管理能力的高低。

3. 盈利性原则。盈利性是指追求盈利最大化，这是商业银行的经营目的。商业银行只有追求盈利，才能有效地充实资本、强化激励，获得持续发展。但若一味强调盈利而忽略风险和长期发展，不仅利润难得，还将危及生存。

商业银行经营的"三性"原则既是相互统一的，又有一定的矛盾。其中，流动性与安全性是相辅相成的，流动性强则安全性高，而盈利性与流动性、安全性则存在冲突，一般而言，流动性强、安全性高的资产盈利性低，而高盈利性往往伴随高风险性。"三性"原则之间的矛盾，使商业银行在经营中必须统筹考虑三者的关系，综合权衡利弊，不能偏废其一。一般应在保持安全性、流动性的前提下，实现盈利最大化。

(三) 商业银行的经营管理理论是如何发展和演变的

西方商业银行经营管理理论经历了资产管理理论、负债管理理论、资产负债综合管理理论的演变过程。20世纪80年代后期以来，出现了一些新的发展，主要有资产负债外管理理论、全方位满意管理理论、价值管理理论。

1. 资产管理理论。该理论注重资产运用的管理，重点关注流动性管理。该理论认为银行资金来源的规模和结构是难以主动控制的，银行主要应通过资产项目的调整与组合来实现"三性"原则。资产管理理论主要经历了三个不同的发展阶段：一是真实票据理论，即主张商业银行以真实票据为根据，主要应发放短期和商业性贷款以保持资产的流动性；二是可转换理论，即在金融市场发展的条件下，商业银行的资产运用范围可以扩大到投资于具有一定可转换性的资产，如兼备流动性和盈利性的有价证券，以增强银行调节流动性的能力；三是预期收入理论，强调借款人的预期收入是银行选择资产投向的主要标准之一，即商业银行不仅能对短期商业性需要发放贷款和投资于有价证券，而且只要借款人具有可靠的预期收入用于归还贷款，银行就可以对其发放贷款。

2. 负债管理理论。该理论认为，银行可以通过调整负债项目实现"三性"原则的最佳组合。该理论提出的背景是 20 世纪 60 年代开始西方各国实施严格的利率管制，大量资金脱离银行进入金融市场，迫使商业银行通过负债业务创新，主动吸引客户资金，扩大资金来源，并根据资产业务的需要调整或组织负债，通过金融市场增加主动性负债的比重，让负债去适应和支持资产业务。

3. 资产负债综合管理理论。该理论强调将资产和负债综合考虑，通过统筹安排，实现"三性"的统一。资产负债综合管理的重点是主动利用对利率变化敏感的业务，协调和控制业务配置状态，保证银行获得正的利差和资本净值。

4. 商业银行经营管理理论的新发展。随着商业银行业务的创新与发展，商业银行表外业务比重不断提高。同时，商业银行提供各种金融服务的要求也不断加强，商业银行服务性特点越发鲜明。因此，商业银行的经营管理理论也更加关注表外业务、顾客满意度和企业价值，出现了很多新的理论，如资产负债外管理理论、全方位满意管理理论和价值管理理论。其中，资产负债外管理理论提倡从银行资产、负债表外业务中寻找新的经营领域，开辟新的盈利源泉；全方位满意管理理论是在全面质量管理的基础上发展起来的，强调银行活动都要追求顾客满意的管理理念，通过塑造独特的银行文化，提供令客户满意的金融产品和服务，保有稳定而优质的长期客户群，体现金融服务业的本质要求；价值管理理论强调不过分追求企业的短期收益最大化，将长期的股东价值最大化作为管理目标，在业务安排上兼顾成本、风险与收益的匹配。

五、练习题

（一）单项选择题

1. 传统意义上的商业银行以（　　）为主要中间业务。

A. 存款　　　　　B. 贷款　　　　　C. 支付结算　　　　　D. 信托

知识点提示：商业银行的定义。参见教材本章第一节。

2. 1694 年，英国建立的第一家股份制商业银行是（　　），它的建立标志着现代银行业的兴起和高利贷信用垄断地位的终结。

A. 英格兰银行　　　　　　　　　B. 丽如银行

C. 汇丰银行　　　　　　　　　　D. 渣打银行

知识点提示：商业银行的产生。参见教材本章第一节。

3. 我国出现的第一家现代商业银行是（　　）。

A. 西北农业银行　　　　　　　　B. 英国丽如银行

C. 中央银行　　　　　　　　　　D. 中国通商银行

知识点提示：商业银行的产生。参见教材本章第一节。

4. 19 世纪末期，我国第一家由民族资本创办的现代商业银行是（　　）。

　A. 西北农民银行　　　　　　　　B. 英国丽如银行

　C. 中央银行　　　　　　　　　　D. 中国通商银行

知识点提示：商业银行的产生。参见教材本章第一节。

5. （　　）是商业银行最基本、最能反映其经营活动特征的职能。

　A. 支付中介　　　　　　　　　　B. 信用中介

　C. 信用创造　　　　　　　　　　D. 转移与管理风险

知识点提示：商业银行的职能。参见教材本章第一节。

6. （　　）是世界各国商业银行普遍采用的组织形式，其具有经营范围广、规模大、分工细、能够有效运用资金并分散风险等优点。

　A. 总分行制　　　　　　　　　　B. 单一银行制

　C. 连锁银行制　　　　　　　　　D. 控股公司制

知识点提示：商业银行的组织形式。参见教材本章第一节。

7. （　　）是指由某一个人或某一个集团购买若干家独立银行的多数股票，从而控制这些银行的组织形式。

　A. 总分行制　　　　　　　　　　B. 单一银行制

　C. 连锁银行制　　　　　　　　　D. 控股公司制

知识点提示：商业银行的组织形式。参见教材本章第一节。

8. 商业银行的（　　）业务是指商业银行的资金运用项目。

　A. 资产　　　　B. 负债　　　　C. 中间　　　　D. 表外

知识点提示：商业银行的业务。参见教材本章第二节。

9. 商业银行的（　　）业务是指形成商业银行资产来源的业务。

　A. 资产　　　　B. 负债　　　　C. 中间　　　　D. 表外

知识点提示：商业银行的业务。参见教材本章第二节。

10. （　　）是商业银行的主动负债，具有主动性和灵活性，缺点在于需要付出更多的成本和管理。

　A. 存款　　　　B. 贷款　　　　C. 借款　　　　D. 贴现

知识点提示：商业银行的负债业务。参见教材本章第二节。

11. （　　）是指不直接列入资产负债表内，但同表内的资产业务或负债业务关系密切的业务，又称为或有资产、或有负债业务。

A. 资产业务　　　　　　　　　　B. 负债业务

C. 创新的表外业务　　　　　　　D. 传统的中间业务

知识点提示：商业银行的表外业务。参见教材本章第二节。

12. 下列各项中不计入商业银行资产负债表的业务是（　　）。

A. 存款业务　　　　　　　　　　B. 贴现业务

C. 持有国债　　　　　　　　　　D. 贷款承诺

知识点提示：商业银行的表外业务。参见教材本章第二节。

13. 商业银行的资本按其来源可分为两类，其中（　　）是银行真正意义上的自有资金。

A. 核心资本　　　　　　　　　　B. 呆账准备

C. 长期次级债　　　　　　　　　D. 附属资本

知识点提示：商业银行的资本业务。参见教材本章第二节。

14. （　　）是指商业银行能够随时满足客户提取存款、转账支付及满足客户贷款需求的能力。

A. 安全性　　　B. 流动性　　　C. 盈利性　　　D. 风险性

知识点提示：商业银行业务经营原则。参见教材本章第三节。

15. 在商业银行经营管理理论演变的过程中，把管理重点主要放在资产流动性上的是（　　）理论。

A. 资产管理　　　　　　　　　　B. 负债管理

C. 资产负债综合管理　　　　　　D. 价值管理

知识点提示：商业银行经营管理理论。参见教材本章第三节。

16. 下列各项中（　　）不属于商业银行经营管理理论的新发展。

A. 价值管理理论　　　　　　　　B. 负债管理理论

C. 资产负债外管理理论　　　　　D. 全方位满意管理理论

知识点提示：商业银行经营管理理论。参见教材本章第三节。

17. 在商业银行经营管理理论中，（　　）理论主动利用对利率变化敏感的业务，普遍采用缺口分析方法。

A. 资产管理　　　　　　　　　　B. 负债管理

C. 资产负债综合管理　　　　　　D. 价值管理

知识点提示：商业银行经营管理理论。参见教材本章第三节。

18. （　　）又称违约风险，是指借款人不能按契约规定偿还本息而使债权人受损的风险。

　　A. 信用风险　　　　　　　　　　B. 市场风险

　　C. 流动性风险　　　　　　　　　D. 操作风险

　　知识点提示：商业银行的主要风险。参见教材本章第三节。

19. 在商业银行的诸多风险中，（　　）主要由资产和负债的差额及期限的不匹配所引起。

　　A. 信用风险　　　　　　　　　　B. 市场风险

　　C. 流动性风险　　　　　　　　　D. 操作风险

　　知识点提示：商业银行的主要风险。参见教材本章第三节。

20. 因市场价格波动而使商业银行蒙受损失的风险是（　　），包括利率风险和汇率风险两类。

　　A. 信用风险　　　　　　　　　　B. 市场风险

　　C. 流动性风险　　　　　　　　　D. 操作风险

　　知识点提示：商业银行的主要风险。参见教材本章第三节。

（二）多项选择题

1. 商业银行具有（　　）等功能。

　　A. 充当信用中介　　　　　　　　B. 充当支付中介

　　C. 信用创造　　　　　　　　　　D. 转移与管理风险

　　E. 降低交易成本

　　知识点提示：商业银行的功能。参见教材本章第一节。

2. 商业银行的外部组织形式因各国政治经济制度不同而有所不同，目前主要有（　　）等类型。

　　A. 总分行制　　　　　　　　　　B. 代理行制

　　C. 单一银行制　　　　　　　　　D. 控股公司制

　　E. 连锁银行制

　　知识点提示：商业银行的组织形式。参见教材本章第一节。

3. 现金资产主要包括（　　）等，是商业银行保持流动性最重要的资产。

　　A. 库存现金　　　　　　　　　　B. 在中央银行的存款

　　C. 贷款　　　　　　　　　　　　D. 票据贴现

　　E. 同业存款

知识点提示：商业银行的资产业务。参见教材本章第二节。

4. 商业银行投资的证券主要包括政府债券和公司债券，其选择的标准是（　　）。

　　A. 风险较低　　　　　　　　　　B. 风险较高

　　C. 流动性较强　　　　　　　　　D. 流动性较弱

　　E. 信用较高

知识点提示：商业银行的资产业务。参见教材本章第二节。

5. 商业银行的负债业务主要包括（　　）等形式。

　　A. 票据贴现　　　　　　　　　　B. 存款业务

　　C. 贷款　　　　　　　　　　　　D. 借款业务

　　E. 其他负债业务

知识点提示：商业银行的负债业务。参见教材本章第二节。

6. 下列各项中属于商业银行的中间业务的是（　　）。

　　A. 结算业务　　　　　　　　　　B. 代理业务

　　C. 信托业务　　　　　　　　　　D. 贷款业务

　　E. 承诺业务

知识点提示：商业银行的表外业务。参见教材本章第二节。

7. 商业银行的表外业务包括（　　）等。

　　A. 贷款承诺　　　　　　　　　　B. 担保

　　C. 回购协议　　　　　　　　　　D. 票据发行便利

　　E. 期权

知识点提示：商业银行的表外业务。参见教材本章第二节。

8. 商业银行业务发展趋势有（　　）。

　　A. 业务创新　　　　　　　　　　B. 业务经营电子化

　　C. 业务经营互联网化　　　　　　D. 业务经营柜台化

　　E. 在以客户为中心理念下发展业务

知识点提示：商业银行业务发展趋势。参见教材本章第二节。

9. 商业银行业务经营中遵循的基本原则是（　　）。

　　A. 公众性　　　　　　　　　　　B. 安全性

　　C. 流动性　　　　　　　　　　　D. 盈利性

　　E. 服务性

知识点提示：商业银行业务经营原则。参见教材本章第三节。

10. 商业银行资产管理理论发展的主要阶段是（　　）。

A. 真实票据理论　　　　　　　　B. 可转换性理论

C. 持续收入理论　　　　　　　　D. 预期收入理论

E. 资产组合理论

知识点提示：商业银行经营管理理论。参见教材本章第三节。

(三) 判断改错题

1. 早期银行业的产生与国际贸易有密切联系。（　　）

知识点提示：商业银行的产生。参见教材本章第一节。

2. 银行业的发源地是英国，英格兰银行是世界上最早的银行。（　　）

知识点提示：商业银行的产生。参见教材本章第一节。

3. 早期银行放款带有明显的高利贷性质。（　　）

知识点提示：商业银行的产生。参见教材本章第一节。

4. 钱庄已具有银行的某些特征，但因种种原因未能实现向现代银行的转型。（　　）

知识点提示：商业银行的产生。参见教材本章第一节。

5. 作为经营货币信用的企业，银行与客户之间是一种以借贷为核心的信用关系，这种关系在经营活动中集中表现为等价交换。（　　）

知识点提示：商业银行的性质。参见教材本章第一节。

6. 商业银行具有内在脆弱性和较强的风险传染性。（　　）

知识点提示：商业银行的特点。参见教材本章第一节。

7. 商业银行最基本、最能反映其经营活动特征的职能是充当支付中介、降低交易成本。（　　）

知识点提示：商业银行的职能。参见教材本章第一节。

8. 控股公司制是指由某一个人或某一个集团购买若干家独立银行的多数股票，从而控制这些银行的组织形式。（　　）

知识点提示：商业银行的组织形式。参见教材本章第一节。

9. 连锁银行制是为了弥补单一银行制的缺点而发展起来的，其和控股公司制一样，都要成立持股公司。（　　）

知识点提示：商业银行的组织形式。参见教材本章第一节。

10. 商业银行的资产业务是指形成商业银行资金来源的业务。（　　）

知识点提示：商业银行的资产业务。参见教材本章第二节。

11. 信贷资产是商业银行保持流动性最重要的资产。（　　）

知识点提示：商业银行的资产业务。参见教材本章第二节。

12. 商业银行投资的证券主要包括政府债券、公司债券和公司股票三大类。（　　）

知识点提示：商业银行的资产业务。参见教材本章第二节。

13. 存款是商业银行最主要的负债业务，一般分为活期存款、定期存款和储蓄存款三类。（　　）

知识点提示：商业银行的负债业务。参见教材本章第二节。

14. 银行资本按其来源可分为两类：一是核心资本，二是附属资本。（　　）

知识点提示：商业银行的负债业务。参见教材本章第二节。

15. 商业银行的自有资本属于资产业务范畴。（　　）

知识点提示：商业银行的负债业务。参见教材本章第二节。

16. 商业银行经营的"三性"原则是具有完全内在统一性的整体。（　　）

知识点提示：商业银行业务经营原则。参见教材本章第三节。

17. 一般而言，流动性强的资产盈利性高，而高盈利性往往伴随高风险性。（　　）

知识点提示：商业银行业务经营原则。参见教材本章第三节。

18. 浮动汇率制度下的汇率风险远大于固定汇率制度下的汇率风险。（　　）

知识点提示：商业银行的主要风险。参见教材本章第三节。

19. 基于商业银行高杠杆经营的特点，流动性风险的管理成为商业银行日常经营管理的重要内容之一。（　　）

知识点提示：商业银行的主要风险。参见教材本章第三节。

20. 商业银行风险管理主要包括三方面内容：风险识别、风险衡量与风险控制。（　　）

知识点提示：商业银行的风险管理。参见教材本章第三节。

（四）问答题

1. 商业银行的特点是什么？

知识点提示：商业银行的特点。参见教材本章第一节。

2. 商业银行的职能有哪些？

知识点提示：商业银行的职能。参见教材本章第一节。

3. 商业银行的主要业务类型有哪些？

知识点提示：商业银行的业务。参见教材本章第二节。

4. 商业银行在经营过程中为什么要统筹考虑三个基本原则？

知识点提示：商业银行的经营原则。参见教材本章第三节。

(五) 案例分析题

商业银行销售理财产品

商业银行在日常经营中经常发行理财产品并销售给客户,如工商银行的"稳得利"、光大银行的"阳光理财"、民生银行的"非凡理财"、招商银行的"招银进宝"等,在市场上都有一定的品牌知名度。随着社会经济的发展和老百姓理财意识的提升,大家对投资理财方面的需求越来越旺盛。由于近年来银行的理财产品到期一般都能获得事先承诺的收益,所以银行的理财产品逐渐成为受大家欢迎的投资品种。而商业银行通过发行或代卖理财产品,可以受权管理和使用客户的资金,为自己也带来了一定的收益。

分析与思考:1. 商业银行主要业务包括哪几种?分别是什么含义?

2. 商业银行销售的理财产品属于其哪种业务?理由是什么?

3. 商业银行需要重视销售理财产品这类业务吗?为什么?

知识点提示:商业银行的主要业务。参见教材本章第二节。

参考答案

(一) 单项选择题

1. C	2. A	3. B	4. D	5. B
6. A	7. C	8. A	9. B	10. C
11. C	12. D	13. A	14. B	15. A
16. B	17. C	18. A	19. C	20. B

(二) 多项选择题

1. ABCDE	2. ACDE	3. ABE	4. ACE	5. BDE
6. ABC	7. ABCDE	8. ABCE	9. BCD	10. ABD

(三) 判断改错题

1. √

2. × 银行业的发源地是意大利。

3. √

4. √

5. × 商业银行的经营关系是一种以借贷为核心的信用关系。这种关系在经营活动中并非等价交换,而是借贷关系。

6. √

7. × 商业银行最基本的职能是充当信用中介。

8. × 控股公司制是指由一家控股公司持有一家或多家银行的股份,或者是控股公司下设多个子公司的组织形式。控股公司控制下的各银行具有互补性,使整体经营实力增强。

9. × 连锁银行制是指由某一个人或某一个集团购买若干家独立银行的多数股票,从而控制这些银行的组织形式。

10. × 商业银行的资产业务是指商业银行的资金运用项目。

11. × 现金资产是商业银行保持流动性最重要的资产。

12. × 商业银行投资的证券主要包括政府债券和公司债券。一般银行较少涉足企业股票,考虑到商业银行资本来源的公共性和安全性,有些国家更是对其投资于股票加以法律限制。

13. √

14. √

15. × 商业银行的自有资本属于负债业务范畴。

16. × 商业银行经营的"三性"原则既是相互统一的,又有一定的矛盾。

17. × 一般而言,流动性强的资产盈利性低,而高盈利性往往伴随高风险性。

18. √

19. √

20. √

(四) 问答题

1. 商业银行的特点是什么?

(1) 商业银行具有内在的脆弱性。商业银行内在的脆弱性取决于其资本的高杠杆率以及由此产生的以负债为重要资金来源的特点。其脆弱性主要表现为:一是挤兑的出现。一旦存款人对商业银行的清偿力产生怀疑,就会出现挤兑。商业银行自有资本太少,又以负债为资金来源,资产运用短期内难以收回,面对挤兑往往无法应付,从而导致破产。二是不良资产的产生。商业银行在资产业务的开展中信用风险无时不在,一旦出现较高的不良资产率,将直接影响商业银行的声誉,也会增加挤兑的可能性。不良资产与挤兑的产生无疑增加了银行的内在脆弱性。

(2) 商业银行具有较强的风险传染性。由于商业银行业务的相似性及其经营对象的普遍性,一家银行出现信用危机,会直接影响公众对其他商业银行的判断,从而导致风险的迅速传染。而商业银行的特殊性及内在脆弱性，会使正常运营的银行也面对强大的挤兑。一旦挤兑成为普遍现象，银行危机就难以避免，而银行体系出现混乱又会引发金融危机乃至社会危机，后果非常严重。

2. 商业银行的职能有哪些？

(1) 充当信用中介，实现对全社会的资源配置

信用中介是商业银行最基本、最能反映其经营活动特征的职能，是指商业银行通过负债业务把社会上的各种闲散货币资金集中起来，再通过资产业务投向需要资金的部门，充当资金闲置者和资金短缺者之间的中介人，实现资金融通。

(2) 充当支付中介，对经济稳定和增长发挥重要作用

支付是金融交易完成的方式，商业银行通过存款在其账户上的转移、代理支付和兑现等，成为经济运行过程中支付链条的中心。支付中介职能的发挥，大大减少了现金的使用，节约了社会流通费用，尤其是电子支付系统和银行卡的使用，进一步加速了结算和货币资金周转的效率，对经济稳定和增长具有重要的意义。

(3) 承担信用创造，在宏观经济调控中扮演重要角色

从中央银行的货币发行，到商业银行等机构通过借贷活动创造存款货币，商业银行承担着货币供给的重要任务，在实现信用创造的同时也能够直接影响货币供给的增减，成为宏观经济调控中不可或缺的力量。

(4) 转移与管理风险，实现金融、经济的安全运行

商业银行在承担着可分割的、低风险的短期负债的同时也投资不可分割的、高风险的长期资产。因此，通过各种组合或业务创新，运用专业技术与管理方法进行分散、转移、控制与降低风险已成为商业银行的重要内容。

(5) 降低交易成本、提供各种服务便利，满足各种金融服务需求

降低交易成本即减少资金盈缺双方的搜寻成本和讨价还价的过程；提供金融便利功能是指商业银行为各融资部门提供专业性的辅助与支持性服务。

3. 商业银行的主要业务类型有哪些？

(1) 资产业务。资产业务是指商业银行的资金运用项目，包括现金资产、信贷资产、证券投资等业务，反映出银行资金的存在形态及其拥有的对外债权，也是其取得收入的基本途径。

(2) 负债业务。负债业务是指形成商业银行资金来源的业务，主要包括存款业务、借款业务、其他负债业务和自有资本四种形式。

(3) 表外业务。表外业务是指不直接进入资产负债表内的业务，主要有两类，即传

统的中间业务和创新的表外业务。其中，传统的中间业务不占用银行资金，与客户之间不发生信用关系，而是利用自身的技术、信誉和业务优势为客户提供金融服务，并从中获利。创新的表外业务是指不直接列入资产负债表内，但同表内的资产业务或负债业务关系密切的业务，又称为或有资产、或有负债业务，如贷款承诺、担保、回购协议、票据发行便利和衍生品互换、期货、期权、远期合约等。

4. 商业银行在经营过程中为什么要统筹考虑三个基本原则？

作为特殊的金融企业，商业银行在业务经营中遵循的基本原则是安全性原则、流动性原则和盈利性原则。

（1）安全性原则。安全性是指商业银行在经营中要避免经营风险，保证资金的安全。因为商业银行是高负债经营的企业，因此，安全性是商业银行生存和发展的基本条件，也是银行资产正常运营的必要保障。

（2）流动性原则。流动性是指商业银行能够随时满足客户提取存款、转账支付及满足客户贷款需求的能力。这是由银行作为特殊金融企业的性质所决定的，是银行正常开展各种业务的必要条件。

（3）盈利性原则。盈利性是指追求盈利最大化，这是商业银行的经营目的。

商业银行经营的"三性"原则既是相互统一的，又有一定的矛盾。其中，流动性与安全性是相辅相成的，流动性强则安全性高，而盈利性与流动性、安全性则存在冲突，一般而言，流动性强、安全性高的资产盈利性低，而高盈利性往往伴随高风险性。"三性"原则之间的矛盾，使商业银行在经营中必须统筹考虑三者的关系，综合权衡利弊，不能偏废其一。一般应在保持安全性、流动性的前提下，实现盈利最大化。

（五）案例分析题

评析要求：

（1）要结合课本所学；

（2）尝试用自己的语言来深入分析。

第十一章 中央银行

一、学习目标

1. 了解中央银行的产生及其发展的阶段性特点；
2. 识记中央银行的组织形式与相应的内涵；
3. 理解中央银行的性质与职能并把握职能间的关联；
4. 掌握中央银行资产负债业务的主要种类与作用；
5. 理解中央银行的业务运作规范与原则；
6. 理解中央银行独立性的内涵。

二、知识结构

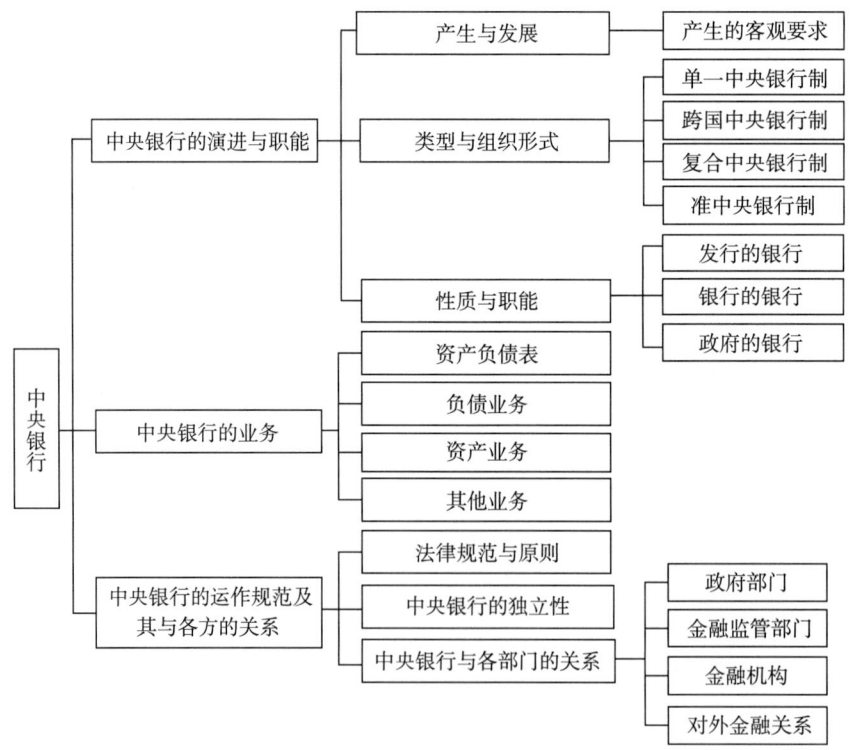

三、重点名词

1. **中央银行**，是专门制定和实施货币政策、统一管理金融活动并代表政府协调对外金融关系的金融管理机构。在现代金融体系中，中央银行处于核心地位，是一国最重要的金融管理当局。

2. **单一中央银行制**，是指一个国家或地区建立单独的中央银行机构，使之全面行使中央银行职能的中央银行制度。单一中央银行制又有一元式和二元式中央银行制度之分。

3. **跨国中央银行制**，是指由若干国家联合组建一家中央银行，并由该中央银行在其成员国范围内行使全部或部分中央银行职能的中央银行制度。

4. **复合中央银行制**，是指国家不单独设立专司中央银行职能的机构，而是由一家集中央银行职能与商业银行职能于一身的国家大银行兼行中央银行职能的中央银行制度。

5. **准中央银行制**，是指没有完整意义上的中央银行，只是由政府授权某个或某几个商业银行，或设置类似于中央银行的机构，部分行使中央银行职能的体制。

6. **存款准备金**，即商业银行在吸收的存款中，保留部分用于客户支付清算等提现需要的准备金，法律规定必须缴存中央银行的部分为法定存款准备金，超过法定存款准备金的部分为超额准备金。

7. **最后贷款人**，是中央银行作为"银行的银行"的职能。当商业银行资金周转困难影响正常经营时，向中央银行申请再贴现或再贷款，中央银行便成为商业银行的最后贷款人，保证了存款人和银行营运的安全。

8. **货币发行**，是中央银行最初和最重要的负债业务，有两重含义：一是指中央银行将货币投放给商业银行或其他金融机构的行为；二是指一定时间内货币从中央银行流出的数量大于从流通中回笼的数量。

9. **再贴现**，是中央银行通过买进商业银行持有的已贴现但尚未到期的商业汇票，向商业银行提供融资支持的行为。

10. **清算业务**，是指中央银行作为一国支付清算体系的管理者和参与者，通过一定的方式与途径，使金融机构的债权债务清偿及资金转移顺利完成，维护支付系统的平稳运行。

四、重点难点释疑

（一）如何理解中央银行产生的客观要求

中央银行是在商业银行的基础上，经过长期发展逐步形成的。从 17 世纪初到 19 世纪末，随着银行数量的迅速增加以及资本主义经济的高速发展，出现了以下五个方面的问题。

1. 银行券的发行问题

中央银行形成以前，没有专门的发行银行，各商业银行都有发行银行券的权利。在银行业发展的早期，这种状况尚不足以形成危机，但随着资本主义经济和银行业的快速发展，分散发行制度的缺陷逐渐暴露。大量资金实力薄弱的小银行发行的银行券往往不能兑现，加剧了货币流通的混乱与危机。此外，小银行的活动范围由于受到地域限制，其发行的银行券只能在狭小的范围内流通，给生产和流通造成很多困难。这些都从客观上要求在全国范围内由享有较高信誉的大银行来集中发行货币，以克服分散发行造成的混乱局面。

2. 票据交换和清算问题

随着银行业务的不断扩展，债权债务关系错综复杂，银行每天收受票据的数量也日益增多，由各家银行自行轧差进行当日结清便发生困难，不仅异地如此，同城亦然。这就在客观上要求建立一个全社会统一而有权威的、公正的清算机构为之服务。

3. 银行的支付保证能力问题

银行的大量发展，一方面要防止一些银行为了逐利而无限制扩大贷款，产生流动性不足甚至导致挤兑；另一方面要保证整个银行体系的支付能力，防止个别银行支付风险的传递与扩散，产生金融危机。事实上，随着银行业务规模的扩大和业务活动的复杂化，银行的经营风险也是不断增加的，单个银行由于资金实力的局限难以独立保证自身的安全，而个别银行的支付风险又常常引发整个银行体系的信用危机，形成银行业的系统性风险。因此，客观上要求有一家具有权威性的银行机构，能够在商业银行发生资金困难时，给予必要的贷款支付，即发挥"最后贷款人"功能。

4. 金融监管问题

同其他行业一样，以营利为目的的金融企业之间也存在着激烈竞争。由于金融在竞争中的破产、倒闭给经济造成的震荡要比普通企业大得多，因此，客观上需要有一个代表政府意志的超然于所有金融企业之上的机构专事对金融业的监督和管理，以保证金融业的安全与规范化经营。

5. 政府融资问题

在人类社会发展过程中，政府职责的强化导致开支的增加，政府融资便成为一个重要问题。因此，为保证和方便政府融资，发展或建立一个与政府有密切联系、能够直接或变相为政府筹资或融资的银行机构，也是中央银行产生的客观要求之一。

(二) 中央银行的类型与组织形式有哪些

1. 单一中央银行制

这是指一个国家或地区建立单独的中央银行机构，使之全面行使中央银行职能的中央银行制度。单一中央银行制又可分为一元式和二元式两种中央银行制度。

一元式中央银行制度是指在国内只设一家统一的中央银行，机构设置一般采取总分行制。目前世界上绝大多数的中央银行都实行这种体制。一元式中央银行制度的特点是权力集中统一，职能完善，统一调控与协调能力强。

二元式中央银行制度是指在国内设立中央和地方两级相对独立的中央银行机构，地方机构有较大独立性的制度形式。中央级中央银行是金融决策机构，统一制定宏观金融政策；地方级中央银行接受中央级中央银行的监督与指导，但在本区域范围内较独立地实施货币政策和金融监管。二元式中央银行制度与联邦制的国家体制相适应，目前美国、德国等联邦国家实行此类中央银行制度。

2. 跨国中央银行制

跨国中央银行制是指由若干国家联合组建一家中央银行，并由该中央银行在其成员国范围内行使全部或部分中央银行职能的中央银行制度。跨国中央银行为成员国发行共同使用的货币和制定统一的货币金融政策，监督各成员国的金融机构和金融市场，对成员国政府进行融资，办理成员国共同商定并授权的金融事项等。跨国中央银行制度的典型代表有欧洲中央银行、西非国家中央银行、中非国家银行和东加勒比中央银行等。

3. 复合中央银行制

复合中央银行制是指国家不单独设立专司中央银行职能的机构，而是由一家集中央银行职能与商业银行职能于一身的国家大银行兼行中央银行职能的中央银行制度。复合中央银行制度往往与中央银行初级发展阶段和国家实行计划经济体制相对应，苏联和原东欧多数国家实行该中央银行制度，我国在 1983 年以前也一直实行这种中央银行制度。

4. 准中央银行制

准中央银行制是指没有通常完整意义上的中央银行，只是由政府授权某个或某几个商业银行，或设置类似于中央银行的机构，部分行使中央银行职能的体制。新加坡和我国香港地区是其典型代表。新加坡不设中央银行，而由货币局发行货币，金融管理局负责银行管理、收缴存款准备金等业务。我国香港则设金融管理局，下设货币管理部、外汇管理部、银行监管部和银行政策部。前两个部门负责港元和外汇基金的管理，后两个部门对金融机构进行监管。港元由汇丰银行、渣打银行和中国银行三家分别发行。

(三) 如何理解中央银行的职能

中央银行作为一国最高的货币金融管理机构，在一国金融体系内居于主导地位。中央银行的性质决定了它的三个主要职能。

1. 发行的银行。这是指中央银行通过国家授权，集中与垄断货币发行，向社会提供经济活动所需要的货币，并保证货币流通的正常运行，维护币值稳定。因此，中央银行在被赋予货币发行权的同时，也承担了维护货币流通秩序和币值稳定的责任。中央银行作为宏观调控机构，主要通过增加或压缩货币发行量，最终实现促进经济增长或保持物价稳定等宏观经济政策目标。独占货币发行权是其最先具有的职能，也是其区别于普通商业银行的根本标志。

2. 银行的银行。这是指中央银行充当一国（地区）金融体系的核心，为银行及其他金融机构提供金融服务、支付保证，并监督管理各金融机构与金融市场业务活动的职能。这一职能主要体现在集中存款准备金、充当最后贷款人、组织并参与和管理全国清算业务、监督管理金融业等方面。

3. 政府的银行。这是指中央银行作为政府宏观经济管理的一个部门，由政府授权对金融业实施监督管理，制定和执行货币政策，对宏观经济进行调控，代表政府参与国际金融事务，并为政府提供融资、国库收支等服务。

(四) 试述中央银行资产负债表的内容

中央银行资产负债表是中央银行全部业务活动的综合会计记录。中央银行正是通过自身业务操作来调节商业银行的资产负债和社会货币总量。简化的中央银行资产负债表一般由资产项目和负债项目两部分组成。

中央银行的负债是指政府、金融机构、其他经济部门及社会公众持有的对中央银行的债权。中央银行的负债业务主要包括货币发行业务、存款业务、其他负债业务和资本业务。

中央银行的资产业务即其资金运用，主要包括贴现与放款业务、证券业务、黄金外汇储备业务和其他资产业务。

除上述中央银行的资产负债业务之外，中央银行还承担其他重要的业务活动，包括支付清算业务、调查统计分析业务等。

由于中央银行的资产和负债是它在一定时点上所拥有的债权和债务，那么按照复式记账会计原理编制的资产负债表中，中央银行资产与负债各项目之间存在这样的恒等关系：

$$资产 = 负债 + 自有资本$$

负债 = 资产 – 自有资本

自有资本 = 资产 – 负债

中央银行可以通过调整自身的资产负债结构进行宏观金融调控。

（五）中央银行业务活动的一般原则有哪些

1. 非营利性。这是指中央银行的一切业务活动都不是以营利为目的。当然，这并不意味着不讲成本和收益。

2. 流动性。这是指中央银行一般不做期限长的资产业务。因为中央银行只有拥有较强流动性的资产，才能及时满足其运用货币政策来调节货币供求、稳定币值和汇率、调节经济运行等需要。

3. 主动性。这是指中央银行在进行金融监管或货币政策操作时，要独立判断并主动采取措施。

4. 公开性。这是指中央银行的业务状况应公开化，定期向社会公布业务与财务状况，并向社会提供有关的金融统计资料。这既有利于中央银行的业务活动接受社会公众监督，也有利于增强实施货币政策的告示效应；同时，及时准确地向社会提供必要的金融信息，有利于各界分析研究金融和经济形势，在对经济进行合理预期的基础上相应调整自身的经济决策和行为。

（六）如何理解中央银行独立性的含义及其辩证关系

中央银行的独立性是指中央银行履行自身职责时法律赋予或实际拥有的权力、决策与行动的自主程度。中央银行的独立性比较集中地反映在中央银行与政府的关系上。

1. 中央银行应对政府保持一定的独立性。其理由在于：一是中央银行的业务活动必须符合金融运行的客观规律和自身业务的特点，这是由经济与金融的关系和金融行业的特殊性质决定的。二是中央银行的运作具有很强的专业性和技术性。三是中央银行与政府两者所处地位、行为目标、利益需求及制约因素有所不同。四是可以与政府其他部门之间的政策形成一个互补和制约关系，增加政策的综合效力和稳定性，避免因某项决策或政策失误而造成经济与社会发展全局性的损失。五是可以使中央银行和分支机构全面、准确、及时地贯彻总行的方针政策，避免各级政府的干预，保证货币政策决策与实施的统一。

2. 中央银行对政府的独立性是相对的。在现代经济体系中，中央银行作为国家的金融管理当局，是政府实施宏观调控的重要部门。中央银行要接受政府的管理和监督，在国家总体经济社会发展目标和政策指导下履行自己的职责。中央银行的货币政策目标和宏观调控目标要与国家经济社会发展的总体目标相一致，目标的实现也需要其他政策特别是财政政策的协调与配合，与其他部门的关系也需要由政府来协调。尤其在特殊情况下（如遇到战争、特大灾害等），中央银行必须完全服从政府的领导和指挥。因此，中央银行对政府的独立性只能是相对的，不能完全独立于政府，不受政府的任何制约，更不能凌驾于政府之上。

五、练习题

（一）单项选择题

1. 我国目前实行的中央银行体制属于（　　）。

   A. 单一中央银行制　　　　　　　　B. 复合中央银行制

   C. 跨国中央银行制　　　　　　　　D. 准中央银行制

   知识点提示：中央银行的类型与组织形式。参见教材本章第一节。

2. 中央银行区别于普通商业银行的最根本标志是（　　）。

   A. 保存存款准备金　　　　　　　　B. 独享货币发行垄断权

   C. 执行货币政策　　　　　　　　　D. 对金融体系进行监管

   知识点提示：中央银行的职能。参见教材本章第一节。

3. 在国内设立中央和地方两级相对独立的中央银行机构且地方机构有较大独立性的中央银行制度是（　　）。

   A. 复合中央银行制　　　　　　　　B. 准中央银行制

   C. 一元式中央银行制度　　　　　　D. 二元式中央银行制度

   知识点提示：中央银行的类型与组织形式。参见教材本章第一节。

4. 下列各项中（　　）不是中央银行"银行的银行"职能。

   A. 提供经济信息服务　　　　　　　B. 充当最后贷款人

   C. 集中存款准备金　　　　　　　　D. 监管全国金融业

   知识点提示：中央银行的职能。参见教材本章第一节。

5. 在不兑现的信用货币制度下，（　　）始终是稳定币值的重要手段，既是用于国际支付的重要储备，也是中央银行重要的资产业务。

   A. 美元　　　　　　　　　　　　　B. 特别提款权

   C. 黄金和外汇　　　　　　　　　　D. 贴现与放款

   知识点提示：中央银行的业务。参见教材本章第二节。

6. 人们手中持有的现金代表持有人对中央银行的（　　）。

   A. 债务　　　　B. 股份　　　　C. 债权　　　　D. 负债

知识点提示：中央银行的业务。参见教材本章第二节。

7. 中央银行若提高存款准备金，将（　　）。

　　A. 迫使商业银行降低贷款利率　　　　B. 迫使商业银行提高贷款利率

　　C. 使企业得到成本更低的贷款　　　　D. 增加货币供给

知识点提示：中央银行的业务。参见教材本章第二节。

8. 中央银行的独立性集中体现在（　　）的关系上。

　　A. 中央银行与财政部　　　　　　　　B. 中央银行与商业银行等金融机构

　　C. 中央银行与政府　　　　　　　　　D. 中央银行与金融监管部门

知识点提示：中央银行的独立性。参见教材本章第三节。

9. 中央银行业务经营活动奉行四项原则，下列各项中（　　）不是四项原则的内容。

　　A. 主动性　　　　B. 非营利性　　　　C. 流动性　　　　D. 风险性

知识点提示：中央银行业务活动的法律规范与原则。参见教材本章第三节。

10. 一国负责制定和实施货币政策的金融机构是（　　）。

　　A. 中央银行　　　B. 商业银行　　　C. 政策性银行　　　D. 专业银行

知识点提示：中央银行的性质与职能。参见教材本章第一节。

11. 集中保管商业银行存款准备金体现了中央银行（　　）职能。

　　A. 发行的银行　　　　　　　　　　　B. 政府的银行

　　C. 银行的银行　　　　　　　　　　　D. 国际的银行

知识点提示：中央银行的职能。参见教材本章第一节。

12. 下列各项中不属于中央银行"政府的银行"职能所履行的是（　　）。

　　A. 代理政府管理黄金和外汇储备

　　B. 代理国库办理各项业务

　　C. 充当最后贷款人

　　D. 代表政府参与国际金融事务

知识点提示：中央银行的职能。参见教材本章第一节。

13. 中央银行发行央行票据的主要目的是（　　）。

　　A. 筹集资金　　　　　　　　　　　　B. 回笼货币

　　C. 扩大经营　　　　　　　　　　　　D. 增加盈利

知识点提示：中央银行的业务。参见教材本章第二节。

14. 在现代金融体系中处于核心地位的金融机构是（　　）。

A. 中央银行 B. 商业银行

C. 政策性银行 D. 投资银行

知识点提示：中央银行的演进与职能。参见教材本章第一节。

15. 下列各项中属于中央银行资产项目的是（   ）。

A. 流通中的货币 B. 政府和公共机构存款

C. 政府债券 D. 商业银行等金融机构存款

知识点提示：中央银行的业务。参见教材本章第二节。

（二）多项选择题

1. 中央银行的产生是资本主义经济发展的客观要求，促使中央银行产生的客观因素主要有（   ）。

A. 解决银行券分散发行的缺陷的需要

B. 提高票据交换和清算效率的需要

C. 充当最后贷款人的需要

D. 解决政府筹资问题的需要

E. 金融监管的需要

知识点提示：中央银行产生的客观条件。参见教材本章第一节。

2. 以下关于中央银行的论述正确的有（   ）。

A. 至19世纪中期，各主要西方资本主义国家均已建立了中央银行制度

B. 成立于1694年的英格兰银行被世界公认为第一家中央银行

C. 各国中央银行的调控目标均相同

D. 中国人民银行成立于1948年12月1日

E. 1983年9月，国务院决定中国人民银行专门行使中央银行的职能，标志着现代中央银行制度在我国的确立

知识点提示：中央银行的产生与发展。参见教材本章第一节。

3. 中央银行职能可以概括为（   ）。

A. 发行的银行 B. 政府的银行

C. 银行的银行 D. 监管的银行

E. 国际的银行

知识点提示：中央银行的职能。参见教材本章第一节。

4. 中央银行作为"银行的银行"，其职能体现在（   ）。

A. 集中存款准备金 B. 代理国库

C. 充当最后贷款人　　　　　　　D. 组织、参与和管理全国清算业务

E. 监督管理金融业

知识点提示：中央银行的职能。参见教材本章第一节。

5. 在国际货币基金组织编制的"货币当局资产负债表"中，一国中央银行的资产主要包括（　　）。

A. 国外资产　　　　　　　　　　B. 对非金融企业的债权

C. 对非货币金融机构的债权　　　D. 对政府的债权

E. 对存款机构的债权

知识点提示：中央银行资产负债表的构成。参见教材本章第二节。

6. 中央银行业务活动的一般原则是（　　）。

A. 非营利性　　　　　　　　　　B. 流动性

C. 公开性　　　　　　　　　　　D. 主动性

E. 审慎性

知识点提示：中央银行业务活动的一般原则。参见教材本章第三节。

7. 中央银行通过货币政策所要实现的特定社会经济目标有（　　）。

A. 防止通货膨胀与金融危机　　　B. 增加社会福利

C. 促进经济发展　　　　　　　　D. 保障充分就业

E. 平衡国际收支

知识点提示：中央银行的性质。参见教材本章第一节。

8. 中国人民银行对人民币发行的管理，在技术上主要通过（　　）来实现。

A. 发行库的货币回笼　　　　　　B. 货币发行基金

C. 业务库的管理　　　　　　　　D. 各分库、中心支库发行基金管理

E. 给政府公务员发放工资

知识点提示：中央银行的负债业务。参见教材本章第二节。

9. 中央银行业务活动的法律规范分为（　　）。

A. 法定业务权力　　　　　　　　B. 法定监管部门

C. 法定业务范围　　　　　　　　D. 法定组织机构

E. 法定业务限制

知识点提示：中央银行业务活动法律规范。参见教材本章第三节。

10. 中央银行作为特殊的金融机构，其特殊性主要体现在（　　）。

A. 主观上不以营利为目的　　　　B. 不经营普通银行业务

C. 制定并执行货币政策　　　　D. 业务活动以政府利益为出发点

E. 独享货币发行的特权

知识点提示：中央银行的性质与职能。参见教材本章第一节。

11. 下列业务中属于中央银行负债业务的有（　　）。

A. 货币发行　　　　　　　　　B. 金融机构存款

C. 再贴现　　　　　　　　　　D. 政府存款

E. 再贷款

知识点提示：中央银行的业务。参见教材本章第二节。

12. 中央银行的资产业务包括（　　）。

A. 国外资产业务　　　　　　　B. 政府债券

C. 再贴现和再贷款　　　　　　D. 金融机构存款

E. 对金融机构的债权

知识点提示：中央银行的业务。参见教材本章第二节。

（三）判断改错题

1. 中央银行虽然也称银行，却是特殊的银行，其特殊性体现为目标与职能的特殊。（　　）

知识点提示：中央银行的性质。参见教材本章第一节。

2. 中央银行由于独占货币发行权，因此，只要控制了货币发行，也就控制了货币供给。（　　）

知识点提示：中央银行的职能。参见教材本章第一节。

3. 独享货币发行垄断权是中央银行区别于商业银行的最初标志。（　　）

知识点提示：中央银行制度的建立与发展。参见教材本章第一节。

4. 二元式中央银行制度与邦联制的国家体制相适应，在国内设立中央和地方两级相对独立的中央银行机构，地方机构有较大独立性。（　　）

知识点提示：中央银行的类型。参见教材本章第一节。

5. 中央银行作为国家宏观经济管理的重要部门，是通过强有力的政治权力和行政手段，达到宏观调控的目标。（　　）

知识点提示：中央银行与各部门的关系。参见教材本章第三节。

6. 中央银行作为"政府的银行"，对政府的要求应当有求必应，在政府财政困难时，应当及时出手，确保政府赤字及时得到弥补，不至于威胁到金融体系的稳定。（　　）

知识点提示：中央银行的独立性。参见教材本章第三节。

第十一章　中央银行

7. 中央银行的存款业务不针对普通公众办理，且不以营利为主要目的，具有一定的强制性。（　　）

知识点提示：中央银行的业务。参见教材本章第二节。

8. 中央银行业务活动原则中的非营利性注定了中央银行在其业务活动中不能获得利润。如果中央银行在其业务活动中获得了盈利，则违反其非盈利性业务活动原则。（　　）

知识点提示：中央银行业务活动的一般原则。参见教材本章第三节。

9. 中央银行是特殊的银行，其职能的发挥要求它必须保持一定的独立性。但是中央银行对政府的独立性总是相对的。因而，中央银行与政府的利益总是冲突的。（　　）

知识点提示：中央银行的独立性。参见教材本章第三节。

10. 在组织结构上逐步实行国有化、明确中央银行宏观调控的任务、法律为宏观调控提供保障是中央银行制度完善、健全的标志。（　　）

知识点提示：中央银行制度的建立与发展。参见教材本章第三节。

11. 美国联邦储备体系的影响遍及全球，其类型与组织形式也属于跨国中央银行制。（　　）

知识点提示：中央银行的类型与组织形式。参见教材本章第一节。

12. 中央银行的货币发行在资产负债表中列在资产一方。（　　）

知识点提示：中央银行的业务。参见教材本章第二节。

13. 充当最后贷款人是中央银行作为"政府的银行"职能的体现。（　　）

知识点提示：中央银行的职能。参见教材本章第一节。

14. 当中央银行的资产负债表中资产增加时，其黄金和外汇储备有可能减少。（　　）

知识点提示：中央银行的业务。参见教材本章第二节。

15. 中央银行对金融机构的负债比债权更具主动性和可控性。（　　）

知识点提示：中央银行的业务。参见教材本章第二节。

16. 2003年以后监管商业银行的业务经营成为中国人民银行的重要职责之一。（　　）

知识点提示：中央银行的产生与发展。参见教材本章第一节。

17. 资本业务属于中央银行的资产业务。（　　）

知识点提示：中央银行的业务。参见教材本章第二节。

18. 中央银行的产生有两条渠道：一是信誉好、实力强的大银行由政府赋予一定的特

权而发展为中央银行；二是由政府出面直接组建中央银行。（　　）

知识点提示：中央银行的产生与发展。参见教材本章第一节。

（四）问答题

1. 简述中央银行产生的客观原因。

知识点提示：中央银行的产生与发展。参见教材本章第一节。

2. 结合现实，谈谈你如何认识中央银行的性质与职能。

知识点提示：中央银行的性质与职能。参见教材本章第一节。

3. 中央银行业务活动的一般原则有哪些？

知识点提示：中央银行业务活动的法律规范与原则。参见教材本章第三节。

4. 如何理解中央银行的独立性？

知识点提示：中央银行的独立性。参见教材本章第三节。

（五）案例分析题

什么是央行票据

央行票据即中央银行票据，是中央银行为调节商业银行超额准备金而向商业银行发行的短期债务凭证，其实质是中央银行债券。作为调节基础货币的一项货币政策工具，中央银行发行央行票据的目的是减少商业银行可贷资金量。商业银行在支付认购央行票据的款项后，其直接结果就是可贷资金量的减少。

中国人民银行改革为中央银行后，从20世纪90年代开始使用央行票据这一货币政策工具。当时，为解决手持国债数额过少的问题，中国人民银行将发行中央银行融资券作为公开市场操作的一种重要补充性工具。2003年，中国人民银行按照稳健货币政策要求，加强了对宏观经济的"预调"及"微调"，针对外汇占款增加较多的情况，加大了公开市场对冲操作力度。2003年4月22日，中国人民银行正式通过公开市场操作发行了金额为50亿元、期限为6个月的中央银行票据。随后，中国人民银行于4月28日发布了第六号《公开市场业务公告》，决定自4月29日起暂停每周二和周四的正回购操作，并固定于每周二发行中央银行票据，这样，中央银行票据开始成为中国人民银行货币政策日常操作的一项重要工具。据统计，2003年全年中国人民银行共发行央行票据7200亿元，其中3个月期3900亿元，6个月期2400亿元，1年期900亿元。2003年末，央行票据余额为3500亿元。以2015年为例，截至4月22日，中国人民银行共发行中央银行票据34期，发行量达到4450亿元，加上19期未到期的正回购转换央行票据，共发行中央银行票据53期，累计发行量达到6387.5亿元，余额为4100亿元。当然，在市场利率不合理以及法定存款准备金率过高或商业银行不配合交易的情况下，使用央行票据这一工具也会有一定的局限性。总之，作为中央银行的负债业务之一，中国人民银行通过发行央行票据这一法律赋予的操作手段，可从社会回笼资金，最终实现调控货币供应量的政策目的。

分析与思考：1. 什么是央行票据？它与金融市场各发债主体的债券发行有什么根本区别？

2. 中央银行票据对宏观调控有哪些作用？

3. 央行票据这一工具的使用存在哪些制约性和局限性？

知识点提示：中央银行的业务。参见教材本章第二节。

参考答案

（一）单项选择题

1. A	2. B	3. D	4. A	5. C
6. C	7. B	8. C	9. D	10. A
11. C	12. C	13. B	14. A	15. C

（二）多项选择题

1. ABCDE	2. BDE	3. ABC	4. ACDE	5. ABCDE
6. ABCD	7. ACDE	8. BC	9. ACE	10. ABCE
11. ABD	12. ABCE			

（三）判断题

1. ×　还体现为业务范围的特殊。

2. ×　商业银行也能通过存款货币创造机制影响货币供给。

3. √

4. ×　二元式中央银行制度一般与联邦制的国家制度相联系，而不是邦联制。

5. ×　中央银行履行其"国家的银行"职能是依靠自身业务活动进行的，而不是行政命令。

6. ×　中央银行是特殊的银行，其职能的发挥要求必须保持一定的独立性，因而不能对政府的要求有求必应。

7. √

8. ×　中央银行通过业务活动获得盈利是客观业务活动的结果，而不是其主观追求的结果。因此，中央银行存在盈利的情况并不能判定其违背原则。

9. × 虽然中央银行的独立性是相对的，中央银行与政府的政策目标在短期内也未必始终如一，但从长期来看，中央银行和政府的目标均是提高国民福利，从这一点来看是绝对一致的。

10. √

11. × 属于单一中央银行制度中的二元式中央银行制度。

12. × 中央银行的货币发行在资产负债表中列在负债一方。

13. × 充当最后贷款人是中央银行作为"银行的银行"职能的体现。

14. √

15. × 中央银行对金融机构的债权比负债更具主动性和可控性。

16. × 监管商业银行业务经营曾经是中国人民银行的重要职责之一，但2003年以后主要由原银监会负责。

17. × 资本业务属于中央银行的负债业务。

18. √

（四）问答题

1. 简述中央银行产生的客观原因。

（1）银行券的发行问题。

（2）票据交换和清算问题。

（3）银行的支付保证能力问题。

（4）金融监管问题。

（5）政府融资问题。

2. 结合现实，谈谈你如何认识中央银行的性质与职能。

中央银行是一国最高的货币金融管理机构，在金融体系中居于主导地位。中央银行不以营利为目的，不经营普通商业银行业务。中央银行与国家政府关系密切，享有国家法律上所授予的特权。它只负责制定和执行国家的货币金融政策，调节货币流通与信用活动，并在对外交往中代表国家参加国际金融组织和各种国际金融活动。中央银行的性质和法律地位决定了其具有以下特殊职能：

（1）中央银行是"发行的银行"。这是指中央银行通过国家授权，集中与垄断货币发行，向社会提供经济活动所需要的货币，并保证货币流通的正常运行，维护币值稳定。因此，中央银行在被赋予货币发行权的同时，也承担了维护货币流通秩序和币值稳定的责任。中央银行作为宏观调控机构，主要通过增加或压缩货币发行量，最终实现促进经济增长或保持物价稳定等宏观经济政策目标。独占货币发行权是中央银行最先具有的职能，也是其区别于普通商业银行的根本标志。

(2) 中央银行是"银行的银行"。这是指中央银行充当一国（地区）金融体系的核心，为银行及其他金融机构提供金融服务、支付保证，并监督管理各金融机构与金融市场业务活动的职能。这一职能主要体现在集中存款准备金、充当最后贷款人、组织并参与和管理全国清算业务、监督管理金融业等方面。

(3) 中央银行是"政府的银行"。这是指中央银行作为政府宏观经济管理的一个部门，由政府授权对金融业实施监督管理，制定和执行货币政策，对宏观经济进行调控，代表政府参与国际金融事务，并为政府提供融资、国库收支等服务。

3. 中央银行业务活动的一般原则有哪些？

(1) 非营利性。这是指中央银行的一切业务活动都不是以营利为目的。

(2) 流动性。这是指中央银行一般不做期限长的资产业务。

(3) 主动性。这是指中央银行在进行金融监管或货币政策操作时，要独立判断并主动采取措施。

(4) 公开性。这是指中央银行的业务状况公开化，定期向社会公布业务与财务状况，并向社会提供有关的金融统计资料。

4. 如何理解中央银行的独立性？

中央银行的独立性是指中央银行履行自身职责时法律赋予或实际拥有的权力、决策与行动的自主程度。中央银行的独立性比较集中地反映在中央银行与政府的关系上。

(1) 中央银行应对政府保持一定的独立性。其理由在于：一是中央银行的业务活动必须符合金融运行的客观规律和自身业务的特点，这是由经济与金融的关系和金融行业的特殊性质决定的。二是中央银行的运作具有很强的专业性和技术性。三是中央银行与政府两者所处地位、行为目标、利益需求及制约因素有所不同。四是可以与政府其他部门之间的政策形成一个互补和制约关系，增加政策的综合效力和稳定性，避免因某项决策或政策失误而造成经济与社会发展全局性的损失。五是可以使中央银行和分支机构全面、准确、及时地贯彻总行的方针政策，避免各级政府的干预，保证货币政策决策与实施的统一。

(2) 中央银行对政府的独立性是相对的。在现代经济体系中，中央银行作为国家的金融管理当局，是政府实施宏观调控的重要部门。中央银行要接受政府的管理和监督，在国家总体经济社会发展目标和政策指导下履行自己的职责。中央银行的货币政策目标和宏观调控目标要与国家经济社会发展的总体目标相一致，目标的实现也需要其他政策特别是财政政策的协调与配合,与其他部门的关系也需要由政府来协调。因此,中央银行对政府的独立性只能是相对的,不能完全独立于政府,不受政府的任何制约,更不能凌驾于政府之上。

(五) 案例分析题

评析要求:

(1) 要结合课本所学;

(2) 尝试用自己的语言来深入分析。

第十二章 货币供求与均衡

一、学习目标

1. 了解货币需求的含义，掌握货币需求的理论；
2. 熟悉货币供给的基本模型，掌握货币创造的机制；
3. 熟悉货币供求均衡与失衡的内涵，理解开放经济下的货币均衡；
4. 掌握通货膨胀、通货紧缩的特征、度量、成因和治理。

二、知识结构

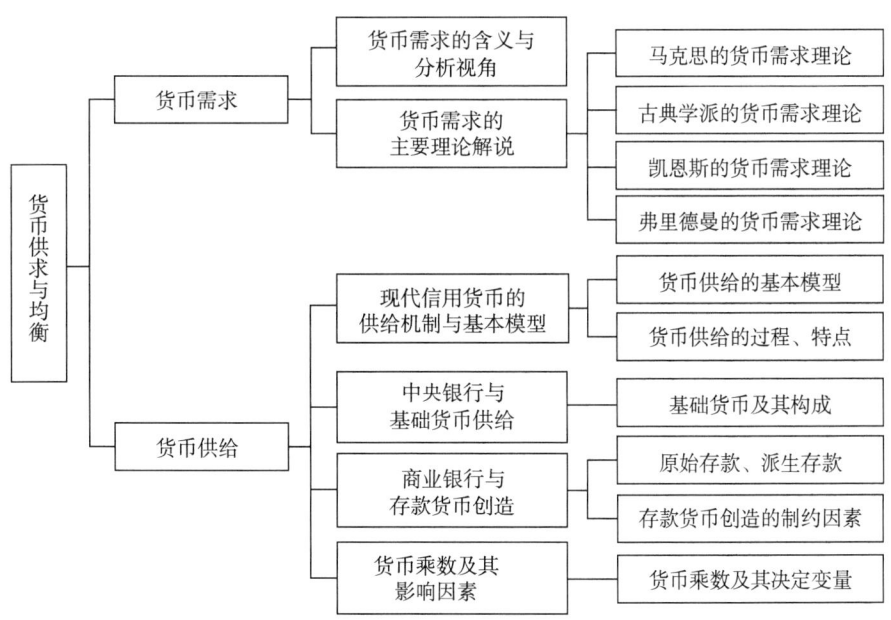

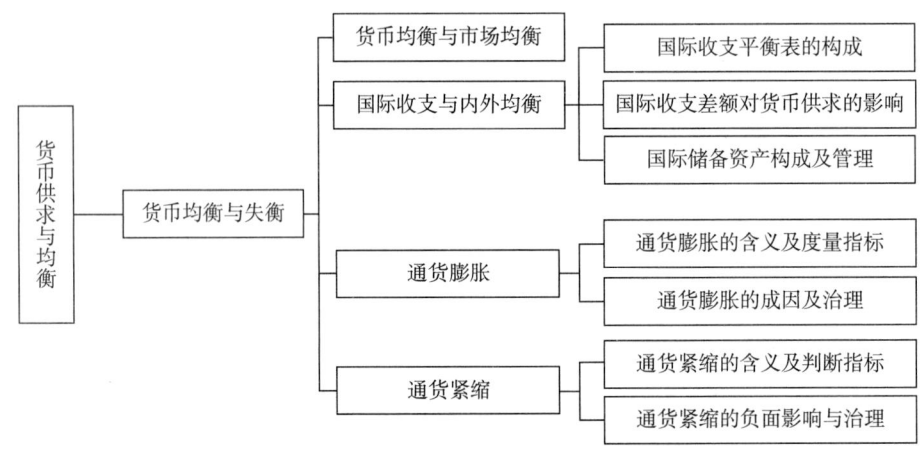

三、重点名词

1. **货币需求**，是在一定的资源制约条件下，微观经济主体和宏观经济运行对执行交易媒介职能和资产职能的货币产生的总需求，有名义货币需求和实际货币需求之分。

2. **货币供给**，是指一定时期内一国银行系统向经济中投入或抽离货币的行为过程。

3. **货币供给量**，是一国经济主体持有的、由银行系统供应的债务总量。在信用货币制度下主要包括现金和存款货币两部分。货币供给量是一个存量概念。

4. **基础货币**，又称强力货币或高能货币，是指处于流通界为社会公众所持有的现金和银行体系准备金的总和。基础货币作为整个银行体系内存款扩张、货币创造的基础，其数额大小对货币供应总量有决定性的影响。

5. **原始存款**，一般是指商业银行接受的客户以现金方式存入的存款和中央银行对商业银行的再贴现或再贷款而形成的准备金存款。原始存款是商业银行从事资产业务的基础，也是扩张信用的源泉。

6. **派生存款**，是指由商业银行发放贷款、办理贴现或投资等业务活动引申而来的存款。派生存款产生的过程，也是银行体系存款总量增加的过程。

7. **货币乘数**，是指货币供应量对基础货币的倍数关系，即基础货币每增加或减少一个单位所引起的货币供给量增加或减少的倍数。不同口径的货币供给量有各自不同的货币乘数。

8. **提现率**，即现金漏损率，是指现金漏损与存款总额之比。在商业银行创造信用货币的过程中，存款客户总会提取一些现金，从而使部分现金流出银行系统，这就是现金漏损。提现率是商业银行存款货币创造的制约因素之一。

9. **货币均衡**，是指一定时期内，货币供给与货币需求基本相适应的货币流通状态。货币均衡是一个动态的概念，是一个由均衡到失衡，再由失衡回复到均衡的不断运动的过程。货币均衡的实现具有相对性。

10. **货币失衡**，是货币均衡的对称，是指在货币流通过程中，货币供给偏离货币需求，使二者之间不相适应的货币流通状态。其存在条件可以表述为：$M_d \neq M_s$。

11. **国际收支平衡表**，是在一定时期内一个国家（地区）与其他国家（地区）进行全部经济交易的系统记录，反映一个经济体的国际收支状况，是一国制定宏观经济政策的重要依据。

12. **通货膨胀**，是指由于货币供给过多而引起货币贬值、物价普遍上涨的货币现象。

13. **强制储蓄**，是指在支出不变时由于物价上涨而减少住户部门的实际消费和储蓄。强制储蓄是通货膨胀的社会经济效应之一。

14. **通货紧缩**，是与通货膨胀相反的货币经济现象，是指由于货币供给不足而引起货币升值、物价普遍持续下跌的货币现象。通货紧缩往往伴随着经济衰退。

四、重点难点释疑

（一）怎样理解货币需求的含义

货币需求是在一定的资源（如财富拥有额、收入、国民生产总值等）约束条件下，微观经济主体和宏观经济运行对执行交易媒介职能和资产职能的货币产生的总需求。理解货币需求应注意两点：第一，货币需求是一种能力与愿望的统一体。第二，现实中的货币需求包括对现金和存款货币的需求。

1. 货币需求分析的宏观与微观视角

货币需求分析的宏观视角是从一个国家的社会总体出发，探讨一个国家在一定时期内的经济发展与商品流通所需要的货币量，其关注点在于货币供求的均衡及其对市场价格的影响。因此，强调货币交易媒介职能时往往从这一视角对货币需求进行分析。

货币需求分析的微观视角是从社会经济个体出发，分析各部门（个人、企业等）的持币动机和持币行为，研究一个经济单位在既定的收入水平、利率水平和其他经济条件下，所需要持有的货币量，其关注点在于研究货币需求的动机与决定影响因素，分析货币需求变化的微观机制。因此，强调货币资产职能时通常从微观视角对货币需求进行分析。

在对货币需求进行研究时，需要将二者有机地结合起来。这一方面是因为宏观与微观的货币需求分析之间存在不可割裂的有机联系；另一方面是因为货币需求既属于宏观领域，又涉及微观范畴，单独从宏观或微观角度进行分析都有所缺憾。

2. 名义货币需求与实际货币需求

名义货币需求是指个人、家庭、企业等经济单位或整个社会在一定时点实际持有的货币单位的数量，通常以 M_d 表示。实际货币需求则是指名义货币数量在扣除了物价变动因素之后的货币余额，它等于名义货币需求除以物价水平，即 M_d/P。

3. 货币需求的数量与结构问题

货币需求的数量问题主要是测算一定时期内一国的微观经济主体和宏观经济运行对货币的真实需求量，它是交易性货币需求和资产性货币需求的总和。货币需求的结构问题是数量问题的延续与深化。交易性货币需求和资产性货币需求在货币总需求中的比例就是货币需求结构的首要表现。

(二) 如何理解货币需求的主要理论

1. 马克思的货币需求理论

马克思的货币需求理论集中反映在其货币必要量公式中。马克思的货币必要量公式是在总结古典学派对流通中货币数量研究成果的基础上，对货币需求理论从宏观角度的精炼表述。以 M 表示货币必要量，Q 表示待售商品数量，P 表示商品价格，V 表示货币流通速度，则货币必要量的公式表示为

$$M = \frac{PQ}{V}$$

马克思经济学从劳动价值论出发，认为商品价格总额是由劳动价值总量决定的，货币流通次数由社会经济制度和习惯决定，因此，马克思的货币需求理论强调的是商品流通决定货币流通这一基本原理。

2. 古典学派的货币需求理论

古典学派的货币需求理论又称为货币数量论。有两个著名的方程式分别从宏观视角和微观视角出发进行阐述。

(1) 交易方程式

从宏观视角提出的货币数量论著名公式是交易方程式，主要强调货币的交易职能，用公式表示为 $MV = PT$，其含义是流通中的通货存量（M）乘以流通速度（V）等于物价水平（P）乘以交易总量（T）。货币需求表示为

$$M_d = \frac{PT}{V} = \frac{1}{V}PT$$

此公式表明，决定一定时期名义货币需求数量的因素主要是这一时期全社会一定价格水平下的总交易量与同期的货币流通速度。

(2) 剑桥方程式

从微观视角提出的货币数量论著名公式是剑桥方程式,除了考虑货币的交易职能外,实际上还考虑了货币资产职能对货币需求的影响。

$$M_d = kPY$$

其中,M_d 为总体货币需求,Y 为国民生产总值,P 为物价水平,k 为总收入以货币形式持有的比例。

该货币需求函数是从家庭和企业微观主体出发,认为人们出于便利和预防的目的而持有货币,货币持有量与其收入 PY 成比例,系数为 k。该理论也被称为货币余额说。

3. 凯恩斯的货币需求理论

(1) 交易动机、预防动机和投机动机

凯恩斯认为,人们持有货币的动机来源于流动性偏好这种普遍的心理倾向,而人们偏好货币的流动性是出于交易动机、预防动机和投机动机。

人们为了满足日常支付交易的目的而需要持有一定数量的货币,称为交易动机,它是货币交易职能的体现。凯恩斯对预防动机的解释是人们为了应付不测之需而持有货币的动机。投机动机则是人们持有货币并希望从资产的买卖中获得收益。

(2) 流动性陷阱

凯恩斯通过对投机动机的分析,提出了一种所谓"流动性陷阱"的极端现象:当一定时期的利率水平降到不能再低时,人们的投机性货币需求无限大。

(3) 货币总需求函数

凯恩斯认为,由交易动机、预防动机所引起的货币需求与收入水平之间存在着稳定的关系,是收入的递增函数,用公式表示为 $L_1(Y)$,其中 Y 代表收入。而投机动机下持有的货币,称为投机性货币需求,持有货币就不能获得债券的收益,因此利率就是持有货币的机会成本。利率越高,人们持有货币的动机越低,是利率的递减函数,用函数式可表示为 $L_2(i)$,其中 i 代表利率。

因此,货币总需求的函数是收入 Y 和利率 i 的函数之和,表示为

$$M_d = L_1(Y) + L_2(i) = L(Y,i)$$

可见,凯恩斯对货币需求理论的突出贡献在于他对货币需求动机的剖析并在此基础上将利率引入了货币需求函数,从而论证了利率对货币需求的决定作用,揭示了利率在货币金融理论体系中的枢纽地位。

4. 弗里德曼的货币需求理论

美国经济学家米尔顿·弗里德曼在对凯恩斯的货币理论提出质疑的基础上,对古典

学派的货币数量论进行了重新表述,提出了货币需求的新货币数量论。该理论从微观视角出发,结合消费者选择理论,指出人们对货币的需求受到三类因素影响:(1)财富和收入(Y)以及财富的结构(w);(2)持有货币的机会成本;(3)持有货币给人们带来的效用(u)。

弗里德曼的货币需求理论最突出的特色在于,强调持久性收入对货币需求的决定性作用,而弱化利率变量对货币需求的影响。据此,弗里德曼提出了以反对通货膨胀、稳定货币供给为主要内容的货币政策主张。

(三) 如何认识现代信用货币的供给机制与基本模型

1. 货币供给与货币供给量

货币供给是指一定时期内一国银行系统向经济中投入或抽离货币的行为过程。货币供给必然会在实体经济中形成一定的货币量,这些货币量都是由银行系统供给的,都是银行的负债,因此,一国各经济主体(包括个人、企事业单位和政府部门等)持有的、由银行系统供应的债务总量就称为货币供给量。

2. 现代信用货币的货币供给机制

在市场经济体制下,货币供给主要采用"中央银行—存款货币银行"的二级银行体制。中央银行相对独立,主要负责提供和调节基础货币;以商业银行为代表的存款货币银行则通过吸收存款、发放贷款、转账支付等业务活动创造存款货币,形成了"基础货币—存款货币"的"源与流"双层货币供给机制。中央银行通过货币政策工具和操作影响存款货币机构的行为和货币创造能力,最终影响货币供给总量。

3. 货币供给的基本模型

货币供给是一个十分复杂的过程,经过长期的研究,经济学家总结出一个被广泛接受的货币供给基本模型:

$$M_s = mB$$

其中,M_s 为货币供给量,B 为基础货币,m 为货币乘数。

(四) 基础货币的含义及其收放渠道

基础货币又称强力货币或高能货币,是整个银行体系内存款扩张、货币创造的基础,其数额大小对货币供应总量具有决定性的作用。基础货币由流通中现金和银行体系的准备金两部分构成。银行体系的准备金又有两种存在方式:库存现金和准备金存款。

中央银行通过国外资产业务、对政府的债权、对金融机构的债权等资产业务收放基础货币,通过发行中央银行票据、回购等负债业务调节基础货币。

（五）如何理解商业银行的业务活动与存款货币创造的关系

1. 原始存款和派生存款

原始存款一般是指商业银行接受的客户以现金方式存入的存款和中央银行对商业银行的资产业务而形成的准备金存款。派生存款是指由商业银行发放贷款、办理贴现或投资等业务活动引申而来的存款。商业银行以原始存款为基础发放贷款，通过转账支付又会创造出新的存款。

2. 商业银行创造存款货币的主要制约因素

（1）法定存款准备金率；

（2）提现率；

（3）超额准备金率。

3. 存款扩张倍数

按照乘数原理，总存款与原始存款之间的比率被称为存款扩张倍数或存款乘数，若以 K 表示存款扩张倍数，以 P 代表原始存款，以 D 代表总存款，则

$$K = \frac{D}{P}$$

显而易见，存款扩张倍数的大小与原始存款之间是同方向变动的关系。但同样的原始存款能够创造出多少派生存款，则取决于法定存款准备金率（r）、提现率（c）和超额准备金率（e）等因素对存款货币扩张的制约。因此，存款扩张倍数还可用下式表示：

$$K = \frac{1}{r + c + e}$$

（六）怎样认识货币均衡的含义及实现条件

货币均衡是指一国在一定时期内，在货币流通过程中，货币供给与货币需求基本相适应的货币流通状态（$M_s = M_d$）。反之，则称为货币失衡。所以，货币均衡是一个由均衡到失衡，再调整恢复到均衡的动态调整过程，也可以说是在经常发生的货币失衡中暂时达到的一种均衡状态。

市场经济条件下的货币均衡需要具备两个条件：第一，要有健全的利率机制。利率作为金融市场上货币的"价格"，既灵敏地反映货币供求的状况，又能够调节货币供求关系使之实现均衡。第二，要有发达的金融市场，尤其是活跃和发达的货币市场。在金融市场上，有众多的金融工具可供投资者选择，货币与其他各种金融工具之间可以便利而有效地互相转化，从而调节货币供求。

（七）度量通货膨胀的指标有哪些

通货膨胀是指在纸币流通条件下货币供给过多而引起货币贬值、物价普遍上涨的货

币现象。各国通常采用价格指数来度量通货膨胀程度。经常用的价格指数包括消费价格指数（CPI）、生产价格指数（PPI）和国内生产总值平减指数。

1. 消费价格指数即我们通常所说的CPI，又称零售物价指数，是一种用来测量各个时期内城乡居民所购买的生活消费品价格和服务项目价格平均变化程度的指标。

2. 生产价格指数（PPI）是衡量工业产品出厂价格水平的变动情况的指标。

CPI和PPI都是在给定一篮子商品和服务基础上计算的价格指数，并且只包括全社会生产的一部分产品。

3. 国内生产总值平减指数是综合反映一定时期内生产的所有产品和服务价格水平变动情况的指标。它等于以现价计算的本期GDP和以基期不变价格（基期价）计算的本期GDP的比率。因此，它计算价格篮子的商品组合是随时间变化的。

上述三个价格指数中，CPI是最受关注的指标，通常在不加以特殊说明的情况下，通货膨胀率指的就是CPI，因为它直接表示了最终消费品的价格变化，与社会公众的最终福利直接相关。

（八）正确把握通货膨胀的成因及其治理

1. 通货膨胀的成因

通货膨胀的直接形成原因是货币供应过多。而关于形成货币供应过多的深层原因，主要有以下几种观点：

（1）需求拉动说：从需求的角度解释通货膨胀的成因，认为发生通货膨胀是由于各国政府采取了扩张性的财政与货币政策，刺激社会总需求，社会总需求过度增加，超过社会总供给从而拉动物价总水平上涨。

（2）成本推动说：从供给方面解释通货膨胀的成因，认为生产成本提高从而引起物价总水平上涨。

（3）结构失调型通货膨胀：在没有需求拉动和成本推动的情况下，由于某些经济结构方面的原因如国民经济部门结构或比例结构失调而引起通货膨胀。

2. 通货膨胀的治理

治理通货膨胀必须从社会总供给与社会总需求等多方面综合施治。具体对于不同成因的通货膨胀，则应有针对性地采取相应的措施进行治理。

（1）需求拉动型通货膨胀的治理

需求拉动型通货膨胀，从货币层面看，是过多的货币追求过少的商品的结果；从实际经济的角度看，是消费、投资和政府支出等需求超过产出引起的。因此，针对需求拉动型通货膨胀的成因，治理对策主要是紧缩性货币政策和紧缩性财政政策。前者包括减少基础货币投放、提高利率和提高法定存款准备金率等；后者则包括削减政府支出和加税等。另外，增加有效供给也是治理之途，可以通过减税刺激投资、产出增长。

（2）成本推动型通货膨胀的治理

引起成本上升的因素很多，但通常成本推动型通货膨胀主要关注两大原因：一是工会力量对于提高工资的要求；二是垄断行业为追求利润制定的垄断价格。针对不同的原因，治理措施也不同。

针对工资推动型通货膨胀，治理对策是紧缩性的收入政策，一般包括以物价指导线来确定控制各部门工资增长率，管制或冻结工资。针对利润推动型通货膨胀，治理对策包括制定反托拉斯法以限制垄断高价等。

（3）供求混合型通货膨胀的治理

由于需求推动与成本推动会相互加强，导致"螺旋式"的通货膨胀，因此，有效的治理方法是双管齐下。一方面，通过需求管理政策，采取紧缩性货币政策和紧缩性财政政策控制有效需求；另一方面，通过反垄断政策控制哄抬价格和提高工资。

（4）结构失调型通货膨胀的治理

即使在总供给和总需求相对均衡的条件下，某些结构性因素也可能导致结构失调型通货膨胀。结构性因素包括劳动生产率增长速度的差异、经济发展的"瓶颈"制约、需求转移等。针对结构失调型通货膨胀的治理，应推进经济结构调整，改善资源配置。

（九）通货紧缩的含义与判断标准是什么

通货紧缩是指由于货币供给不足而引起货币升值、物价普遍持续下跌的货币现象。典型的通货紧缩应该同时具备"两个下降"和"一个伴随"特征，"两个下降"是指物价持续下降、信贷和货币供给量下降；"一个伴随"是指伴随着经济衰退。

与通货膨胀一样，通货紧缩也可使用CPI、PPI、国内生产总值平减指数等价格指标来衡量。在实践中，衡量通货紧缩还有两个重要指标，即经济增长率和失业率。

（十）通货紧缩的负面影响及治理对策

通货紧缩虽然在短期内会给消费者带来一定好处，有助于提高社会购买力，但从长远来看，更多的是给国民经济带来一系列负面影响。首先，引起经济衰退和失业增加。发生通货紧缩时，实际利率有所提高，因此投资成本上升，投资预期收益下降，从而抑制投资需求。社会生产的萎缩，导致工人工资收入降低以及引起失业增加。其次，收入下降，继而导致消费需求降低。总需求下降又会继续抑制投资活动，这种下滑趋势反过来又加剧社会需求不足和通货紧缩的局面，使经济陷入衰退的恶性循环中。最后，严重的通货紧缩还会破坏社会信用关系。严重的通货紧缩通常会引起大量企业破产及企业间的信用关系断裂，进而引起银行不良贷款上升，危及金融系统的稳定。

引发通货紧缩的原因多种多样，治理的措施也不相同，具体包括以下几种：

1. 扩大有效需求

有效需求不足是通货紧缩的主要原因之一，因此，努力扩大需求就成为治理通货紧缩的一项直接而有效的措施。总需求包括投资需求、消费需求和出口需求。首先要判断分析导致有效需求不足的主要方面，然后采取具体措施，实现扩大需求的目的。

投资需求的增加有两条主要途径：一个是增加政府投资需求，主要手段是发行国债，增加政府直接投资和公共支出。其目的是在政府扩大投资的同时，带动民间投资的增加。另一个是启动民间投资需求，主要手段是改变民间资本的利润预期、改善投资和金融环境、降低利率等。

消费支出更多地取决于对未来收入的预期而非货币政策的松紧程度。因此，解决问题的办法应集中于改善住户部门对未来收入的预期，具体包括：通过加强税收征管来缩小收入差距，通过提高就业水平和增加失业补助标准刺激低收入阶层的消费需求，通过调整政府投资结构和支出方向改善需求结构，通过加快社会保障制度改革来消除住户部门在增加消费时的后顾之忧，利用股市的财富效应刺激消费等。

2. 调整和改善供给结构

调整和改善供给结构与扩大有效需求双管齐下，形成有效供给扩张和有效需求增大相互促进的良性循环。在一般情况下，一国政府多采取提高企业技术创新能力、反垄断、鼓励竞争和放松管制、扶持小企业或民营企业发展、降低税负等措施。面对不同的国家和不同的经济条件，具体方法则要因时因地而异。

3. 调整宏观经济政策

主要手段是采取积极的财政政策和货币政策。财政政策通常为扩张支出的方案，实行积极的财政政策不仅意味着要在数量上扩大财政支出，更重要的是要优化财政支出结构，也就是既要弥补因个人消费需求不足而造成的需求不足，又要拉动民间投资，增加总需求。货币政策能对总支出水平施加重要影响。积极的货币政策可以适度增加货币供给量，降低利率水平，扩大贷款规模，在促进物价回升和促进经济复苏方面发挥重要作用。此外，收入政策也可在治理通货紧缩时发挥一定作用，但需要掌握好政策实施的力度。

五、练习题

(一) 单项选择题

1. 从货币需求方面看,利率越高( )。
   A. 持币的机会成本越大　　　　　B. 持币的机会成本越小
   C. 持币的收益越大　　　　　　　D. 持币的效用越大
   知识点提示:货币需求。参见教材本章第一节。

2. 个人储蓄存款属于我国现阶段所公布的货币层次中的( )。
   A. M_0　　　　B. M_1　　　　C. M_2　　　　D. M_3
   知识点提示:货币需求的数量与结构、当代信用货币的层次划分与计算。参见教材本章第一节及第二章第三节。

3. 下列货币需求模型中,交易方程式是指( )。
   A. $P = KR/M$　　　　　　　　B. $MV = PT$
   C. $M_d = kPY$　　　　　　　　D. $M_d = L_1(y) + L_2(i)$
   知识点提示:古典学派的货币需求理论。参见教材本章第一节。

4. 按照凯恩斯的观点,利率低于"正常"水平时,人们预期债券价格( ),货币需求量( )。
   A. 上升,增加　　　　　　　　　B. 上升,减少
   C. 下降,增加　　　　　　　　　D. 下降,减少
   知识点提示:古典学派的货币需求理论。参见教材本章第一节。

5. 弗里德曼货币需求函数中的收入是指( )。
   A. 当期收入　　　　　　　　　　B. 过去的收入
   C. 未来的收入　　　　　　　　　D. 持久性收入
   知识点提示:古典学派的货币需求理论。参见教材本章第一节。

6. 在货币供给的基本模型 $M_s = mB$ 中,m 代表( )。
   A. 货币乘数　　　　　　　　　　B. 基础货币
   C. 货币供给量　　　　　　　　　D. 派生存款
   知识点提示:货币供给的基本模型。参见教材本章第二节。

7. 基础货币主要由( )构成。
   A. 流通中现金和企业单位库存现金
   B. 存款货币和存款准备金

C. 流通中现金和存款准备金

D. 流通中现金和原始存款

知识点提示：中央银行与基础货币供给。参见教材本章第二节。

8. 当发生"流动性陷阱"的极端情况时，利率水平低到不能再低，就会出现（　　）的现象。

A. 交易性货币需求无限大　　　　B. 投机性货币需求无限大

C. 预防性货币需求无限大　　　　D. 货币总需求反而减少

知识点提示：凯恩斯的货币需求理论。参见教材本章第一节。

9. 对金融机构的债权是中国人民银行投放基础货币的重要渠道，但主渠道是随着金融改革和时间的推移而变化的，目前的主渠道是（　　）。

A. 购买国债　　　　　　　　　　B. 购买黄金

C. 再贴现　　　　　　　　　　　D. 再贷款

知识点提示：基础货币的收放渠道与方式。参见教材本章第二节。

10. 总存款与原始存款之间的比率被称为（　　）。

A. 货币乘数　　　　　　　　　　B. 存款乘数

C. 通货—存款比率　　　　　　　D. 准备—存款比率

知识点提示：存款扩张倍数、货币乘数及其影响因素。参见教材本章第二节。

11. 中央银行的下列哪项业务不会引起基础货币的增加（　　）。

A. 在外汇市场购入外汇　　　　　B. 购买国债

C. 向商业银行再贴现　　　　　　D. 用外汇储备购买国外资产

知识点提示：中央银行与基础货币供给。参见教材本章第二节。

12. 在高通胀的经济环境中，下列表述最正确的是（　　）。

A. 已从银行获得贷款的债务人受益

B. 持有银行存款的债权人受益

C. 高通胀将导致本国货币名义汇率对外大幅度升值

D. 对有固定收入的群体有利

知识点提示：通货膨胀的社会经济效应。参见教材本章第三节。

13. 通货—存款比率主要取决于（　　）。

A. 货币当局的行为　　　　　　　B. 商业银行的行为

C. 政府的行为　　　　　　　　　D. 公众的行为

知识点提示：货币乘数及其影响因素。参见教材本章第二节。

14. 准备—存款比率不受（　　）的影响。

A. 法定存款准备金率　　　　B. 超额准备金率

C. 准备金利率　　　　　　　D. 货币乘数

知识点提示：货币乘数及其影响因素。参见教材本章第二节。

15. （　　）是通货膨胀的社会经济效应。

A. 失业增加　　　　　　　　B. 投资成本升高

C. 经济衰退　　　　　　　　D. 强制储蓄

知识点提示：通货膨胀的社会经济效应。参见教材本章第三节。

(二) 多项选择题

1. 从宏观角度研究货币需求的有（　　）。

A. 马克思的货币需求理论　　B. 凯恩斯的货币需求理论

C. 剑桥方程式　　　　　　　D. 交易方程式

E. 弗里德曼的货币需求理论

知识点提示：货币需求的主要理论解说。参见教材本章第一节。

2. 现阶段决定和影响我国货币需求的因素是（　　）。

A. 1∶8 经验式　　　　　　　B. 收入

C. 财富　　　　　　　　　　D. 金融资产收益率

E. 机会成本

知识点提示：中国货币需求分析。参见教材本章第一节。

3. 凯恩斯的货币需求理论将人们持有货币的动机归纳为（　　）。

A. 交易动机　　　　　　　　B. 消费动机

C. 预防动机　　　　　　　　D. 财富动机

E. 投机动机

知识点提示：凯恩斯的货币需求理论。参见教材本章第一节。

4. 凯恩斯的货币需求理论认为（　　）。

A. 交易性货币需求是收入的增函数

B. 交易性货币需求是收入的减函数

C. 投机性货币需求是利率的减函数

D. 投机性货币需求是利率的增函数

E. 预防性货币需求是利率的增函数

知识点提示：古典学派的货币需求理论。参见教材本章第一节。

5. 通货膨胀的社会经济效应有（   ）。

   A. 强制储蓄信用　　　　　　　　　B. 收入分配效应

   C. 资产结构调整效应　　　　　　　D. 经济衰退效应

   E. 恶性通胀下的危机效应

   知识点提示：通货膨胀的社会经济效应。参见教材本章第三节。

6. 通货紧缩的"两个下降"和"一个伴随"是指（   ）。

   A. 汇率下降　　　　　　　　　　　B. 物价持续下降

   C. 信贷和货币供给量下降　　　　　D. 伴随着经济衰退

   E. 伴随着"流动性陷阱"

   知识点提示：通货紧缩。参见教材本章第三节。

7. 通货紧缩的社会经济效应是（   ）。

   A. 经济衰退，失业增加　　　　　　B. 投资收益下降

   C. 社会生产萎缩　　　　　　　　　D. 信用关系断裂

   E. 银行不良贷款上升

   知识点提示：通货紧缩的社会经济效应。参见教材本章第三节。

8. 下列属于基础货币投放渠道的有（   ）。

   A. 中央银行购买办公楼

   B. 中央银行购买外汇、黄金

   C. 中央银行购买政府债券

   D. 中央银行向商业银行提供再贷款和再贴现

   E. 中央银行购买金融债券

   知识点提示：基础货币的收放渠道与方式。参见教材本章第二节。

9. 下列关于货币供应量的表述正确的是（   ）。

   A. 货币供应量由货币乘数和基础货币决定

   B. 法定准备金率越高，货币供应量越大

   C. 提现率越高，货币供应量越小

   D. 超额准备金率越高，货币供应量越小

   E. 中央银行提高存款准备金利率会增加货币供应量

   知识点提示：商业银行与存款货币的创造。参见教材本章第二节。

10. 下列经济活动中能够提高货币乘数的是（   ）。

    A. 中央银行降低法定准备金率

B. 中央银行发行央行票据

C. 商业银行减少库存现金的持有规模

D. 家庭增加资产结构中现金的比例

E. 企业增加支票支付的比例

知识点提示：货币乘数及其影响因素。参见教材本章第二节。

11. 经济活动中能影响通货—存款比率与准备—存款比率的经济主体的行为有（　　）。

A. 居民的经济行为　　　　　　B. 企业的经济行为

C. 金融机构的经济行为　　　　D. 国外部门的经济行为

E. 政府的经济行为

知识点提示：影响货币乘数变动的因素分析。参见教材本章第二节。

12. 商业银行创造存款货币的主要制约因素是（　　）。

A. 汇率　　　　　　　　　　　B. 利率

C. 法定存款准备金率　　　　　D. 提现率（现金漏损率）

E. 超额准备金率

知识点提示：商业银行与存款货币创造。参见教材本章第二节。

13. 货币供给过程的主要特点是（　　）。

A. 货币供给的主体是中央银行和商业银行

B. 中央银行创造现金通货，商业银行创造存款货币

C. 企业和家庭的经济活动能够改变基础货币的大小

D. 非银行金融机构对货币供给没有影响

E. 非银行金融机构对货币供给有重要影响

知识点提示：现代信用货币的供给机制与基本模型。参见教材本章第二节。

14. 一般地，基础货币的组成部分主要是（　　）。

A. 商业银行在中央银行存放的超额准备金

B. 政府部分持有的在中央银行的存款

C. 商业银行的库存现金

D. 企业和家庭持有的现金

E. 商业银行在中央银行存放的法定准备金

知识点提示：中央银行与基础货币供给。参见教材本章第二节。

15. 影响货币均衡实现的主要因素是（　　）。

A. 中央银行市场干预和调控　　B. 财政收支基本平衡

C. 经济结构的合理性　　D. 国际收支基本平衡

E. 世界经济基本稳定

知识点提示：影响货币均衡实现的主要因素。参见教材本章第三节。

16. 下列有关货币均衡的描述正确的是（　　）。

A. 货币供给与货币需求基本相适应的货币流通状态

B. 是一种在经常发生的货币失衡中暂时达到的均衡状态

C. 在任意时点上货币需求都等于货币供给

D. 是社会总供求均衡的反映

E. 指货币供给量与需求量完全相等

知识点提示：货币供求均衡与社会总供求均衡。参见教材本章第三节。

17. 国际收支平衡表是一定时期内一个国家（或地区）与他国（或地区）全部经济交易的系统记录，主要构成项目是（　　）。

A. 经常账户　　B. 资本账户

C. 金融账户　　D. 净误差与遗漏

E. 储备资产

知识点提示：国际收支平衡表及其构成。参见教材本章第三节。

18. 国际收支失衡的原因有（　　）。

A. 经济发展状况　　B. 货币性因素

C. 经济结构影响　　D. 外汇投机与国际资本流动

E. 经济周期影响

知识点提示：国际收支与内外均衡。参见教材本章第三节。

19. 一般衡量通货膨胀的指标是（　　）。

A. 消费价格指数　　B. 生产价格指数

C. 国内生产总值平减指数　　D. 经济增长率

E. 失业率

知识点提示：通货膨胀及其度量。参见教材本章第三节。

（三）判断改错题

1. 现实中的货币需求是指对现金的需求。（　　）

知识点提示：货币需求的含义与分析视角。参见教材本章第一节。

2. 对货币需求者来说，重要的是货币具有的购买力高低而非货币数量的多寡，因而

比较关心实际货币需求。( )

知识点提示：名义货币需求与实际货币需求。参见教材本章第一节。

3. 剑桥方程式与交易方程式同属古典学派的货币需求理论或货币数量论。( )

知识点提示：古典学派的货币需求理论。参见教材本章第一节。

4. 凯恩斯认为，人们持有货币的动机来源于流动性偏好这种普遍的心理倾向，而偏好流动性则是出于交易动机和投机动机。( )

知识点提示：凯恩斯的货币需求理论。参见教材本章第一节。

5. 货币需求量的决定与变化主要受收入、财富等规模变量的影响。( )

知识点提示：原理12.1。参见教材本章第一节。

6. 货币供给量是基础货币与存款乘数的乘积。( )

知识点提示：原理12.2、货币供给、存款扩张倍数。参见教材本章第二节。

7. 中央银行若买入外汇和黄金，就是向经济中投放基础货币。( )

知识点提示：基础货币的收放渠道和方式。参见教材本章第二节。

8. 商业银行以原始存款为基础发放的贷款，通过转账支付又会创造出新的存款。( )

知识点提示：原理12.4、商业银行与存款货币创造。参见教材本章第二节。

9. 存款扩张倍数或存款乘数，实际上就是货币乘数。( )

知识点提示：存款扩张倍数、货币乘数及影响因素。参见教材本章第二节。

10. 存款扩张倍数大小与法定存款准备金率、提现率和超额准备金率之间呈正方向变动关系。( )

知识点提示：原理12.5、商业银行创造存款货币的主要制约因素。参见教材本章第二节。

11. 法定存款准备金率的高低与商业银行创造存款货币的能力正相关。( )

知识点提示：商业银行与存款货币的创造。参见教材本章第二节。

12. 中央银行发行央行票据、购买外汇和购买国债都会增加基础货币总量。( )

知识点提示：中央银行与基础货币供给。参见教材本章第二节。

13. 居民消费价格指数、生产价格指数和GDP平减指数是度量通货膨胀与通货紧缩的共同指标。( )

知识点提示：通货膨胀及其度量。参见教材本章第三节。

14. 强制储蓄和资产结构调整都是通货膨胀的社会经济效应。( )

知识点提示：通货膨胀的社会经济效应。参见教材本章第三节。

15. 在通货紧缩情况下，名义利率下跌的速度一般赶不上物价下跌的速度，实际利率反而有所提高。（　　）

知识点提示：通货紧缩的含义与衡量。参见教材本章第三节。

16. 货币供给由中央银行和商业银行的行为共同决定。（　　）

知识点提示：中央银行与基础货币供给、商业银行与存款货币创造。参见教材本章第二节。

17. 持有合理的外汇储备资产组合对防范金融风险有重要意义，也是国际储备规模管理的主要内容。（　　）

知识点提示：国际储备管理。参见教材本章第三节。

18. 工资—价格螺旋上涨引起的通货膨胀是需求拉上型通货膨胀。（　　）

知识点提示：通货膨胀的成因及其治理。参见教材本章第三节。

19. 治理通货紧缩通常采用紧缩性货币政策和扩张性财政政策。（　　）

知识点提示：通货紧缩的治理。参见教材本章第三节。

20. 黄金虽然已经退出了货币历史舞台，但在国际储备资产中仍然是最重要和占据主要份额的资产。（　　）

知识点提示：国际储备管理。参见教材本章第三节。

（四）问答题

1. 凯恩斯与弗里德曼的货币需求理论有什么不同？

知识点提示：古典学派的货币需求理论。参见教材本章第一节。

2. 简述不同成因通货膨胀的治理措施。

知识点提示：通货膨胀。参见教材本章第三节。

3. 通货紧缩有什么负面影响？

知识点提示：通货紧缩。参见教材本章第三节。

（五）案例分析题

一个面包需要花费 10000 亿第纳尔

2005 年初，塞尔维亚第二大城市尼什市内的电视台不断播放一则广告："现价收购面值 5000 亿第纳尔的旧钞！"与此同时，市内几乎各主要街道与报亭均张贴有同样内容的广告，每一张品相较好的 5000 亿第纳尔旧钞，均可兑付 40 第纳尔（约 0.5 欧元）的现钞。这对于月平均收入不足 150 欧元的居民来说，不啻为一意外之喜。因此，居民们开始翻箱倒柜，寻找这一早已被人们遗忘的、前南斯拉夫通货膨胀时代发行的旧钞。

5000 亿第纳尔旧钞的受宠再次唤起人们对那一年代的记忆。20 世纪 90 年代，随着柏林墙的倒塌，前南斯拉夫联邦中的斯洛文尼亚、克罗地亚、波黑、马其顿等各共和国也纷纷宣布独立，退出联邦。1992年4月，由塞尔维亚和黑山两个共和国组成的新南斯拉夫联盟建立。由于国际社会指责塞尔维亚向波黑和克罗地亚派遣武装部队，以支援当地的塞族武装，因此，联合国在当年通过决议，开始对南联盟实施包括政治、经济、文化等各领域在内的全面制裁。国际重压之下原材料及产品市场的丢失，导致原南联盟经济严重困难，为填补巨额财政亏空与通货膨胀赤字，政府不得不开始印制大面额钞票，希望以加大货币发行量的方式渡过眼前的难关。这样，1992年开始发行1万和5万第纳尔两种大面值的钞票，但谁知接下来便难以收场。自1993年开始，政府不得不再次整治通货膨胀，开始发行"新第纳尔"以使第纳尔坚挺。开始时发行有10万、50万、100万、500万、1000万、5000万第纳尔面额的货币，以后又逐渐发展到1亿、5亿、10亿、100亿第纳尔等各种超大面额。

由于极为恶劣的通货膨胀势头根本无法阻止，因此，1992年期间前南境内的通货膨胀水平已经达到每周15%～20%；到1993年，又上涨到每周30%～50%，个别时候一周之内货币甚至可贬值5倍之多。营业时间内，商店售货员每天的一项重要任务就是更换货价标签，最多时一天达三四次。开始时还另写一张新货签取而代之，由于更换实在过于频繁，售货员干脆就直接在原价格基础上填"0"而已。购买一件东西，不带着一包钞票恐怕只能空手而归。不得已，1993年下半年又出版发行了面值为5000亿的第纳尔钞票，即1个5后面跟有11个0的超大面额第纳尔开始出现。

到了1993年11月，第纳尔每周的贬值速度已经远远超出58倍，在1993年的最后一个月，第纳尔贬值的速率已达到了恐怕是人类自有货币以来最疯狂的程度，一周之内第纳尔贬值百倍。形象地说，如果想购买一个最为常见的普通面包，即使是最大面值的5000亿第纳尔钞票，你也需支付两张。人们开始畏惧自己手中的第纳尔，所有人都希望在第一时间将其兑换成商品。唯一不受影响的就是各国驻当地的记者或外交官，由于他们手中持有硬通货，因此尽管每月电话费用惊人，但由于通胀速度太快，到月底结账时仅需兑换12美元的第纳尔，即足以支付全部费用。

直至1994年1月24日，在当时的南斯拉夫人民银行行长阿莫洛维奇（米洛舍维奇从世界银行搬来的救兵）的主持下，塞尔维亚开始再次启动全新的货币政策，在大量收购国内居民手中现有德国马克的基础上，南斯拉夫人民银行开始发行"超级第纳尔"，以1第纳尔兑1马克的汇率，终于稳定了市场，从而结束了这一恶性、超级通货膨胀的历史。

资料来源：《光明日报》，2005-05-20。

分析与思考：1. 什么是通货膨胀？按物价上涨幅度一般可分为哪几类？

2. 度量通货膨胀的指标有哪些？

3. 恶性通货膨胀会对经济造成什么影响？

知识点提示：通货膨胀。参见教材本章第三节。

参考答案

（一）单项选择题

1. A	2. C	3. B	4. C	5. D
6. A	7. C	8. B	9. C	10. B
11. D	12. A	13. D	14. D	15. D

（二）多项选择题

1. AD	2. BCDE	3. ACE	4. AC	5. ABCE
6. BCD	7. ABCDE	8. BCDE	9. AC	10. ACE
11. ABCE	12. CDE	13. AB	14. ACDE	15. ABCD
16. ABD	17. ABCDE	18. ABCDE	19. ABC	

（三）判断改错题

1. × 还包括对存款货币的需求。

2. √

3. √

4. × 还有预防动机。

5. × 还受利率等非货币金融资产收益率的影响。

6. × 是基础货币与货币乘数的乘积。

7. √

8. √

9. × 是两个既有联系又有区别的概念，货币乘数包含存款乘数。

10. × 呈反方向变动关系。

11. × 法定存款准备金率的高低与商业银行创造存款货币的能力负相关。

12. × 发行央行票据会减少基础货币总量。

13. × 只是度量通货膨胀的指标，不是度量通货紧缩的指标。

14. √

15. √

16. √

17. ×　是国际储备结构管理的内容。

18. ×　是成本推进型通货膨胀。

19. ×　治理通货紧缩通常采用扩张性货币政策和扩张性财政政策。

20. ×　外汇是最重要和占据主要份额的国际储备资产，黄金只是国际储备资产之一。

(四) 问答题

1. 凯恩斯与弗里德曼的货币需求理论有什么不同？

凯恩斯提出了"流动性偏好"这一权衡性的货币需求理论，即人们愿意以货币形式持有财富和收入的欲望和心理。凯恩斯从人们持有货币的动机入手，认为人们持有货币的动机来源于流动性偏好这种普遍的心理倾向，而人们偏好货币的流动性是出于交易动机、预防动机和投机动机。

弗里德曼认为，人们对货币的需求受三类因素的影响：(1) 总财富水平。(2) 持有货币的机会成本。(3) 持有货币给人们带来的效用 (u)。其中，用收入代表财富总额，这个收入是"永恒收入"，货币需求与"永恒收入"呈正比例关系，由总财富决定的"永恒收入"水平越高，货币需求越大。弗里德曼进一步将财富分为人力财富与非人力财富两大类，两者都能带来收入，但非人力财富在总收入中所占比重与货币需求呈反比例关系。

2. 简述不同成因通货膨胀的治理措施。

治理通货膨胀必须从社会总供给与社会总需求等多方面综合施治。具体对于不同成因的通货膨胀，则应有针对性地采取相应的政策措施进行治理。

(1) 需求拉动型通货膨胀的治理

治理对策主要是紧缩性货币政策和紧缩性财政政策。前者包括减少基础货币投放、提高利率和提高法定存款准备金率等；后者则是削减政府支出和加税。另外，增加有效供给也是治理之途，可以通过减税刺激投资、产出增长。

(2) 成本推动型通货膨胀的治理

针对工资推动型通货膨胀，治理对策是紧缩性的收入政策，一般包括以物价指导线来确定控制各部门工资增长率，管制或冻结工资。针对利润推动型通货膨胀，治理对策包括制定反托拉斯法以限制垄断高价等。

(3) 供求混合型通货膨胀的治理

由于需求推动与成本推动会相互加强，导致"螺旋式"的通货膨胀，因此，有效的治理方法是双管齐下。一方面，通过需求管理政策，采取紧缩性货币政策和紧缩性财政政策控制有效需求；另一方面，通过反垄断政策控制哄抬价格和提高工资。

(4) 结构失调型通货膨胀的治理

即使在总供给和总需求相对均衡的条件下，某些结构性因素如劳动生产率增长速度的差异、经济发展的"瓶颈"制约、需求转移等也可能导致结构失调型通货膨胀。针对结构失调型通货膨胀的治理，应推进经济结构调整，改善资源配置。

3. 通货紧缩有什么负面影响？

通货紧缩虽然在短期内会给消费者带来一定好处，有助于提高社会购买力，但从长远来看，更多的是给国民经济带来一系列负面影响。首先，引起经济衰退和失业增加。发生通货紧缩时，实际利率有所提高，因此投资成本上升，投资预期收益下降，从而抑制投资需求。社会生产的萎缩，导致工人工资收入降低以及引起失业增加。其次，收入下降，继而导致消费需求降低。总需求下降又会继续抑制投资活动，这种下滑趋势反过来又加剧社会需求不足和通货紧缩的局面，使经济陷入衰退的恶性循环中。最后，严重的通货紧缩还会破坏社会信用关系。严重的通货紧缩通常会引起大量企业破产及企业间的信用关系断裂，进而引起银行不良贷款上升，危及金融系统的稳定。

(五) 案例分析题

评析要求：

(1) 要结合课本所学；

(2) 尝试用自己的语言来深入分析。

第十三章 货币政策

一、学习目标

1. 了解货币政策的操作指标和中介指标，货币政策传导机制的理论特点，以及货币政策的新发展；
2. 熟知货币政策调控的作用机制；
3. 掌握货币政策工具的特点，进而全面理解货币政策框架；
4. 了解货币政策的新发展。

二、知识结构

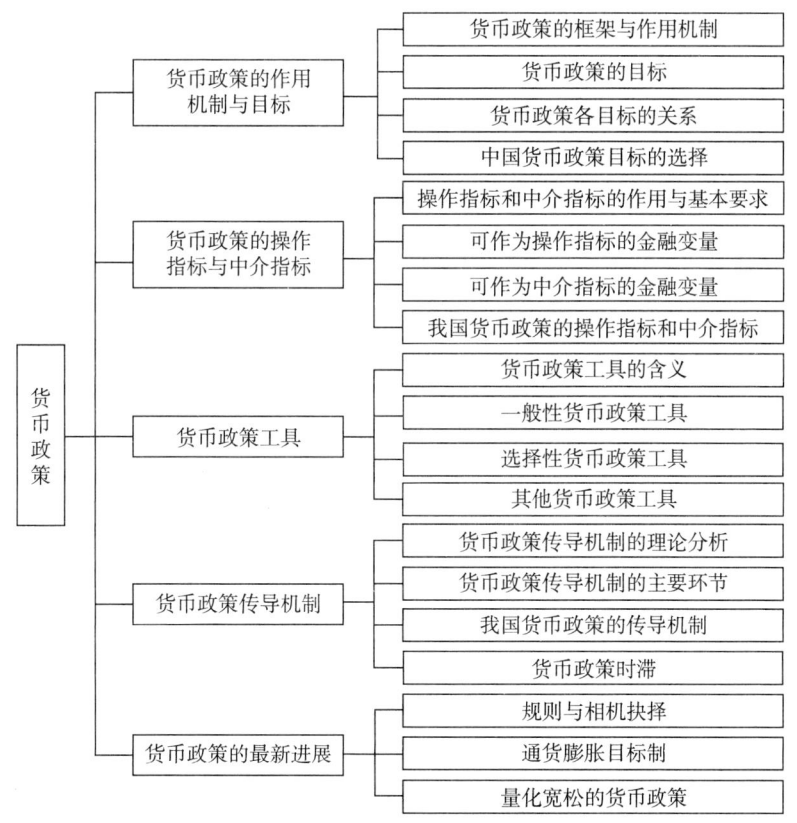

三、重点名词

1. **货币政策**,一般是指中央银行为实现既定的目标,运用各种工具调节货币供求以实现货币均衡,进而影响宏观经济运行的各种方针措施。货币政策有广义和狭义之分。广义的货币政策是指政府、中央银行以及宏观经济部门所有与货币相关的各种规定及采取的一系列影响货币收支的措施的总和。

2. **货币政策目标**,是指通过货币政策的制定和实施所期望达到的最终目的,这是中央银行的最高行为准则。

3. **稳定币值**,是货币政策的首要目标,是指中央银行通过货币政策的实施,使币值保持稳定,从而保持一般物价水平和汇率的基本稳定。

4. **充分就业**,是货币政策的目标之一,是指失业率降到社会可以接受的水平。

5. **货币政策操作指标**,是中央银行通过货币政策工具操作能够有效准确实现的政策变量。

6. **货币政策中介指标**,处于最终目标和操作指标之间,是中央银行通过货币政策操作和传导后能够以一定的精确度达到的政策变量。

7. **货币政策工具**,是指中央银行为调控中介指标进而实现货币政策目标所采用的政策手段。

8. **一般性政策工具**,是指西方国家中央银行多年来采用的三大政策工具,即法定存款准备金政策、再贴现政策和公开市场业务。这三大传统的政策工具又称"三大法宝",主要用于调节货币总量。

9. **再贴现政策**,是中央银行通过向商业银行等金融机构提供融资的方式而进行的货币政策操作。

10. **公开市场业务**,是指中央银行在金融市场上公开买卖有价证券,以此来调节金融机构的准备金和基础货币,进而影响市场利率和货币量的政策行为。

11. **消费信用控制**,是指中央银行对不动产以外的各种耐用消费品的销售融资予以控制。

12. **证券市场信用控制**,是指中央银行对有关证券交易的各种贷款和信用交易的保证金比率进行限制,并随时根据证券市场的状况加以调整,目的在于控制金融市场的交易总量,抑制过度投机。

13. **不动产信用控制**,是指中央银行对金融机构在房地产方面放款的限制性措施,包括对房地产贷款规定最高限额、最长期限及首次付款和分期还款的最低金额等,以抑制房地产投机和泡沫。

14. 预缴进口保证金，是指中央银行要求进口商预缴相当于进口商品总值一定比例的存款，以抑制进口过快增长的措施。

15. 直接信用控制，是以行政命令或其他方式，直接对金融机构尤其是商业银行的信用活动进行控制。这类手段的运用需要金融监管来进行配合。

16. 间接信用指导，是指中央银行通过道义劝告、窗口指导等办法来间接影响商业银行等金融机构行为的做法。

17. 窗口指导，是中央银行在其与商业银行的往来中，对商业银行的季度贷款额度附加规定，否则中央银行便削减甚至停止向商业银行提供再贷款。

18. 国际货币体系，是支配各国货币关系的规则以及国际间进行各种交易支付所依据的一套安排和惯例。

19. 货币政策传导机制，是指中央银行运用货币政策工具作用于操作指标，进而影响中介指标，最终实现既定政策目标的传导途径与作用机制。

20. 货币政策时滞，是指从货币政策制定到最终影响各经济变量、实现政策目标所经过的时间，也就是货币政策传导过程所需要的时间。

21. 量化宽松的货币政策，是指在利率降到零附近导致中央银行没有办法继续采用利率作为货币工具时，采取以货币数量扩张为主要特征的货币政策，以实现经济和金融市场稳定等政策目标。

四、重点难点释疑

（一）怎样理解货币政策的内涵

1. 货币政策有广义与狭义之分。广义的货币政策是指政府、中央银行以及宏观经济部门所有与货币相关的各种规定及采取的一系列影响货币数量和货币收支的措施的总和。狭义的货币政策涵盖的范围则限定在中央银行为实现既定目标，运用各种工具调节货币供求以实现货币均衡，进而影响宏观经济运行的各种方针措施。

2. 货币政策主要包括四个方面的内容，即政策目标、中介指标、操作指标和政策工具，从而形成货币政策体系。它们之间的关系主要表现为：中央银行运用货币政策工具，直接作用于操作指标；操作指标的变动引起中介指标的变化；通过中介指标的变化实现中央银行的最终政策目标。在这个过程中，中央银行需要及时进行监测和预警，以便观察政策工具的操作是否使操作指标和中介指标进入目标区，并根据情况变化随时调整政策工具的操作。另外，在理论分析和效果检验中，货币政策还包括传导机制、政策时滞和政策效果等内容。

(二) 如何理解货币政策调控的作用机制

1. 通过调控货币供求实现货币均衡，保持币值稳定。现代信用货币制度下的货币价值取决于货币供求在数量和结构上的均衡，货币供求的失衡会导致币值的变化。因此，保持币值稳定是保证市场经济中价格机制发挥作用的前提。货币政策对货币供求的决定和影响因素都可以产生作用。因此，中央银行可以通过货币政策工具的操作直接调控货币供给和需求，保持币值稳定。

2. 通过调控货币供给实现社会总供求的内外均衡，促进充分就业和经济增长。由于货币政策对货币供给的数量有决定性影响，故其可以调节社会总需求。货币政策对社会总供给也有调节作用。货币供给的增长和贷款利率的降低可减少投资成本，刺激投资增长和生产扩大；反之则相反。在实际经济运行过程中，货币政策正是通过对社会总需求和社会总供给两方面的调节使经济保持内外均衡，并促进充分就业和经济增长。

3. 通过利率和汇率调节消费、储蓄与投资，影响就业、经济增长和国际收支。在市场经济中，利率和汇率是最重要的金融杠杆，能够影响各个经济主体的决策和行为。低利率刺激投资和消费；高利率则抑制投资和消费；汇率的变化直接影响进出口贸易和国际资本流动。货币政策可以通过调节货币供求、中央银行利率和公开市场操作有效地影响市场利率和汇率，改变消费、储蓄与投资的数量结构，进而影响就业、经济增长和国际收支。

(三) 货币政策有哪些目标，怎样理解货币政策诸目标之间的关系

货币政策目标是指通过货币政策的制定和实施所期望达到的最终目的，是中央银行的最高行为准则。当代各国的货币政策目标大致可概括为五项：稳定币值（或稳定物价）、充分就业、经济增长、国际收支平衡和金融稳定。

1. 稳定币值。稳定币值是指中央银行通过货币政策的实施，使币值保持稳定，进而保持一般物价水平和汇率的基本稳定。稳定物价往往成为各国货币政策追求的首要目标。

2. 充分就业。充分就业是指失业率降到社会可以接受的水平。充分就业并不意味着消除失业，因为在多数国家，即使社会提供的工作机会与劳动力完全均衡，也可能存在摩擦性或结构性失业。另外，在市场经济发达国家，失业队伍是产业的后备军，是劳工市场供给要素流动的必备条件。

3. 经济增长。保持经济的增长是各国政府追求的最终目标，因此，作为宏观经济政策组成部分的货币政策，自然要将它作为自己一项重要的调节目标。在一般情况下，货币政策可以通过增加货币供应量和降低利率保持较高的投资率，为经济运行创造良好的

货币环境，达到促进经济增长的目的。

4. 国际收支平衡。国际收支平衡有利于一个国家国民经济的健康发展，保证对外经济活动的正常进行，特别是对于开放经济部门占总体经济比重较大的国家更是如此。中央银行通过货币政策措施的具体实施，如稳定币值、调节利率和汇率等，可以改善贸易收支和资本流动，解决或预防国际收支的失衡问题。因此，保持国际收支平衡通常也是货币政策的目标之一。

5. 金融稳定。在现代货币信用经济中，金融稳定是经济和社会稳定的重要条件，各国都努力保持金融稳定，避免出现货币危机、银行危机和金融危机。中央银行把金融稳定作为其政策目标，就是要通过适当的货币政策决策与操作，维持利率与汇率的相对稳定，防止银行倒闭，保持本国金融的稳健运行，并与各国中央银行和国际金融机构合作，共同维护国际金融的稳定。

货币政策诸目标之间的关系是比较复杂的，有的在一定程度上具有一致性，如充分就业与经济增长，二者呈正相关关系；有的则相对独立，如充分就业与国际收支平衡；但它们之间的关系更多地表现为冲突性。货币政策诸目标之间的矛盾主要表现为：

1. 稳定物价与充分就业的矛盾。二者之间通常存在着此消彼长的交替关系。货币政策要实现充分就业的目标，只能通过扩张信用和增加货币供给量来刺激投资和消费，促进就业，但伴随而来的将是一般物价水平的上涨，中央银行只能以牺牲稳定物价的政策目标为代价。因此，物价稳定与充分就业之间是相互矛盾的，很难做到同时实现，中央银行只能根据当时的社会经济条件，寻求物价上涨率和失业率之间某一适当的组合点。

2. 物价稳定与经济增长的矛盾。二者之间的矛盾性较为突出，因为要刺激经济增长，就需要扩张信贷和货币供给，通货膨胀必然带来物价上涨；而为了防止通货膨胀和物价上涨，则需要采取收缩货币的措施，但这会抑制经济增长，使中央银行经常陷入两难选择。

3. 物价稳定与国际收支平衡的矛盾。若他国发生通货膨胀，本国物价稳定，则会造成本国出口增加，进口减少，国际收支发生顺差；若本国发生通货膨胀，其他国家的物价稳定，表明本国货币对内贬值，在一定时期内购买外国商品便宜，则会导致本国出口减少，进口增加，使国际收支恶化。

4. 经济增长与国际收支平衡的矛盾。为了平衡国际收支，消除贸易逆差，中央银行需要减少货币供给，以抑制国内的有效需求，但是生产规模也会相应缩减，从而导致经济增长速度放慢。因此，经济增长与国际收支平衡二者之间也相互矛盾，难以同时兼得。

正因为货币政策各目标之间既有统一性，又有矛盾性，所以，货币政策几乎不可能同时实现这些目标，于是就出现了货币政策目标的选择问题。理论上主要有主张以稳定币值为唯一目标的"单一目标论"；主张同时追求稳定币值和经济增长的"双重目标论"；主张兼顾各个目标，而不同时期确定各自目标的主次地位和先后顺序的"多重目标论"。各国因经济发展水平和经济结构的差异，在货币政策目标的选择上有所不同。

（四）货币政策操作指标和中介指标选取的基本要求是什么

货币政策操作指标和中介指标的选取要兼备以下几个基本要求：第一，可测性，是指中央银行能够迅速获得这些指标准确的资料数据，并进行相应的分析判断。第二，可控性，是指这些指标能在足够短的时间内接受货币政策的影响，并按政策设定的方向和力度发生变化。第三，相关性，是指该指标与货币政策最终目标有极为密切的关系，控制住这些指标就能基本实现政策目标。第四，抗扰性，是指该指标受非政策因素的干扰程度低，能够较好地传递和反映货币政策的作用。

（五）如何理解和把握一般性货币政策工具

一般性货币政策工具是指西方国家中央银行多年来采用的三大政策工具，即法定存款准备金政策、再贴现政策和公开市场业务，又称"三大法宝"，是调节货币总量的货币政策工具。

1. 法定存款准备金政策。它是指各国中央银行根据存款的类型或规模确定不同的缴存比率，并根据货币政策的需要进行调整。法定存款准备金政策通常被认为是货币政策最猛烈的工具之一。因为法定存款准备金率是通过决定或改变货币乘数来影响货币供给的，即使法定存款准备金率调整的幅度很小，也会引起货币供应量的巨大波动。尽管商业银行等存款机构由于种种原因持有超额准备金，但法定存款准备金的调整会增减相应的超额准备金，对商业银行创造派生存款的能力有很强的作用力。因此，这个工具的优点主要在于作用力大、主动性强、见效快。但法定存款准备金率也存在明显的局限性：第一，由于法定存款准备金率调整的效果较强烈，其调整对整个经济和社会心理预期都会产生显著的影响，不宜作为中央银行调控货币供给的日常性工具，这致使它有了固定化的倾向。第二，为了体现中央银行的中立性和公平性，各国的法定存款准备金率对各类存款机构都一样，但调整时对各类存款机构的冲击却不同，因而不易把握货币政策的操作力度与效果。第三，调整法定存款准备金率对商业银行的经营管理干扰较大，增加了银行流动性风险和管理的难度。

2. 再贴现政策。再贴现政策是中央银行通过向商业银行等金融机构提供融资的方式，来进行货币政策的操作。其内容包括：一是再贴现率的确定与调整；二是申请再贴现资格的规定与调整。再贴现率的调整主要着眼于短期的供求均衡，中央银行可根据市场资金供求状况调整再贴现率:一方面能够影响商业银行借入资金的成本,进而影响商业银行向社会提供的信用量;另一方面反映中央银行的政策意向,在金融市场上产生一种告示效应,对市场利率有重要的导向作用。中央银行对再贴现资格条件的规定与调整,能够改变或引导资金流向,可以发挥抑制或扶持作用。再贴现政策还是中央银行扮演"最后贷款人"角色的途径,在保持金融稳定方面发挥着重要的作用。但是,再贴现政策也存在一定的局限性:第一,主动权并非只在中央银行。是否申请再贴现,取决于商业银行的行为。第二,再贴现率的调节作用是有限度的。再贴现率的调整未必会对市场活动产生明显的影响。第三,由于它是中央银行利率,随时调整会引起市场利率的大幅波动,加大利率风险,干扰市场机制。第四,中央银行通过再贴现充当最后贷款人,有可能加大金融机构的道德风险。

3. 公开市场业务。公开市场业务是指中央银行在金融市场上公开买卖有价证券,以此来调节金融机构的准备金和基础货币,进而影响市场利率和货币量的政策行为。当中央银行放松银根时,就在金融市场上买进有价证券,将基础货币投放出去;反之则相反。同前两种货币政策工具相比,公开市场业务有明显的优越性:第一,主动性强。中央银行的公开市场业务可以不计证券交易的价格,从容实现操作目的。第二,灵活性强。中央银行可根据金融市场的变化,进行经常性、连续性的操作,并且买卖数量可多可少。第三,调控效果和缓,震动性小。由于这项业务以交易行为出现,不是强制性的,加上中央银行可以灵活操作,所以其对经济社会和金融机构的影响比较平缓。第四,告示效应强,影响范围广。中央银行在金融市场上公开买卖证券,其操作的方向和力度代表了货币政策的取向,给商业银行和公众以明确的信号,可以影响他们的预期和经济行为。公开市场业务虽然能够有效地发挥作用,但必须具备以下三个条件才能顺利实施:第一,中央银行必须具有足以干预和控制整个金融市场的资金实力。第二,要有发达和完善的金融市场,中央银行可买卖的证券种类必须达到一定规模,经济主体的理性化程度较高,有完善的政策传导机制。第三,必须有其他政策工具的配合。

(六)常见的货币政策传导机制的理论分析有哪些

主要有三种传导机制理论:

1. 金融价格传导论,认为货币政策的传导主要通过金融资产的价格来进行。如凯恩斯学派就认为货币供给的增减首先影响货币的价格——利率,利率变化以后通过影响资本边际效率作用于投资,进而影响就业和总供求,利率是最关键的传导环节;F. 莫迪利安尼认为资本市场价格变动引起的财富效应是最重要的传导环节;J. 托宾则把股票价格纳入传导模型,提出了著名的 Q 理论。

2. 货币传导论，认为货币政策主要通过货币量的变化进行传导。货币供应量增加以后，货币需求并未同时发生变化，公众就会将大于期望保有量的货币用于支出，不同的支出引起相应资产收益率的变化，最终引起总供求的变化，货币支出成为关键的传导渠道。

3. 信贷传导论，认为货币政策主要是通过银行信贷渠道进行传导。货币政策操作以后，银行会根据利率、流动性和借款人的信用状况作出反应，进而改变贷款的供给，企业、个人将因此减少资金来源或增加贷款成本，从而影响他们的生产、消费和储蓄、投资等活动，最终影响总产出。

（七）如何把握货币政策时滞

货币政策时滞是指从货币政策制定到最终影响各经济变量、实现政策目标所经过的时间，也就是货币政策传导过程所需要的时间，可分为内部时滞和外部时滞。

1. 内部时滞有两个阶段：一是从客观需要中央银行采取行动到中央银行认识到这种必要性所经过的时间，称为认识时滞。二是从中央银行认识到这种必要性到实际采取行动所经过的时间，称为行动时滞。内部时滞的长短取决于货币当局对经济形势发展变化的预见能力、反应灵敏度、制定政策的效率和行动的决心与速度等。

2. 外部时滞是指从中央银行采取行动到对政策目标产生影响所经过的时间，也就是货币政策对经济起作用的时间。外部时滞的长短主要由客观的经济和金融条件决定。内部时滞可以通过中央银行的效率提高而缩短，对于外部时滞，中央银行则很难加以控制。

货币政策时滞是影响货币政策效应的重要因素。中央银行必须准确认识到时滞的特点，这样才能使货币政策发挥应有的效应。否则，货币政策可能成为引起宏观经济波动的根源之一。这就要求货币政策制定和执行时要强调政策的前瞻性。

（八）如何理解相机抉择的货币政策

相机抉择的货币政策，是指中央银行根据当前的宏观经济环境制定与执行特定的货币政策，实现货币政策的相应目标。所谓特定的货币政策，意味着货币政策只根据当时环境需要而制定，不考虑货币政策过去的历史，以及该政策对未来经济的影响。实施这样的货币政策，中央银行具有很大的灵活性，可以根据当前经济环境的需要采取被认为合适的政策措施。凯恩斯主义者认为，货币政策按规则行事束缚了中央银行的手脚，依经济环境而采取相机抉择的货币政策能够有效地起到削峰填谷的作用，实现经济稳定。

凯恩斯主义的批评者指出，相机抉择具有很大的主观性，货币政策存在时滞而且不稳定，往往导致政策过度，无法实现政策目标。有的观点认为，相机抉择的货币政策会产生一种称为"时间不一致"的问题，原因是货币政策对预期的影响。中央银行对货币政策的事先承诺会影响人们的预期，一旦预期形成，采取更加激进的货币政策会达到更好的结果。人们对货币政策的时间不一致也会作出反应，最终使货币政策无法达到理想结果。

（九）什么是基于规则的货币政策

所谓基于规则的货币政策，是指中央银行事先承诺一种货币政策操作方式，在以后的政策执行中，按照这一规则行事。货币主义学派就曾提出过"单一规则"的货币政策。

最著名的货币政策规则是"泰勒规则"。它是美国经济学家泰勒在1993年提出并被广泛应用的货币规则。泰勒规则的含义是，当发生通货膨胀或者产量上升时，中央银行应该提高利率；反之，当通货膨胀率下降或产量下降时，则降低利率。而且，泰勒规则还限定了利率对通货膨胀率和产出变化作出反应的大小。

除了泰勒规则外，著名的货币规则还有"麦卡隆规则"。该货币规则以货币增速作为货币政策工具，限定货币增速对经济增速变化的反应系数。

（十）什么是通货膨胀目标制

通货膨胀目标制是指货币当局明确以稳定中长期的通货膨胀率为首要目标，并将未来一段时间要达到的目标通货膨胀率向外界公布。通货膨胀目标制不再强调货币政策工具与最终目标之间的中间目标，货币政策操作主要依据未来通胀预测与目标值的偏离程度。

实行通货膨胀目标制通常需要满足三个条件。第一，要确定合理的通货膨胀目标区间。合理的目标通货膨胀是保证政策有效性的前提。第二，中央银行要有精确预测通货膨胀率的能力。只有准确预测未来的通货膨胀率，才能制定出合适的货币政策操作力度。第三，中央银行要有高度的独立性。这是保障通货膨胀目标制得以实施的必要制度保障。

相对于传统货币政策，通货膨胀目标制具有某些优越性。第一，它有助于克服传统货币政策规则那种单纯盯住某种经济和金融变量的弊端，实现了规则性与灵活性的高度统一。第二，通货膨胀目标制提高了货币政策的透明度，从而形成有效的沟通机制和监督机制，更有利于实现经济稳定。

（十一）如何理解量化宽松的货币政策

量化宽松的货币政策是指在利率降到零附近导致中央银行没有办法继续采用利率作为货币工具时，采取以货币数量扩张为主要特征的货币政策，以实现经济和金融市场稳定等政策目标。

在实践中，量化宽松主要有两大特点。第一，中央银行资产负债表的总量扩张。在量化宽松政策下，中央银行以前所未有的速度和规模扩大其资产负债表，积极地为市场注入大量流动性。第二，货币政策工具的创新。量化宽松的货币政策下的公开市场操作从买卖政府债券扩展到购买大量的私人债券，如资产抵押支持证券等。量化宽松的货币政策属于非传统的货币政策，意味着这种政策是非常规的、临时的，当危机过去，该政策就应该适时地退出。

总体来说，量化宽松的货币政策在国际金融危机期间产生了非常积极的作用：第一，有效稳定了金融市场。第二，缓解了国际金融危机对实体经济的影响。国际金融危机对经济影响的深度、广度和持续性都大大减弱了。

量化宽松的货币政策也存在一些不足之处：第一，量化宽松的货币政策本质上也是中央银行"最后贷款人"功能的体现。最后贷款人作用通常存在"道德风险"问题。第二，政策面临如何退出的挑战。当经济逐渐恢复常规之后，如何消化如此大规模的流动性成为货币政策的巨大挑战。退出时机和退出速度不合时宜，也可能带来新的风险。

五、练习题

（一）单项选择题

1. 在货币政策的诸目标中，（　　）往往成为各国货币政策追求的首要目标。

    A. 稳定物价　　　　B. 充分就业　　　　C. 经济增长　　　　D. 稳定汇率

    知识点提示：货币政策的目标。参见教材本章第一节。

2. 货币政策可选择的操作指标主要包括（　　）。

    A. 基础货币和利率　　　　　　　　B. 准备金和利率

    C. 超额准备金和再贴现率　　　　　D. 准备金和基础货币

    知识点提示：可作为操作指标的金融变量。参见教材本章第二节。

3. 下列变量中不可作为货币政策中介指标的金融变量的是（　　）。

    A. 利率　　　　B. 汇率　　　　C. 货币供应量　　　　D. 基础货币

    知识点提示：可作为中介指标的金融变量。参见教材本章第二节。

4. 下列利率中不由中央银行规定的是（　　）。

    A. 银行间同业拆借利率　　　　　　B. 再贴现率

    C. 商业银行存贷款基准利率　　　　D. 专项贷款利率

    知识点提示：货币政策的操作指标与中介指标。参见教材本章第二节。

5. 中央银行在其与商业银行的往来中，对商业银行的季度贷款额度附加规定，否则中央银行便削减甚至停止向商业银行提供再贷款，这种政策手段称为（　　）。

    A. 道义劝告　　　　B. 再贴现　　　　C. 窗口指导　　　　D. 信用控制

知识点提示：其他货币政策工具。参见教材本章第三节。

6. 在一般性货币政策工具中，效果较强烈的工具是（　　）。

   A. 信用控制　　　　　　　　　　B. 再贴现政策

   C. 法定存款准备金政策　　　　　D. 公开市场业务

   知识点提示：一般性货币政策工具。参见教材本章第三节。

7. 下列各项中可能影响货币政策外部时滞的因素是（　　）。

   A. 对宏观经济进行深入分析　　　B. 国际金融危机的冲击或扰动

   C. 认识到采取措施的必要性　　　D. 决定采取具体措施调控经济

   知识点提示：货币政策时滞。参见教材本章第四节。

8. 货币政策的作用过程包含三个环节，不属于这三个环节的是（　　）。

   A. 中央银行至金融机构　　　　　B. 银行金融机构至非银行金融机构

   C. 金融机构至企业、居民　　　　D. 企业、居民至国民经济各变量

   知识点提示：货币政策的传导机制。参见教材本章第四节。

9. 在货币政策最终目标中，相互之间关系一致的是（　　）。

   A. 经济增长与充分就业　　　　　B. 物价稳定与充分就业

   C. 物价稳定与经济增长　　　　　D. 物价稳定与国际收支平衡

   知识点提示：货币政策的目标。参见教材本章第一节。

10. 在关于货币政策传导机制的理论中，托宾提出了著名的 Q 理论，归属于（　　）。

    A. 货币传导论　　　　　　　　　B. 信贷传导论

    C. 汇率传导论　　　　　　　　　D. 金融价格传导论

    知识点提示：货币政策传导机制的理论分析。参见教材本章第四节。

11. 现代信用货币制度下的货币价值取决于（　　）。

    A. 货币供给在数量和结构上的均衡

    B. 货币供求在数量和结构上的均衡

    C. 货币需求在数量和结构上的均衡

    D. 货币供求在数量上的均衡

    知识点提示：货币政策调控作用机制。参见教材本章第一节。

12. 保持（　　）稳定是保证市场经济中价格机制发挥作用的前提。

    A. 利率　　　　　B. 汇率　　　　　C. 币值　　　　　D. 国际收支

    知识点提示：货币政策调控作用机制。参见教材本章第一节。

13. 根据 1995 年 3 月颁布实施的《中国人民银行法》，我国货币政策目标的基本立

足点是（　　）。

    A. 稳定货币　　　　　　　　　　B. 控制利率

    C. 实现国际收支平衡　　　　　　D. 经济增长

    知识点提示：中国货币政策目标的选择。参见教材本章第一节。

14. 再贴现率的调整主要着眼于短期供求均衡，存在一定的局限性。下列各项中不属于其局限性的是（　　）。

    A. 主动权并非只在中央银行　　　B. 调节作用有限

    C. 是中央银行利率　　　　　　　D. 能避免金融机构的道德风险

    知识点提示：再贴现政策。参见教材本章第三节。

15. 下列各项中属于间接信用控制的其他货币政策工具的是（　　）。

    A. 规定利率限额　　　　　　　　B. 道义劝告

    C. 采用信用配额　　　　　　　　D. 规定金融机构流动性比率

    知识点提示：其他货币政策工具。参见教材本章第三节。

（二）多项选择题

1. 再贴现政策的局限性主要包括（　　）。

    A. 主动权并非只在中央银行　　　B. 调节作用有限

    C. 是中央银行利率　　　　　　　D. 可能加大金融机构的道德风险

    E. 缺乏中立性和公平性

    知识点提示：再贴现政策。参见教材本章第三节。

2. 1994年《国务院关于金融体制改革的决定》明确提出，我国货币政策的中介指标主要包括（　　）。

    A. 货币供应量　　　　　　　　　B. 信用总量

    C. 商业银行贷款总量　　　　　　D. 同业拆借利率

    E. 银行超额准备金率

    知识点提示：货币政策的操作指标与中介指标。参见教材本章第二节。

3. 下列各项中属于选择性货币政策工具的是（　　）。

    A. 不动产信用控制　　　　　　　B. 消费信用控制

    C. 优惠利率　　　　　　　　　　D. 预缴进口保证金

    E. 证券市场信用控制

    知识点提示：选择性货币政策工具。参见教材本章第三节。

4. 在其他货币政策工具中，属于直接信用控制的是（　　）。

A. 采用信用配额 B. 不动产信用控制
C. 规定金融机构流动性比率 D. 规定利率限额
E. 直接干预

知识点提示：其他货币政策工具。参见教材本章第三节。

5. 货币政策目标包括（   ）。

A. 金融稳定 B. 充分就业
C. 经济增长 D. 国际收支平衡
E. 稳定币值

知识点提示：货币政策的目标。参见教材本章第一节。

6. 货币政策框架主要包括货币政策的（   ）。

A. 传导机制 B. 中介指标
C. 政策目标 D. 政策工具
E. 操作指标

知识点提示：货币政策的基本框架。参见教材本章第一节。

7. 实行通货膨胀目标制通常需要满足的条件是（   ）。

A. 商业银行要全力以赴高度配合
B. 中央银行要有高度的独立性
C. 中央银行要有精确预测通货膨胀率的能力
D. 要确定合理的通货膨胀目标区间
E. 民众要有适度的经济预期

知识点提示：通货膨胀目标制。参见教材本章第五节。

8. 货币政策目标之间存在矛盾关系的是（   ）。

A. 稳定物价与充分就业 B. 充分就业与经济增长
C. 物价稳定与经济增长 D. 物价稳定与国际收支平衡
E. 经济增长与国际收支平衡

知识点提示：货币政策诸目标的关系。参见教材本章第一节。

9. 货币政策操作指标和中介指标的选取要兼备的基本要求是（   ）。

A. 波动性 B. 相关性 C. 抗扰性 D. 可控性
E. 可测性

知识点提示：操作指标与中介指标的作用与基本要求。参见教材本章第二节。

10. 公开市场业务政策的优越性有（   ）。

A. 主动性强　　　　　　　　　B. 灵活性强

C. 调控效果和缓，震动性小　　D. 影响范围广

E. 告示效应强

知识点提示：一般性货币政策工具。参见教材本章第三节。

(三) 判断改错题

1. 菲利普斯曲线表明物价稳定和充分就业这两个货币政策目标之间存在此消彼长的关系；但是，自然律假说反对这种观点，提出物价稳定和充分就业之间并不矛盾。(　　)

知识点提示：货币政策诸目标的关系。参见教材本章第一节。

2. 超额准备金由于不受中央银行直接控制，因而不能作为货币政策的操作指标。(　　)

知识点提示：一般性货币政策工具。参见教材本章第三节。

3. 利率作为货币政策的中介指标，优点是可测性和相关性都较强，但抗干扰性较差。(　　)

知识点提示：可作为中介指标的金融变量。参见教材本章第二节。

4. 再贴现政策是"三大法宝"中唯一一个主动权并非只在中央银行手中的工具。(　　)

知识点提示：一般性货币政策工具。参见教材本章第三节。

5. 从中央银行采取行动到对政策目标产生影响所经过的时间称为行动时滞。(　　)

知识点提示：货币政策时滞。参见教材本章第四节。

6. 货币政策的操作指标处于中介指标与最终目标之间，因而距离最终目标更近。(　　)

知识点提示：货币政策的操作指标与中介指标。参见教材本章第二节。

7. 一般而言，货币政策中介指标的可控性、可测性要强于操作指标，而相关性则弱于操作指标。(　　)

知识点提示：操作指标与中介指标的作用与基本要求。参见教材本章第二节。

8. 法定存款准备金政策通常被认为是货币政策最猛烈的工具之一。因为它通过决定或改变货币乘数来影响货币供给，因此，即使准备金率调整的幅度很小，也会引起货币供应量的巨大波动。(　　)

知识点提示：一般性货币政策工具。参见教材本章第三节。

9. 货币传导论认为，货币政策操作以后，传导主要是通过金融资产价格和信贷渠道

完成。（　　）

知识点提示：货币政策传导机制的理论分析。参见教材本章第四节。

10. 充分就业目标就是要消除失业，或将失业率降到极低的水平。（　　）

知识点提示：货币政策的目标。参见教材本章第一节。

11. 我国货币政策目标是"保持货币币值稳定，并以此促进经济增长"，实质上是将经济增长作为基本立足点。（　　）

知识点提示：中国货币政策目标的选择。参见教材本章第一节。

12. 中央银行在公开市场上卖出有价证券，只是等额地回笼基础货币，而非等额地回收货币供给量。（　　）

知识点提示：公开市场业务。参见教材本章第三节。

13. 选择性货币政策工具通常可在不影响货币供给量的条件下，影响银行体系的资金投向和不同贷款的利率。（　　）

知识点提示：选择性货币政策工具。参见教材本章第三节。

14. 在一般性货币政策工具中，主动性和灵活性强、调控效果最为和缓的是再贴现政策。（　　）

知识点提示：一般性货币政策工具。参见教材本章第三节。

15. 量化宽松的货币政策以利率是零或负值为基本特征。（　　）

知识点提示：量化宽松的货币政策。参见教材本章第五节。

(四) 问答题

1. 请简要叙述你对一般性货币政策工具的认识。

知识点提示：一般性货币政策工具。参见教材本章第三节。

2. 货币政策操作指标和中介指标的选取要兼备哪些基本要求？

知识点提示：货币政策的操作指标和中介指标。参见教材本章第二节。

3. 怎样理解货币政策诸目标之间的关系？

知识点提示：货币政策诸目标之间的关系。参见教材本章第一节。

4. 如何理解量化宽松的货币政策？

知识点提示：量化宽松的货币政策。参见教材本章第五节。

(五) 案例分析题

认真阅读"2016年第二季度中国货币政策执行报告"（详见中国人民银行网站），结合所学，就我国货币政策的调整与变化，回答下列问题：

1. 影响我国货币政策的因素有哪些？

知识点提示：货币政策的传导机制。参见教材本章第四节。

2. 我国货币政策与深化金融改革的关系是什么？

知识点提示：货币政策的最新进展。参见教材本章第五节。

参考答案

（一）单项选择题

1. A	2. D	3. D	4. A	5. C
6. C	7. B	8. B	9. A	10. D
11. B	12. C	13. A	14. D	15. B

（二）多项选择题

| 1. ABCD | 2. ABDE | 3. ABCDE | 4. ACDE | 5. ABCDE |
| 6. BCDE | 7. BCD | 8. ACDE | 9. BCDE | 10. ABCE |

（三）判断改错题

1. √

2. × 超额准备金虽不由中央银行直接控制，却并不影响其可控性，它同时也符合其他"三性"原则，是重要的操作指标。

3. √

4. √

5. × 称为外部时滞。

6. × 中介指标处于操作指标与最终目标之间，距离最终目标更近。

7. × 正好相反。就可控性与可测性而言，操作指标强于中介指标，相关性上则是中介指标强于操作指标。

8. √

9. × 货币传导论认为主要通过货币量的变化传导。

10. × 充分就业是指将失业率降到社会可以接受的水平，允许存在结构性失业和摩擦失业。

11. × 实质上是将保持货币币值稳定作为基本立足点。

12. √

13. √

14. ×　具备这些特征的是公开市场业务。

15. ×　量化宽松的货币政策以"货币数量扩张"为主要特征。

(四) 问答题

1. 请简要叙述你对一般性货币政策工具的认识。

一般性货币政策工具是指西方国家中央银行多年来采用的三大政策工具，即法定存款准备金政策、再贴现政策和公开市场业务，这三大传统的政策工具有时也被称为"三大法宝"。

(1) 法定存款准备金政策。它是指各国中央银行根据存款的类型或规模确定不同的缴存比率，并根据货币政策的需要进行调整，通常被认为是货币政策最猛烈的工具之一。这个工具的优点主要在于作用力大、主动性强、见效快。但法定存款准备金率也存在明显的局限性：由于法定存款准备金率调整的效果较强烈，其调整对整个经济和社会心理预期都会产生显著的影响，不宜作为中央银行调控货币供给的日常性工具；为了体现中央银行的中立性和公平性，各国的法定存款准备金率对各类存款机构都一样，但调整时对各类存款机构的冲击却不同，因而不易把握货币政策的操作力度与效果；调整法定存款准备金率对商业银行的经营管理干扰较大，增加了银行流动性风险和管理的难度。

(2) 再贴现政策。再贴现政策是中央银行通过向商业银行等金融机构提供融资的方式，来进行货币政策的操作。其内容包括：一是再贴现率的确定与调整；二是申请再贴现资格的规定与调整。再贴现率的调整主要着眼于短期的供求均衡，中央银行可根据市场资金供求状况调整再贴现率，一方面能够影响商业银行借入资金的成本，进而影响商业银行向社会提供的信用量；另一方面反映中央银行的政策意向，在金融市场上产生一种告示效应，对市场利率有重要的导向作用。中央银行对再贴现资格条件的规定与调整，能够改变或引导资金流向，可以发挥抑制或扶持作用。再贴现政策还是中央银行扮演"最后贷款人"角色的途径，在保持金融稳定方面发挥着重要的作用。但是，再贴现政策也存在一定的局限性：第一，主动权并非只在中央银行。第二，再贴现率的调节作用是有限度的。第三，由于它是中央银行利率，随时调整会引起市场利率的大幅波动，加大利率风险，干扰市场机制。第四，中央银行通过再贴现充当最后贷款人，有可能加大金融机构的道德风险。

(3) 公开市场业务。公开市场业务是指中央银行在金融市场上公开买卖有价证券，以此来调节金融机构的准备金和基础货币，进而影响市场利率和货币量的政策行为。同前两种货币政策工具相比，公开市场业务有明显的优越性：第一，主动性强。第二，灵活性强。第三，调控效果和缓，震动性小。第四，告示效应强，影响范围广。必须具备以下三个条件公开市场业务才能顺利实施：第一，中央银行必须具有足以干预和控制整个金融市场的资金实力；第二，要有发达和完善的金融市场；第三，必须有其他政策工具的配合。

2. 货币政策操作指标和中介指标的选取要兼备哪些基本要求？

第一，可测性，是指中央银行能够迅速获得这些指标准确的资料数据，并进行相应的分析判断。

第二，可控性，是指这些指标能在足够短的时间内接受货币政策的影响，并按政策设定的方向和力度发生变化。

第三，相关性，是指该指标与货币政策最终目标有极为密切的关系，控制住这些指标就能基本实现政策目标。

第四，抗扰性，是指该指标受非政策因素的干扰程度低，能够较好地传递和反映货币政策的作用。

3. 怎样理解货币政策诸目标之间的关系？

货币政策诸目标之间的关系是比较复杂的，有的在一定程度上具有一致性，如充分就业与经济增长，二者呈正相关关系；有的则相对独立，如充分就业与国际收支平衡；但它们之间的关系更多地表现为冲突性。货币政策诸目标之间的矛盾主要表现为：

(1) 稳定物价与充分就业的矛盾。二者之间通常存在着一种此消彼长的交替关系。货币政策要实现充分就业的目标，只能通过扩张信用和增加货币供给量来刺激投资和消费，促进就业，但伴随而来的将是一般物价水平的上涨，中央银行只能以牺牲稳定物价的政策目标为代价。因此，物价稳定与充分就业之间是相互矛盾的，很难做到同时实现，中央银行只能根据当时的社会经济条件，寻求物价上涨率和失业率之间某一适当的组合点。

(2) 物价稳定与经济增长的矛盾。物价稳定与经济增长之间的矛盾性较为突出，因为要刺激经济增长，中央银行需要扩张信贷和货币供给，通货膨胀必然带来物价上涨；而为了防止通货膨胀和物价上涨，中央银行则需要采取收缩货币的措施，但这会抑制经济增长，使中央银行经常陷入两难选择。

(3) 物价稳定与国际收支平衡的矛盾。若其他国家发生通货膨胀，本国物价稳定，则会造成本国出口增加，进口减少，国际收支发生顺差；若本国发生通货膨胀，其他国家的物价稳定，表明本国货币对内贬值，在一定时期内购买外国商品便宜，则会导致本国出口减少，进口增加，使国际收支恶化。

(4) 经济增长与国际收支平衡的矛盾。为了平衡国际收支，消除贸易逆差，中央银行需要减少货币供给,以抑制国内的有效需求,但是生产规模也会相应缩减,从而导致经济增长速度放慢。因此,经济增长与国际收支平衡二者之间也相互矛盾,难以同时兼得。

正因为货币政策各目标之间有统一性,但更多地表现为矛盾性,所以货币政策几乎不可能同时实现这些目标,于是就出现了货币政策目标的选择问题。在理论上主要有主张以稳定币值为唯一目标的"单一目标论";主张同时追求稳定币值和经济增长的"双重目标论";主张总体上兼顾各个目标,而不同时期确定各目标的主次地位和先后顺序的"多重目标论"。各国由于经济发展水平和经济结构的差异,在货币政策目标的选择上有所差异。

4. 如何理解量化宽松的货币政策?

(1) 量化宽松的货币政策,是指在利率降到零附近导致中央银行没有办法继续采用利率作为货币工具时,采取以货币数量扩张为主要特征的货币政策,以实现经济和金融市场稳定等政策目标。

(2) 在实践中,量化宽松主要有两大特点。第一,中央银行资产负债表的总量扩张。在量化宽松政策下,中央银行以前所未有的速度和规模扩大其资产负债表,积极地为市场注入大量流动性。第二,货币政策工具的创新。量化宽松的货币政策下的公开市场操作从买卖政府债券扩展到购买大量的私人债券,如资产抵押支持证券等。量化宽松的货币政策属于非传统的货币政策,意味着这种政策是非常规的、临时的,是为了应对突发性的危机事件而采取的应急措施。因此,当危机过去,量化宽松的货币政策也应该适时地退出,货币政策回归到传统货币政策操作框架中来。

(3) 总体来说,量化宽松的货币政策在国际金融危机期间产生了非常积极的作用,主要包括以下几个方面。第一,量化宽松政策有效地稳定了金融市场。中央银行的流动性注入较快地稳定了金融市场,没有出现持续的资产价格暴跌、金融机构倒闭、货币收缩等恶性循环。第二,量化宽松政策缓解了国际金融危机对实体经济的影响。通常大的金融危机都会带来大的经济危机。但是,在量化宽松政策下,国际金融危机对经济影响的深度、广度和持续性都大大减弱了。但是,量化宽松的货币政策也存在一些不足之处,可能给经济运行带来不良影响。第一,量化宽松的货币政策本质上也是中央银行"最后贷款人"功能的体现。最后贷款人作用通常存在"道德风险"问题。如果量化宽松政策采取得过于频繁,反而会加剧整个金融市场的系统性风险。第二,量化宽松政策面临如何退出的挑战。当经济逐渐恢复常规之后,如何消化如此大规模的流动性成为货币政策的巨大挑战。如果选择的退出时机和退出速度不合时宜,政策退出可能带来很大的经济风险。

(五) 案例分析题

评析要求:

(1) 要结合课本所学;

(2) 要尝试运用自己的语言来深入分析。

第十四章 金融监管

一、学习目标

1. 了解金融监管的模式，进而掌握金融监管的手段与方法；
2. 熟悉金融监管的概念，掌握金融监管的一般原理；
3. 掌握宏观审慎监管与微观审慎监管的区别；
4. 熟悉银行业、证券业、保险业监管的主要内容。

二、知识结构

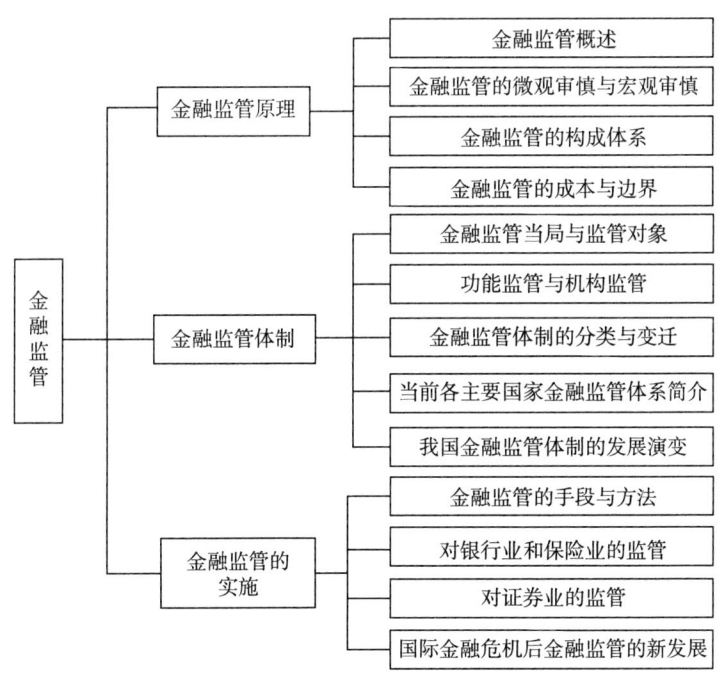

三、重点名词

1. **金融监管**，有广义和狭义之分。广义的金融监管除包括一国中央银行或金融监管当局对金融体系的监管以外，还包括各金融机构的内部控制、同业自律性组织的监管、社会中介组织的监管等，目前各国的金融监管体系通常是在广义的范畴下建构的。狭义的金融监管仅指一国的中央银行或金融监管当局依据法律、法规的授权，对金融业实施的监督管理。

2. **行政成本**，是指金融监管中由政府负担的成本。

3. **奉行成本**，是指金融监管中由被监管企业负担的成本。

4. **功能监管**，又叫业务监管，是按照经营业务的性质来划分监管对象，如将金融业务划分为银行业务、证券业务和保险业务，监管机构针对不同业务进行监管。

5. **金融稽核**，是中央银行或监管当局根据国家规定的稽核职责，对金融业务活动进行的监督和检查。它是由管辖行的稽核机构派出人员以公正的客观地位，对辖属行、处、所或业务领导范围内的专业机构，运用专门的方法，就其真实、合法、正确、完整性作出评价或建议，向派出机构及有关单位提出报告。

6. **现场稽核**，是指监管当局指派人员到被稽核单位，按稽核程序进行现场稽核检查的稽核方式。

7. **资本充足率**，是指由巴塞尔协议规定的资本对加权风险资产的比例。它是评价银行自担风险、自我发展能力的一个标志，银行在开展业务时要受自有资本的制约，不能脱离自有资本而任意扩大业务。

8. **证券内幕交易**，又称知情证券交易，是指内部知情人利用地位、职务或业务等便利，获取未公开但将影响证券价格的重要信息，利用信息进行有价证券交易或泄露该信息的行为。法律已规定其为犯罪行为。

9. **证券欺诈行为**，是指证券公司及其从业人员违背客户真实意思表示，从事损害客户利益的行为。

10. **操纵市场行为**，是指证券交易中，个人或机构背离市场自由竞争和供求关系原则，人为地操纵证券价格，以引诱他人参与证券交易，为自己牟取私利的行为。

四、重点难点释疑

（一）怎样正确理解金融监管的重要性

理解金融监管的重要性，必须将金融体系的正效应和负效应两方面结合起来综合考虑。

1. 金融体系的正效应。首先，金融在市场资源配置中起着重要作用。金融作为现代经济运行中最基本的战略资源，广泛、深刻地渗透到社会经济生活的各个方面，在市场资源配置中起到重要作用。其次，金融作为一种特殊的资源，具有引导和配置其他资源的作用，突出表现为，它是资金运动的"信用中介"，通过聚集和分配资金，调剂资金余缺，从而实现社会资源的重新整合，优化资源配置。最后，金融安全是国家经济安全的核心，维护国家经济安全，必须高度重视金融安全，金融监管不可或缺。

2. 金融体系的负效应。金融体系的负效应表现在金融体系的风险和内在不稳定性等方面。金融体系的内在不稳定性是指金融机构，特别是商业银行和相关贷款者固有的经历周期性危机和破产的倾向。自17世纪近代银行产生以来，随着金融业的快速发展，金融体系的负效应也一直伴随其中。自20世纪70年代以来，金融风险明显加剧，金融危机的频率加快，影响也越来越深。

（二）金融监管的作用有哪些

第一，维护社会公众的利益，控制金融机构的经营风险，避免发生金融风险的"多米诺骨牌效应"。第二，维护金融业的良性运转，促进金融机构发挥正效应，预防负效应的发生和发展。第三，保持货币制度和金融秩序的稳定，有效调控货币，规范金融秩序，避免金融业恶性竞争。第四，防范金融风险，避免引发金融危机。第五，保证货币政策实施。有力的金融监管是获取真实、及时、准确的信息数据的保障，是有效实施货币政策的基础。

（三）如何理解金融监管的目标与原则

1. 金融监管的目标。金融监管目标可分为一般目标和具体目标。一般目标是监管者通过对金融业的监管所要达到的一个总体目标，一般有四点：一是确保金融稳定安全，防范金融风险；二是保护金融消费者权益；三是提高金融体系的效率；四是规范金融机构的行为，促进公平竞争。具体目标各有不同，基本内容都包括金融业竞争、安全等。

2. 金融监管原则是监管当局的行为准则，包括依法监管与严格执法原则，不干涉金融机构内部管理的原则，综合性与系统性监督原则，公平、公正、公开原则，有机统一原则，"内控"与"外控"相结合原则，监管适度与合理竞争原则，稳健运行与风险预防原则，监管成本与效率原则等。

（四）如何理解宏观审慎监管与微观审慎监管之间的区别

宏观审慎监管与微观审慎监管主要在监管目标、关注的风险和政策工具这三个方面存在显著不同。在监管目标上，微观审慎监管的主要目标是避免单一金融机构的倒闭和保护金融消费者；而宏观审慎监管的目标是避免系统性金融风险及其对宏观经济的负面影响。在关注的风险上，微观审慎监管主要考虑单个金融机构的风险；而宏观审慎监管则关注风险的相关性和金融机构的共同风险暴露，以此分析金融机构同时倒闭的可能性及其给整个金融体系带来的风险。在政策工具上，宏观审慎监管与微观审慎监管所使用的工具并无本质区别，如都采用资本监管、贷款损失监管、审慎信贷标准、流动性风险指标和其他风险管理要求等工具，但政策工具的着眼点和具体运用有所区别。如微观审慎监管在整个经济周期中对所有机构运用相同的资本监管标准，而宏观审慎监管会考虑针对系统性的随经济周期变动的逆周期资本要求，或根据系统重要性机构提出差异性的资本要求。

（五）如何正确理解功能监管与机构监管

功能监管又叫业务监管，是按照经营业务的性质来划分监管对象，如将金融业务划分为银行业务、证券业务和保险业务，监管机构针对不同业务进行监管。其优势在于：监管的协调性高；金融机构资产组合总体风险容易判断；可以避免重复和交叉监管现象的出现，为金融机构创造公平竞争的市场环境。

机构监管则是按照不同机构的类别来划分监管对象，其优势在于：当金融机构从事多项业务时易于评价金融机构产品系列的风险；机构监管也可避免不必要的重复监管，一定程度上提高监管功效，降低监管成本。

（六）常见的金融监管手段与方法有哪些

从总体上看，各国的金融监管主要依据法律法规来进行，在具体监管过程中，主要运用金融稽核手段，采用"四结合"并用的全方位监管方法。

1. 依法实施金融监管。金融监管必须依法进行，这是金融监管的基本点。只有保证监管的权威性、严肃性、强制性和一贯性，才能保证它的有效性。

2. 运用金融稽核手段实施金融监管。金融稽核，是由管辖行的稽核机构派出人员以公正的客观地位，对辖属行、处、所或业务领导范围内的专业机构，运用专门的方法，就其真实、合法、正确、完整性作出评价或建议，向派出机构及有关单位提出报告。金融稽核、检查监督的主要内容包括业务经营的合法性、资本金的充足性、资产质量、负债的清偿能力、盈利情况、经营管理状况等。

3. "四结合"的监管方法，即现场稽核与非现场稽核相结合，定期检查与随机抽查相结合，全面监管与重点监管相结合，外部监管与内部自律相结合。

（七）常见的对银行业监管的重点及内容有哪些

各国监管机构对银行业的监管重点包括三个方面：市场准入监管、日常经营监管和市场退出监管。

1. 市场准入监管。市场准入是监管的首要环节。把好市场准入关是保障银行业稳健运行和整个金融体系安全的重要基础。它主要包括两个方面：第一，商业银行设立和组织机构的监管；第二，对银行业务范围的监管。

2. 日常经营监管。主要包括：（1）资本充足性监管。资本充足率是指资本对加权风险资产的比例。它是评价银行自担风险和自我发展能力的一个重要指标，银行在开展业务时要受自有资本的制约，不能脱离自有资本而任意扩大业务。（2）对存款人保护的监管。此类监管主要包括制定存款业务的原则、对存款人权益的保护性规定、对存款利率和存款方式的监管、对存款保险的规定等。（3）流动性监管。当流动性不足时，银行无法以合理的成本获得所需的足够资金，其后果就是银行利润受到侵蚀，甚至导致支付危机。（4）贷款风险的控制。大多数国家都限制商业银行的存款与贷款比例，防止贷款对象过度集中，重点监管不良贷款的比例以分散风险。（5）准备金管理。商业银行的存款准备金不仅是保持商业银行清偿力的必要条件，而且是中央银行操作存款准备金工具实施货币政策的基础。（6）对商业银行财务会计的监管。这主要包括规定商业银行的财务会计制度、对商业银行会计账册真实性的监管、对商业银行财务会计审计的规定、对商业银行提取呆账准备金的规定等。

3. 市场退出监管。大体上包括三个方面：一是金融机构破产倒闭等行为，包括接管、解散、撤销和破产；二是金融机构变更、合（兼并）并行为；三是终止违规者的经营行为。

五、练习题

（一）单项选择题

1. 金融监管理论体系中不包括（　　）。

A. 基础理论　　　　　　　　B. 自然理论

C. 相关理论　　　　　　　　D. 应用理论

知识点提示：监管理论体系。参见教材本章第一节。

2. 由被监管者的道德风险引起的损失或成本称为（　　）。

A. 直接资源损失　　　　　　B. 行政成本

C. 奉行成本　　　　　　　　D. 间接效率损失

知识点提示：金融监管的成本与边界。参见教材本章第一节。

3. 在金融监管模式中，美国是（　　）模式的典型代表。

A. 高度集中的单一监管 　　　　B. 牵头监管

C. 双峰式监管 　　　　　　　　D. 分权型多头监管

知识点提示：当前各主要国家金融监管体系简介。参见教材本章第二节。

4. 金融监管中的依法监管原则是指（　　）。

A. 严格执法不干涉内部管理 　　B. 金融机构必须依法经营

C. 金融运行必须依法管理 　　　D. 金融调控必须依法操作

知识点提示：金融监管的目标与原则。参见教材本章第一节。

5. 一国监管法律法规体系不包括（　　）。

A. 行业性法律 　　　　　　　　B. 专业性法规

C. 国际性法律 　　　　　　　　D. 行业内法律

知识点提示：监管法律法规体系。参见教材本章第一节。

6. 金融监管中由政府负担的成本是（　　）。

A. 间接效率损失 　　　　　　　B. 行政成本

C. 奉行成本 　　　　　　　　　D. 直接资源成本

知识点提示：金融监管的成本与边界。参见教材本章第一节。

7. 我国目前实行的金融监管体制是（　　）。

A. 混合监管 　　　　　　　　　B. 集中监管

C. 分业监管 　　　　　　　　　D. 交叉监管

知识点提示：我国金融监管体制的发展演变。参见教材本章第二节。

8. 下列各项中（　　）不属于"四结合"的金融监管方法。

A. 全面监管与重点监管 　　　　B. 国际监管与国内督查

C. 外部监管与内部自律 　　　　D. 定期检查与随机抽查

知识点提示："四结合"的监管方法。参见教材本章第三节。

9. 防止内幕交易和防止操纵市场是对（　　）监管的主要内容。

A. 租赁、信托业 　　　　　　　B. 银行业

C. 保险业 　　　　　　　　　　D. 证券业

知识点提示：金融监管的实施。参见教材本章第三节。

10. 对证券市场进行监管的主要任务是（　　）。

A. 保护投资者的合法权益 　　　B. 保护存款人的合法权益

C. 保护投保人的合法权益 　　　D. 保护企业并购重组中的合法权益

知识点提示：对证券市场的监管。参见教材本章第三节。

11. 对证券市场进行监管的基本原则是（　　）。

A. 依法监管原则　　　　　　　　B. 公开、公平、公正原则

C. 严格执法原则　　　　　　　　D. 保护投资者合法权益原则

知识点提示：对证券市场的监管。参见教材本章第三节。

12. （　　）的颁布，标志着美国分业经营和分业监管体制的形成。

A. 《金融服务现代化法》

B. 《现代化金融监管架构蓝图》

C. 《金融监管改革——新基础：重建金融监管》

D. 《格拉斯—斯蒂格尔法案》

知识点提示：美国金融监管体系简介。参见教材本章第二节。

13. 国际金融危机以后，各国对金融机构体系进行了重构，主要特色是（　　）。

A. 凸显中央银行在监管中的地位，强调宏观审慎监管

B. 加强多种监管机构的协调配合，强调微观审慎监管

C. 加强对衍生金融工具监管的同时，强调对原生金融工具的监管

D. 建立了更多的金融监管机构协同监管

知识点提示：国际金融危机后金融监管的新发展。参见教材本章第三节。

14. 欧洲银行业联盟的建立标志着欧元区统一监管格局的形成，在欧盟内部以欧洲中央银行为监管机构，实行银行业的（　　）监管。

A. 分业　　　　B. 单一　　　　C. 混业　　　　D. 多头

知识点提示：国际金融危机后金融监管的新发展。参见教材本章第三节。

（二）多项选择题

1. 金融监管的一般目标是（　　）。

A. 确保金融稳定安全，防范金融风险

B. 保护金融消费者权益

C. 提高金融体系效率

D. 规范金融机构行为，促进公平竞争

E. 提高各类金融机构的盈利水平

知识点提示：金融监管的目标。参见教材本章第一节。

2. 金融监管的原则主要是（　　）。

A. 不干涉金融机构内部管理原则

B. 依法监管与严格执法原则

C. 综合性与系统性监督原则

D. "内控"与"外控"相结合的原则

E. 公平、公正、公开原则

知识点提示：金融监管的原则。参见教材本章第一节。

3. 按监管机构的监管范围可把金融监管体制分为（　　）。

A. 单一监管体制　　　　　　　　B. 多元监管体制

C. 集中监管体制　　　　　　　　D. 分业监管体制

E. 混合监管体制

知识点提示：金融监管体制的分类。参见教材本章第二节。

4. 宏观审慎监管和微观审慎监管虽有区别，但有的监管工具相同。这些相同的监管工具是（　　）。

A. 资本监管　　　　　　　　　　B. 审慎信贷标准

C. 流动性风险指标　　　　　　　D. 贷款损失监管

E. 其他风险管理要求

知识点提示：金融监管的宏观审慎与微观审慎。参见教材本章第一节。

5. 下列国家中实行双层多头金融监管体制的是（　　）。

A. 英国　　　　　　　　　　　　B. 美国

C. 德国　　　　　　　　　　　　D. 加拿大

E. 巴西

知识点提示：当前各主要国家金融监管体系简介。参见教材本章第二节。

6. 金融监管的间接效率损失发生的途径有（　　）。

A. 被监管者的道德风险　　　　　B. 妨碍金融创新，导致动态低效率

C. 削弱竞争，导致静态低效率　　D. 监管过度，导致金融服务效率降低

E. 依法关闭金融机构

知识点提示：金融监管的成本。参见教材本章第一节。

7. 金融监管的构成体系包括（　　）。

A. 金融监管的指标体系　　　　　B. 金融监管的理论体系

C. 金融监管的法律体系　　　　　D. 金融监管的组织体系

E. 金融监管的内容体系

知识点提示：金融监管的构成体系。参见教材本章第一节。

8. 我国金融体系中的金融监管机构包括（　　）。

A. 金融资产管理公司　　　　　　B. 中国人民银行

C. 中国银保监会　　　　　　　　D. 中国证监会

E. 中国金融学会

知识点提示：我国金融监管体制的发展演变。参见教材本章第二节。

9. 各国监管机构对银行业的监管重点包括（　　）。

A. 国际业务监管　　　　　　　　B. 市场准入监管

C. 日常经营监管　　　　　　　　D. 市场退出监管

E. 注册资本监管

知识点提示：对银行业的监管。参见教材本章第三节。

10. 对证券业的监管主要包括（　　）。

A. 对证券发行的监管　　　　　　B. 对证券机构的监管

C. 对证券市场的监管　　　　　　D. 对上市公司的监管

E. 对证券流通的监管

知识点提示：对证券业的监管。参见教材本章第三节。

（三）判断改错题

1. 美国和英国都是实行多元化监管体制的代表，其金融监管是由多个监管机构承担的。（　　）

知识点提示：当前各主要国家金融监管体系简介。参见教材本章第二节。

2. 各国监管机构对金融机构的监管，主要是对金融机构日常运营的监管。（　　）

知识点提示：对银行业的监管。参见教材本章第三节。

3. 金融体系的负效应表现在金融体系的风险和内在不稳定性等方面。（　　）

知识点提示：金融体系的负效应。参见教材本章第一节。

4. 金融监管不是单纯检查监督、处罚或纯技术的调查、评价，而是监管当局在法定权限下的具体执法行为和管理行为。（　　）

知识点提示：金融监管的概念。参见教材本章第一节。

5. 1994 年的金融体制改革以后，中国人民银行先后将其证券、银行和保险监管职责分别转交给了证监会和银保监会，已不再负有金融监管职责，成为专门制定与执行货币政策的机构。（　　）

知识点提示：我国金融监管体系的发展演变。参见教材本章第二节。

6. 金融监管中由政府负担的成本是奉行成本。（　　）

知识点提示：金融监管的成本与边界。参见教材本章第一节。

7. 抓住关键问题或重要环节进行特别监管，称为全面监管。（   ）

知识点提示：金融监管的手段与方法。参见教材本章第三节。

8. 金融监管从对象上看，主要是对商业银行、金融市场的监管，非银行金融机构则不在其列。（   ）

知识点提示：金融监管体制的变迁。参见教材本章第二节。

9. 资本充足性监管是市场准入监管的主要内容。（   ）

知识点提示：对银行业的监管。参见教材本章第三节。

10. 内部知情人利用地位、职务或业务等便利，利用未公开信息进行有价证券交易或泄露该信息的行为，是典型的证券欺诈。（   ）

知识点提示：对证券市场的监管。参见教材本章第三节。

(四) 问答题

1. 怎样正确理解金融监管的重要性？

知识点提示：金融监管基础。参见教材本章第一节。

2. 如何理解宏观审慎监管与微观审慎监管之间的区别？

知识点提示：金融监管的微观审慎与宏观审慎。参见教材本章第一节。

3. 常见的金融监管手段与方法有哪些？

知识点提示：金融监管手段与方法。参见教材本章第三节。

4. 如何把握对证券市场的监管的原则和主要内容？

知识点提示：对证券业的监管。参见教材本章第三节。

(五) 案例分析题

认真阅读《中国金融稳定报告（2016）》（详见中国人民银行网站），结合所学，就我国金融监管的变化，回答下列问题：

1. 请简述我国金融监管体系的发展与演进。

知识点提示：金融监管体系。参见教材本章第二节。

2. 我国货币政策与深化金融改革的关系是什么？

知识点提示：国际金融危机后金融监管的新发展。参见教材本章第三节。

第十四章 金融监管

参考答案

(一) 单项选择题

1. B   2. D   3. D   4. A   5. C
6. B   7. C   8. B   9. D   10. A
11. B 12. D 13. A 14. B

(二) 多项选择题

1. ABCD   2. ABCDE   3. CD   4. ABCDE   5. BD
6. ABCD   7. BCDE   8. BCD   9. BCD   10. BCD

(三) 判断改错题

1. × 美国实行多元化监管体制,英国则是"一元化"监管体制,英格兰银行承担整个金融业监管的职责。

2. × 还包括对市场准入和市场退出的监管。

3. √

4. √

5. × 中国人民银行仍然负有综合监管职能。

6. × 政府负担的成本是行政成本。

7. × 称为重点监管。

8. × 金融监管不仅是对商业银行、金融市场的监管,也包括对非银行金融机构的监管,如对保险业的监管与对商业银行的监管同等重要。

9. × 是日常经营监管的重要内容。

10. × 是典型的内幕交易。

(四) 问答题

1. 怎样正确理解金融监管的重要性?

理解金融监管的重要性,必须将金融体系的正效应和负效应两方面结合起来综合考虑。

(1) 金融体系的正效应。首先,金融在市场资源配置中起着重要作用。金融作为现代经济运行中最基本的战略资源,广泛、深刻地渗透到社会经济生活的各个方面,在市场资源配置中起到重要作用。其次,金融作为一种特殊的资源,具有引导和配置其他资源的作用,突出表现为,它是资金运动的"信用中介",通过聚集和分配资金,调剂资金余缺,从而实现社会资源的重新整合,优化资源配置。最后,金融安全是国家经济安全的核心，维护国家经济安全，必须高度重视金融安全，金融监管不可或缺。

（2）金融体系的负效应。金融体系的负效应表现在金融体系的风险和内在不稳定性等方面。金融体系的内在不稳定性是指金融机构，特别是商业银行和相关贷款者固有的经历周期性危机和破产的倾向。自17世纪近代银行产生以来，随着金融业的快速发展，金融体系的负效应也一直伴随其中。自20世纪70年代以来，金融风险明显加剧，金融危机的频率加快，影响也越来越深。

2. 如何理解宏观审慎监管与微观审慎监管之间的区别？

宏观审慎监管与微观审慎监管主要在监管目标、关注的风险和政策工具这三个方面存在显著不同。在监管目标上，微观审慎监管的主要目标是避免单一金融机构的倒闭和保护金融消费者；而宏观审慎监管的目标是避免系统性金融风险及其对宏观经济的负面影响。在关注的风险上，微观审慎监管主要考虑单个金融机构的风险；而宏观审慎监管则关注风险的相关性和金融机构的共同风险暴露，以此分析金融机构同时倒闭的可能性及其给整个金融体系带来的风险。在政策工具上，宏观审慎监管与微观审慎监管所使用的工具并无本质区别，如都采用资本监管、贷款损失监管、审慎信贷标准、流动性风险指标和其他风险管理要求等工具，但政策工具的着眼点和具体运用有所区别。

3. 常见的金融监管手段与方法有哪些？

从总体来看，各国的金融监管主要依据法律法规来进行，在具体监管过程中，主要运用金融稽核手段，采用"四结合"并用的全方位监管方法。

（1）依法实施金融监管。金融监管必须依法进行，这是金融监管的基本点。只有保证监管的权威性、严肃性、强制性和一贯性，才能保证它的有效性。

（2）运用金融稽核手段实施金融监管。金融稽核，是由管辖行的稽核机构派出人员以公正的客观地位，对辖属行、处、所或业务领导范围内的专业机构，运用专门的方法，就其真实、合法、正确、完整性作出评价或建议，向派出机构及有关单位提出报告。金融稽核、检查监督的主要内容包括业务经营的合法性、资本金的充足性、资产质量、负债的清偿能力、盈利情况、经营管理状况等。

（3）"四结合"的监管方法，即现场稽核与非现场稽核相结合，定期检查与随机抽查相结合，全面监管与重点监管相结合，外部监管与内部自律相结合。

4. 如何把握对证券市场的监管的原则和主要内容？

对证券市场监管的主要任务是保护投资者的合法权益，基本原则是坚持公开、公平、公正的"三公"原则。证券市场的监管主要包括对内幕交易的监管、对证券欺诈的监管以及对市场操纵的监管。

(1) 防止内幕交易。证券内幕交易又称知情证券交易,是指内部知情人利用地位、职务或业务等便利,获取未公开但将影响证券价格的重要信息,利用信息进行有价证券交易或泄露该信息的行为。

(2) 防止证券欺诈。证券欺诈行为是指证券公司及其从业人员违背客户真实意思表示,从事损害客户利益的行为。

(3) 防止操纵市场。证券市场中的操纵市场行为是指个人或机构背离市场自由竞争和供求关系原则,人为地操纵证券价格,以引诱他人参与证券交易,为自己牟取私利的行为。

(五) 案例分析题

评析要求:

(1) 要结合课本所学;

(2) 尝试运用自己的语言来深入分析。

第十五章 金融发展

一、学习目标

1. 认识金融与经济发展的关系；
2. 掌握金融创新的理论和方向；
3. 把握金融发展中结构的演进规律；
4. 了解经济发展中的金融化趋势和金融发展中的全球化趋势。

二、知识结构

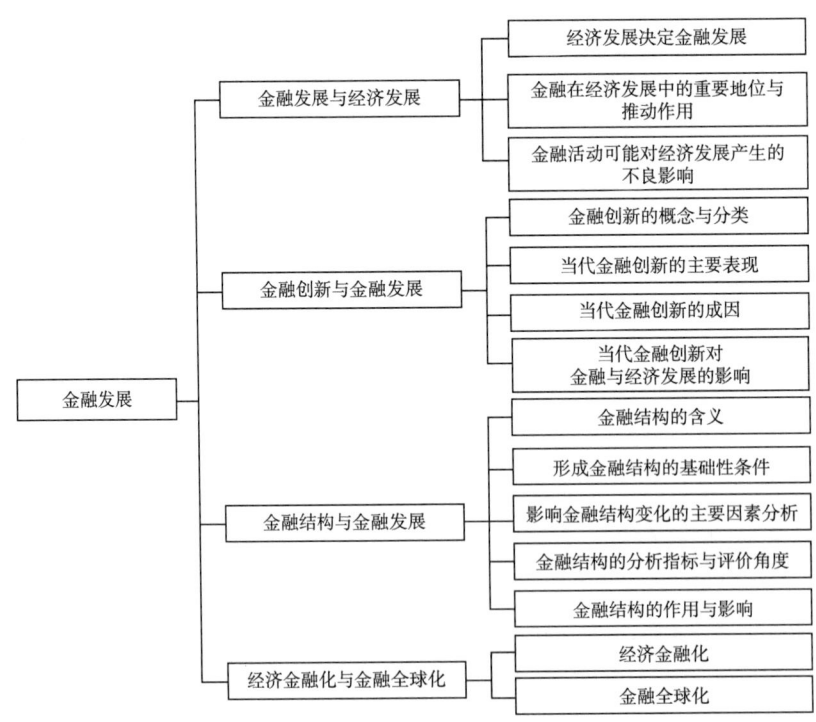

三、重点名词

1. **金融创新**，是指金融领域内部通过各种要素的重新组合和创造性变革所创造或引进的新事物，包括制度创新、业务创新和组织机构创新。

2. **金融结构**，是指构成金融总体的各个组成部分的分布、存在、相对规模、相互关系与配合的状态。

3. **经济金融化**，是指一国经济中金融资产总值占国民经济产出总量的比重处于较高状态并不断提高的过程及趋势。

4. **经济货币化**，是指一国国民经济中用货币购买的商品和劳务占其全部产出比重的提高过程及趋势。货币化比率是其衡量指标。

5. **金融相关率**，是指一定时期内社会金融活动总量与经济活动总量的比值。金融活动总量一般用金融资产总额表示。

6. **金融全球化**，是指世界各个国家和地区放松金融管制、开放金融业务、放开资本项目管制，使资本在全球各地区、各国家的金融市场自由流动，最终形成全球统一的金融市场和货币体系的趋势。

四、重点难点释疑

（一）如何理解金融与经济发展的关系

1. 金融与经济发展之间紧密联系、相互融合、互相作用。具体表现为经济发展对金融起决定作用，金融在整体上居于从属地位，不能凌驾于经济发展之上；金融在为经济发展服务的同时，对经济发展有巨大的推动作用，也可能产生不良影响和副作用。

2. 经济发展对金融的决定性作用集中表现在两个方面：一是金融是在商品经济的发展过程中产生并随着商品经济的发展而发展的。二是商品经济的不同发展阶段决定了金融发展的结构、规模和阶段。

3. 金融在经济发展中具有重要推动作用，主要表现为：第一，金融活动为经济发展提供基础条件；第二，金融促进储蓄，并促进储蓄转化为投资；第三，金融活动节约社会交易成本，促进社会交易的发展；第四，金融业的发展直接为经济发展作出贡献。

4. 现代经济发展中，金融可能出现的不良影响主要表现在三个方面：因金融总量失控出现通货膨胀、信用膨胀，导致社会总供求失衡，危害经济发展；因金融业经营问题形成系统性金融风险，进而引发金融危机；金融创新过度形成金融过度繁荣。

5. 正确认识金融与经济发展的关系，充分重视金融对经济发展的推动作用，积极防范金融对经济的不良影响。摆正金融在经济中的应有位置，使金融在促进经济发展过程中获得自身的健康成长，从而最大限度地为经济发展服务。

(二) 如何认识当代金融创新对金融及经济发展的影响

1. 金融和经济发展的推动作用：当代金融创新对金融和经济发展的推动主要是通过以下几个方面实现的：一是提高了金融机构的运作效率；二是提高了金融市场的运作效率；三是增强了金融产业的发展能力；四是金融作用力大为增强。

2. 产生的新矛盾和挑战：金融创新在繁荣金融、促进经济发展的同时，也带来了许多新的矛盾和问题，对金融和经济发展产生了不利影响。第一，金融创新使货币供求机制、总量、结构乃至特征都发生了深刻变化，对金融运作和宏观调控影响重大；第二，改变了货币政策的决策、操作、传导及效果，对货币政策的实施产生了一定的不利影响；第三，金融风险有增无减，金融业的稳定性下降；第四，金融市场出现过度投机和泡沫膨胀的不良倾向。

综上所述，当代金融创新虽有利有弊，但利远大于弊。正确认识和客观评价金融创新对金融发展和经济发展的积极推动作用，是充分发挥其动力作用，最大限度地推动金融、经济发展和社会文明进步的基本前提。当然，金融创新的副作用也不能忽视，必须加以有效引导和监管。

(三) 如何认识金融结构的作用与影响

不同形态的金融结构，体现着金融发展乃至经济发展的不同程度，反映了金融部门在国民经济中的重要性。金融结构的作用主要表现在两个方面：

1. 对金融发展的决定与影响力。金融结构越复杂，金融功能就越强，金融发展的水平和层次就越高。从历史来看，只有通过金融结构变化，才能提升金融功能，促进金融发展。

2. 对经济发展的影响。金融结构对经济发展的影响也表现在两个方面：第一，有利于提高储蓄、投资水平，促进经济增长。第二，通过金融结构的优化，完善服务功能和风险管理功能，以提高经济发展水平。金融业通过提供大量的金融工具、金融服务、交易方式或融资技术等成果，为经济社会提供各种金融便利和服务，满足不断增加的各种金融需求。

综上所述，金融结构不仅是金融发展状况的具体体现，而且对一国金融发展和经济发展具有重要的决定作用和影响力。金融结构的演进与优化总是和金融效率、金融发展水平、金融国际竞争力紧密相关。

(四) 如何全面客观地认识金融全球化的作用与影响

金融全球化是经济全球化在金融领域的表现。如同经济全球化具有积极和消极两方面的影响一样,金融全球化也是一把"双刃剑",会产生积极和消极两方面的效应。

1. 金融全球化的积极作用。(1) 通过促进国际贸易和国际投资的发展推动世界经济增长。金融全球化使各国资金可以在全球范围内调剂余缺,从而可以实现资本等生产要素在全球范围的优化配置,提高配置和利用效率。在金融全球化发展过程中,国际范围内资本形成的增加、人力资源的开发、技术知识的转移、生产能力的利用、市场的开拓和对外贸易的扩大,有力地推动了各国经济的发展。

(2) 促进全球金融业提高效率。金融全球化促进了金融机构之间的竞争,从而降低了金融交易成本。同时,金融全球化使国内资本市场与国际资本市场相衔接,实现投资者与融资者的跨国与跨区域选择与流动,从而实现全球范围内的最佳投资组合。

(3) 加强金融监管领域的国际协调与合作。金融全球化使各国的经济利益息息相关,加强国际协作合乎各国共同利益。同时,资本的自由流动、汇率和利率的市场化对各国金融管理体制提出了更高的要求,势必将促进各国在金融监管领域的深入合作。

2. 金融全球化的消极作用。(1) 增大金融风险。这主要体现在三个方面:第一,金融机构的全球化经营将承担国际政治和社会动荡等风险因素,加大内部管理难度。第二,全球化加大了金融业原有的利率风险、市场风险、信用风险、流动性风险和经营风险等。第三,金融全球化将加大信息不对称程度,增加道德风险和逆向选择风险。

(2) 削弱国家宏观经济政策的独立性和有效性。金融全球化使得一国的经济和金融发展越来越受到外部因素的影响,其采取的经济政策将受到其他国家经济政策的冲击,降低经济政策制定的独立性与执行的有效性。

(3) 加快金融危机在全球范围内的传递,增加国际金融体系的脆弱性。金融全球化使各国的经济联系不断加强,加速了金融风险在全球的传播,金融局部失衡蔓延范围在扩大、程度在加深,单个国家的金融危机可以迅速演化为地区性甚至是世界性的金融危机。

(五) 如何理解金融全球化是贸易一体化和生产一体化的必然结果

经济全球化相继经历了贸易一体化、生产一体化和金融国际化三个既相互联系又层层推进的发展阶段。金融全球化是经济全球化的高级阶段,是贸易一体化和生产一体化的必然结果。

1. 金融全球化是贸易一体化的必然结果。贸易一体化是指在国际贸易领域内国与国之间普遍出现的全面减少或消除国际贸易障碍的趋势,并在此基础上逐步形成统一的世界市场，它是经济全球化的先导和首要标志。

2. 金融全球化是生产一体化的必然结果。生产一体化是指生产过程的全球化，是从生产要素组合到产品销售的全球化。跨国公司是生产一体化的主要实现者。跨国公司在数量和地域范围上极大地扩展了跨国经营的分支机构，并实行组织和管理体制上的无国界规划，逐步建立了以价值增值为基础的跨国生产体系。20世纪70年代后，生产一体化在跨国公司的推动下日益成为一种潮流，生产一体化逐步成为经济全球化的主要形式，并逐渐形成了区域一体化的国际生产体系。20世纪90年代以后，跨地区的一体化因素也被逐步引入跨国公司的经营管理之中，进一步更新为全球范围内价值链之间的分工，形成了公司职能跨地区的全球一体化经营战略。

五、练习题

(一) 单项选择题

1. 经济全球化是当今世界经济发展的主要趋势，经历了不同的发展阶段，经济全球化的先导和首要标志是（　　）。

　　A. 货币一体化　　　　　　　　B. 金融全球化
　　C. 贸易一体化　　　　　　　　D. 生产一体化

　　知识点提示：经济全球化。参见教材本章第四节。

2. 经济金融化水平的差异，体现了经济发展水平的差异，其早期表现形式是（　　）。

　　A. 经济货币化　　　　　　　　B. 金融全球化
　　C. 经济全球化　　　　　　　　D. 商品货币化

　　知识点提示：金融发展与经济发展的关系。参见教材本章第一节。

3. 金融结构的演进与优化同一些因素紧密相关，但同（　　）关系不大。

　　A. 金融效率　　　　　　　　　B. 金融发展水平
　　C. 金融国际竞争力　　　　　　D. 经济全球化

　　知识点提示：金融结构的作用与影响。参见教材本章第三节。

4. 金融机构内部经营管理创新属于（　　）。

　　A. 金融制度创新　　　　　　　B. 金融业务创新
　　C. 金融组织结构创新　　　　　D. 金融机构创新

　　知识点提示：金融创新的概念与分类。参见教材本章第二节。

5. 金融创新增强了货币供给的（　　）。

A. 外生性 B. 内生性 C. 可控性 D. 可测性

知识点提示：金融创新的影响：产生的新矛盾和挑战。参见教材本章第二节。

6. 从总体来看，金融创新对金融发展和经济发展的作用是（ ）。

A. 有弊无利 B. 有利无弊 C. 利弊均衡 D. 利大于弊

知识点提示：当代金融创新对金融与经济发展的影响。参见教材本章第二节。

7. 按照戈德史密斯的划分方法，现有金融资产总值在国民财富中所占份额是指（ ）。

A. 金融构成比率 B. 金融相关比率
C. 金融部门比率 D. 金融中介比率

知识点提示：金融结构的分析指标与评价角度。参见教材本章第三节。

8. 区域性货币一体化属于（ ）。

A. 国际货币制度创新 B. 国际金融监管制度创新
C. 金融业务创新 D. 金融组织结构创新

知识点提示：金融制度创新：国际货币制度的创新。参见教材本章第二节。

9. 下列选项中并不导致金融结构发生变动的因素是（ ）。

A. 制度因素 B. 金融创新的活跃程度
C. 技术进步 D. 货币供给量

知识点提示：影响金融机构结构变化的因素。参见教材本章第三节。

10. 生产过程从生产要素的组合到产品销售的全球化称为（ ）。

A. 贸易一体化 B. 生产一体化
C. 金融全球化 D. 货币一体化

知识点提示：经济全球化的概念。参见教材本章第四节。

(二) 多项选择题

1. 当代金融业务创新体现在（ ）。

A. 新技术在金融业中广泛应用 B. 新型金融市场不断形成
C. 金融工具不断创新 D. 新业务和新交易大量涌现
E. 创设新型金融机构

知识点提示：金融业务创新。参见教材本章第二节。

2. 金融创新对金融和经济发展的推动表现在（ ）。

A. 提高了金融机构的运作效率 B. 增强了经济主体遵纪守法的自觉性
C. 提高了金融市场的运作效率 D. 增强了金融产业的发展能力

E. 金融作用力大为增强

知识点提示：当代金融创新对金融与经济发展的影响。参见教材本章第二节。

3. 金融对经济发展的推动作用主要有（　　）。

A. 金融活动为经济发展提供基础条件

B. 金融促进社会储蓄，并促进储蓄转化为投资

C. 金融活动节约社会交易成本，促进社会交易的发展

D. 金融业的发展直接为经济发展作出贡献

E. 金融发展抑制金融风险，促进社会总供求平衡

知识点提示：金融对经济发展的推动作用。参见教材本章第一节。

4. 金融全球化主要表现为（　　）。

A. 金融制度全球化　　　　　　B. 金融业务全球化

C. 金融市场全球化　　　　　　D. 金融监管与协调全球化

E. 金融机构全球化

知识点提示：金融全球化的主要表现。参见教材本章第四节。

5. 影响金融结构变化的主要因素有（　　）。

A. 制度因素　　　　　　　　　B. 金融创新的活跃程度

C. 技术进步　　　　　　　　　D. 金融市场创新

E. 开放程度

知识点提示：影响金融结构变化的主要因素分析。参见教材本章第三节。

6. 金融全球化的积极作用主要是（　　）。

A. 通过促进国际贸易和国际投资的发展推动世界经济增长

B. 促进全球金融业提高效率

C. 促进发展中经济体实现经济赶超

D. 加强金融监管领域的国际协调与合作

E. 促使发达国家帮助发展中国家

知识点提示：金融全球化的作用与影响。参见教材本章第四节。

7. 对金融结构合理性与优劣程度的考察可以采用功能视角进行，金融的功能可以概括为（　　）。

A. 投融资功能　　　　　　　　B. 服务功能

C. 资源转移功能　　　　　　　D. 风险管理功能

E. 社会福利功能

知识点提示：金融结构的分析指标和评价角度。参见教材本章第三节。

8. 形成一个国家或地区金融结构的基础性条件主要有（　　）。

  A. 经济发展的商品化和货币化程度

  B. 商品经济的发展程度

  C. 信用关系的发展程度

  D. 经济主体行为的理性化程度

  E. 文化、传统、习俗与偏好

  知识点提示：形成金融结构的基础性条件。参见教材本章第三节。

9. 金融全球化的消极作用主要有（　　）。

  A. 增大金融风险

  B. 促进全球金融业提高效率

  C. 加强金融监管领域的国际协调与合作

  D. 削弱国家宏观经济政策的独立性和有效性

  E. 加快金融危机在全球范围内的传递，增加国际金融体系的脆弱性

  知识点提示：金融全球化的作用与影响。参见教材本章第四节。

10. 经济发展决定金融发展具体表现在（　　）。

  A. 决定金融规模　　　　　　B. 决定金融方向

  C. 决定金融层次　　　　　　D. 决定金融结构

  E. 决定金融发展路径

  知识点提示：经济发展决定金融规模、层次和结构。参见教材本章第一节。

（三）判断改错题

1. 金融发展水平、稳定性程度、运作效率与金融结构的合理性之间是负相关关系。（　　）

  知识点提示：原理12.5、金融结构的作用与影响。参见教材本章第三节。

2. 现代金融业的发展在有力推动经济发展的同时出现不良影响和负面作用的可能性越来越大。（　　）

  知识点提示：金融活动可能对经济发展产生的不良影响。参见教材本章第一节。

3. 金融创新在增强货币供给内生性的同时，会增强中央银行对货币供给的控制能力与效果。（　　）

  知识点提示：金融创新对金融与经济发展的影响：产生的新矛盾和挑战。参见教材本章第二节。

4. 经济金融化与金融全球化推进了经济、金融相互融合，在使金融高度发达的同时，减少了金融的脆弱性。（　　）

　　知识点提示：经济金融化与金融全球化的作用与影响。参见教材本章第四节。

5. 经济货币化的早期表现形式是经济金融化。（　　）

　　知识点提示：经济金融化。参见教材本章第四节。

6. 经济全球化是金融全球化的基础和背景。（　　）

　　知识点提示：金融全球化。参见教材本章第四节。

7. 经济货币化与经济商品化成正比，与货币作用力成反比。（　　）

　　知识点提示：经济发展的商品化与货币化的关系。参见教材本章第三节。

8. 以欧元为代表的区域货币一体化趋势是国际货币制度创新的重要内容，它与国际金融监管创新一样，同属于金融制度创新范畴。（　　）

　　知识点提示：金融制度创新。参见教材本章第二节。

9. 一般来说，金融结构越趋于简单化，金融功能就越强大，金融发展的水平也就越高。（　　）

　　知识点提示：形成金融结构的基础性条件。参见教材本章第三节。

10. 金融作用力主要是指金融对经济整体运作和发展的作用能力，一般通过对微观经济活动和经济分量的影响及其作用程度体现出来。（　　）

　　知识点提示：金融创新对金融和经济发展的推动作用。参见教材本章第二节。

11. 金融结构是指构成金融总体的各个组成部分的分布、存在、相对规模、相互关系与配合的状态。（　　）

　　知识点提示：金融结构的概念。参见教材本章第三节。

12. 经济全球化的先导和首要标志是市场一体化。（　　）

　　知识点提示：经济全球化的概念。参见教材本章第二节。

13. 金融相关比率是各类金融工具在金融工具总额中所占的份额。（　　）

　　知识点提示：金融结构的分析指标与评价角度。参见教材本章第三节。

14. 金融创新主要包括金融制度创新、金融业务创新和金融组织结构创新。（　　）

　　知识点提示：金融创新的概念与分类。参见教材本章第二节。

15. 商品化和货币化程度越高，交换关系越复杂，货币使用范围越大，金融结构就越发达。（　　）

　　知识点提示：经济发展的商品化和货币化程度。参见教材本章第三节。

(四) 问答题

1. 金融创新的含义、表现形式及推动金融创新的主要原因是什么？

知识点提示：金融创新的内容。参见教材本章第二节。

2. 如何理解当代金融创新对金融及经济发展的影响？

知识点提示：金融创新对金融及经济发展的影响。参见教材本章第二节。

3. 如何理解金融与经济发展的关系？

知识点提示：金融与经济发展的关系。参见教材本章第一节。

(五) 案例分析题

什么是金融创新

当今社会，互联网企业和传统金融机构经过多年深耕，已经把我国带入了创新时代新金融与互联网经济时代。在这一大背景下，互联网金融迅速蓬勃发展起来。互联网金融是传统金融与互联网相结合的新兴二级领域。发展互联网金融，既能为流动性泛滥的民间资本找到合理合法的崭新投资渠道，又能够打破传统金融壁垒，带动金融行业市场化、国际化，同时能够优化金融产业结构，为实体经济和国计民生更好地服务。在这种新兴互联网金融模式发展中，阿里巴巴集团布局最早、客户群体最庞大、发展最快、模式最新颖，堪称互联网金融发展的领头与典范。

阿里巴巴集团通过"支付宝"实现了"汇"业务，通过"余额宝"实现"汇"到"存"，通过"阿里小贷"实现由"汇"到"贷"。在此基础上，通过资产证券化打通"存"和"贷"的联系，补充贷款资本；通过涉足保险、基金实现多元化金融经营。最后，形成以下发展策略：通过"聚宝盆"将平台嵌入小银行体系，做金融数据服务商；通过新浪微博，切入移动支付与移动金融；线上线下同时发展，多层次扩展，齐头并进；自主经营和服务支持共同开展。

请思考：1. 什么是金融创新？金融创新的主要表现有哪些？

2. 金融创新的原因是什么？

3. 你认为我国在金融创新中应注意什么问题？

知识点提示：金融创新相关内容。参见教材本章第二节。

参考答案

(一) 单项选择题

1. C   2. A   3. D   4. C   5. B
6. D   7. B   8. A   9. D   10. B

(二) 多项选择题

1. ABCD   2. ACDE   3. ABCD   4. BCDE   5. ABCE
6. ABD   7. ABD   8. ABCDE   9. ADE   10. ACD

(三) 判断改错题

1. ×　金融发展水平、稳定性程度、运作效率与金融结构的合理性之间是正相关关系。

2. √

3. ×　金融创新在增强货币供给内生性的同时，只会削弱而非增强中央银行对货币供给的控制能力与效果。

4. ×　经济金融化与金融全球化推进了经济、金融相互融合，在使金融高度发达的同时，增加了金融的脆弱性。

5. ×　经济金融化的早期形式是经济货币化。

6. √

7. ×　经济货币化与经济商品化成正比，与货币作用力也成正比。

8. √

9. ×　金融结构越趋于复杂化，表明经济商品化和货币化程度越高，交换关系越复杂，金融功能就越强大，金融发展的水平也就越高。

10. ×　一般通过对总体经济活动和经济总量的影响及其作用程度体现出来。

11. √

12. ×　是贸易一体化。

13. ×　金融相关比率是现有金融资产总值在国民财富中所占的份额。

14. √

15. √

(四) 问答题

1. 金融创新的含义、表现形式及推动金融创新的主要原因是什么？

金融创新是指金融领域内部通过各种要素的重新组合和创造性变革所创造或引进的

新事物。金融创新按内容大致归为以下三类：（1）金融制度创新，包括各种货币制度创新、信用制度创新、金融管理制度创新等与制度安排相关的金融创新。（2）金融业务创新，包括金融工具创新、金融技术创新、金融交易方式或服务创新、金融市场创新等与金融业务活动相关的创新。（3）金融组织结构创新，包括金融机构创新、金融业结构创新、金融机构内部经营管理创新等与金融业组织机构相关的创新。

引发当代金融创新高潮的主要原因：（1）经济思潮的变迁。（2）需求刺激与供给推动。（3）对不合理金融管制的回避。（4）新科技革命的推动。

2. 如何理解当代金融创新对金融及经济发展的影响？

对金融和经济发展的推动作用：（1）提高了金融机构的运作效率。（2）提高了金融市场的运作效率。（3）增强了金融产业的发展能力。（4）金融作用力大为增强。

产生的新矛盾和挑战：（1）金融创新使货币供求机制、总量、结构乃至特征都发生了深刻变化，对金融运作和宏观调控影响重大。（2）改变了货币政策的决策、操作、传导及效果，对货币政策的实施产生了一定的不利影响。（3）金融风险有增无减，金融业的稳定性下降。（4）金融市场出现过度投机和泡沫膨胀的不良倾向。

综上所述，当代金融创新虽然有利有弊，但利远大于弊。正确认识和客观评价金融创新对于金融发展和经济发展的积极推动作用，是充分发挥其动力作用，最大限度地推动金融、经济发展和社会文明进步的基本前提。当然，金融创新的副作用也不能忽视，必须加以有效引导和监管。

3. 如何理解金融与经济发展的关系？

（1）金融与经济发展的关系可表述为：二者紧密联系、相互融合、互相作用。

（2）经济发展对金融的决定性作用集中表现在两个方面：一是金融是在商品经济的发展过程中产生并随着商品经济的发展而发展的。二是商品经济的不同发展阶段决定了金融发展的结构、规模和阶段。

（3）金融在经济发展中具有重要推动作用，主要表现为：第一，金融活动为经济发展提供基础条件；第二，金融促进储蓄，并促进储蓄转化为投资；第三，金融活动节约社会交易成本，促进社会交易的发展；第四，金融业的发展直接为经济发展作出贡献。

（4）现代经济发展中，金融可能出现的不良影响主要表现在三个方面：因金融总量失控出现通货膨胀、信用膨胀，导致社会总供求失衡，危害经济发展；因金融业经营问题形成系统性金融风险，进而引发金融危机；金融创新过度形成金融过度繁荣。

（5）正确认识金融与经济发展的关系，充分重视金融对经济发展的推动作用，积极防范金融对经济的不良影响。摆正金融在经济中的应有位置，使金融在促进经济发展过程中获得自身的健康成长,从而最大限度地为经济发展服务。

(五) 案例分析题

评析要求:

(1) 要结合课本所学;

(2) 尝试用自己的语言来深入分析。